Vivre le grand âge
de nos parents

DES MÊMES AUTEURS

JOËLLE CHABERT

Parler de Dieu avec les enfants,
Bayard, 1990, nouvelle édition 2004

Rêver les yeux ouverts,
Entretiens avec Alexis Grüss,
Desclée de Brouwer, 2002

Raconte-moi la Bible,
Bayard jeunesse, 1989

Un étonnant secret,
Bayard jeunesse, 1984

Un trésor caché,
Bayard jeunesse, 1982

ANNE BELOT

La fabrication du journal,
CFPS/Hachette jeunesse, 1987

Anne Belot
et
Joëlle Chabert

Vivre le grand âge de nos parents

Albin Michel

Ouvrage publié sous la direction
de Mahaut-Mathilde Nobécourt

Avant-propos

« Les vieux, il y en a de trop ! » Telle fut la réflexion d'un adolescent qu'un passager de bus avait obligé à céder sa place à une vieille femme.

Oui, les vieux, il y en a beaucoup, plus que jamais. À tel point que leur présence dans notre société est ressentie comme une charge et que l'augmentation continue de notre espérance de vie est présentée comme un cadeau empoisonné. Car il ne s'agit pas des retraités que nous montrent les magazines « seniors » dont les mannequins atteignent parfois quarante ans, les articles vendent des voyages de rêve et les pages de publicité vantent les crèmes antirides.

Ceux dont parle ce livre, ce sont les vrais vieux avec leur allure fragile, leurs silhouettes penchées, leur mémoire qui s'affole, leur esprit qui s'envole. Nos parents, les grands-parents de nos enfants, les arrière-grands-parents de nos petits-enfants que nous chérissons, que nous entourons, que nous soutenons et qui nous donnent bien des soucis.

Une famille épuisée par les difficultés rencontrées pour le soutien d'un aîné, déchirée par la dégradation d'un parent bien-aimé peut en arriver à se demander à quoi sert de vieillir si c'est pour être dans cet état-là. Un fils, une fille dont les parents vieillissent mal peuvent avoir peur pour leur propre avenir. Lorsque, dans une maison de retraite, on voit les fauteuils roulants alignés, on se demande forcément avec angoisse auquel de ces personnages on ressemblera. Des soignants, des aides à domicile qui ne côtoient que de vieux malades peuvent croire que le vieillissement ne s'accomplit que sur un mode dramatique. La société établit trop vite une équivalence entre vieux et maladie.

Refuser de confondre vieillesse et maladie permet de situer les soins nécessaires aux aînés à leur juste place et de mettre en premier la qualité de la vie. Promouvoir les relations, créer une atmosphère chaleureuse, réconforter sont des façons de prendre soin.

Les aînés d'aujourd'hui sont les vrais aventuriers du monde moderne. Ils inventent comment vivre nonagénaire et centenaire en société. Car la vraie nouveauté est la rencontre des générations dans une amplitude que l'humanité n'avait encore jamais connue. Chacun est contemporain de quatre, voire cinq générations. En dépit des tracas, c'est bon.

Et c'est une sacrée leçon. On parle tout au long de son âge adulte de « gagner sa vie », voilà que la vieillesse dépendante oblige à s'en remettre à d'autres. Lâcher prise, accepter de ne pas tout maîtriser, ni sa vie, ni sa santé, ni sa mort, ni la suite, est un rude chemin. Chaque vieille personne expérimente la vulnérabilité, la relativité des attachements, même les plus tendres. Une telle attitude force l'entourage à renoncer également à tout soumettre à sa volonté. Face à la fragilité de nos proches âgés, nous avons une chance : montrer nous aussi nos limitations, sans honte. Nous nous trompons nous-mêmes si nous excluons cette précarité de notre être, un des aspects de la condition de toute personne.

Toutes nos bonnes intentions d'aide, de consolation, nos institutions d'accueil pour personnes âgées risquent d'être viciées par une condescendance qui ne sait que s'apitoyer. Alors qu'il s'agit d'arriver à cette attitude exigeante consistant à reconnaître tout ce qui nous rapproche des vieillards et tout ce qui, en nous, leur ressemble.

C'est ce qu'a bien compris Vanessa, une autre adolescente : « Les vieux, ce sont ceux qui restent chez eux. Ils oublient où ils ont mis leurs clés, ils ne peuvent plus marcher ni descendre un escalier. Ils entendent mal. Ils n'y voient goutte. Comme on ne les voit pas, on croit qu'ils ne servent à rien et eux aussi le croient. Je le sais car j'ai un grand père comme ça, il a 84 ans. Il rit, il pleure, il a besoin d'amis, il se fait du souci pour moi. En résumé, il est comme moi. »

Les cinquante chapitres de ce livre correspondent chacun à un témoignage ou une question posée par l'entourage d'une vieille personne et aux réponses que l'on peut y trouver. Chaque chapitre donne d'abord la parole à la fille, au fils, au conjoint d'une vieille personne handicapée. Suivent les conseils de spécialistes : médecins, psychologues, directeurs de maison de retraite, travailleurs sociaux... Nous proposons ensuite des conseils pratiques repérés au cours de reportages ou de rencontres (nous sommes deux journalistes spécialisées dans les questions du vieillissement). Enfin, une liste d'adresses et de contacts susceptibles de vous rendre service clôt la question.

Aider ceux qui prennent soin de leurs proches est le seul but de ce livre. Ils sont si nombreux et si souvent silencieux.

PREMIÈRE PARTIE

BIEN LES ENTOURER

Le principal souci des familles qui entourent des personnes âgées, c'est d'avoir la certitude que leur parent vit et vivra encore de bonnes années. Ce souci tourne autour de deux grandes questions : la santé, d'une part, et les relations affectives, de l'autre. Comment faire pour que leur état de santé soit le meilleur possible et comment leur témoigner des marques d'affection ?

Dans cette première partie, 17 questions – et leurs réponses – font le tour des thèmes le plus souvent évoqués : les chutes, la nutrition, l'isolement... Aucun tabou n'est esquivé : l'incontinence, l'alcool...

Nous aimons nos parents, nous voulons les entourer au mieux. Cela commence par une meilleure connaissance des réalités de leur vie.

1

Elle tombe de plus en plus souvent

« La première fois que ma mère est tombée, c'était sur un trottoir, raconte Mylène. Elle s'est sentie bête ! Depuis, bien que remise, elle a l'impression de ne pas bien sentir le sol sous ses pieds et perd confiance en ses yeux. Pour des trajets connus, chez ses commerçants, elle se lance. Mais elle n'ose plus affronter de grandes sorties. Et elle ne marche qu'en ville, les sentiers, même dans les parcs, sont trop dangereux, ce qui la prive car elle aime la nature. Elle sait que sa peur augmente son déséquilibre, mais n'y peut rien. Pour descendre quelques marches, elle veut qu'on lui donne le bras. À la maison, elle se sent plus assurée. Mais les chutes se répètent et, malgré les consultations, elle n'arrive pas à bien comprendre pourquoi. Elle se voit tomber, se fait mal et fait tous ses efforts pour se relever. Elle n'avoue pas toujours ses chutes pour ne pas nous inquiéter et ne veut pas quitter son chez-elle. Mais, voyant ses bleus et ses égratignures, je commence à m'affoler. »

Chaque année, en France, deux millions de personnes de plus de 65 ans, surtout des femmes, sont victimes d'une chute. Passé 80 ans, c'est une personne sur deux. Plus de 40 000 personnes se cassent chaque année le poignet ou la partie supérieure du fémur, le « col du fémur », en tombant. Après 65 ans, une femme sur vingt est victime de cet accident. Même si la chirurgie a fait d'immenses progrès, que l'hospitalisation et la rééducation se passent bien, un quart des personnes accidentées perdent de leur autonomie. Si la majorité des chutes ne causent aucune blessure, la plupart des gens ne savent pas se relever seuls, prennent peur, restreignent leurs activités à l'extérieur au risque de s'isoler. Or tout cela peut être évité.

Réagir dès la première chute

Aucune chute ne doit laisser indifférent. Mais la dramatiser risque de conduire à surprotéger la victime qui, alors, n'ose plus bouger et devient dépendante.

Une personne âgée en bonne santé peut tomber simplement en butant sur un obstacle ou en glissant. Si elle amortit le choc grâce à de bons réflexes et se relève seule, l'événement est bénin. En revanche, une chute sans raison apparente dont la personne n'a pas su se protéger (elle est tombée en arrière ou sur le côté) est plus grave, surtout si elle n'a pas su se relever. La perte d'équilibre peut être due :
– à une mauvaise vue : une visite chez l'ophtalmologiste s'impose ;
– à certains traitements qui l'accentuent : somnifères, tranquillisants, hypotenseurs ;
– à certains troubles neurologiques, vasculaires, osseux ou musculaires qui exposent à tomber.

Quelqu'un qui est resté au sol seul est très marqué. Même s'il n'a pas cédé à la panique, il lui reste le souvenir d'un drame et son angoisse doit être prise en charge rapidement. Car la peur de tomber peut devenir une véritable phobie. Même une personne active et sociable, après une chute, peut se « réfugier » dans son logis. Elle n'a plus envie de sortir, ne rencontre plus ses relations, ne manifeste plus aucune initiative, ne fait plus de projets, ne s'intéresse plus à rien. Elle ne quitte sa chambre ou son fauteuil qu'à pas tremblants. Peu à peu, elle restreint son périmètre d'action, ce qui est le plus sûr facteur de vieillissement. Ses muscles fondent, ses articulations fonctionnent de moins en moins, elle perd le sens de l'équilibre et devient dépendante. C'est pourquoi une chute doit pousser à consulter un médecin.

Tester l'équilibre de son parent

Mieux vaut prévenir que guérir. Voici sept façons d'évaluer si une personne tient bien d'aplomb. Demandez-lui de pratiquer ces exercices devant vous (jamais seule). Attention, ce ne doit pas être une corvée !

1. Rester debout, les jambes serrées, les deux bras le long du corps, les yeux fermés durant dix secondes.
2. Tenir pendant dix secondes en équilibre sur un pied.
3. Avancer régulièrement tout droit le long d'une ligne tracée au sol (lame de parquet, bord de tapis, ruban posé par terre).
4. Marcher devant soi, yeux fermés, sans s'écarter de la ligne droite.
5. Se lever d'une chaise sans les mains.
6. En partant de la position debout, s'asseoir par terre.
7. Ramasser un objet au sol en s'accroupissant.

Lui faire travailler son équilibre

(Les exercices doivent être pratiqués en votre présence ou en présence d'une aide, jamais lorsque votre parent est seul.)

Entendre arriver une voiture, apercevoir de loin une borne sur un trottoir, permet de les éviter. Or la vue, l'ouïe, l'odorat, le toucher, qui permettent de s'adapter à l'environnement, s'éduquent.

La prudence veut que l'on vérifie fréquemment la vue et les lunettes ainsi que l'ouïe et les éventuels appareils auditifs.

Pour améliorer la vision périphérique, celle qui permet de voir arriver un ballon ou un chien dans ses jambes, on peut conseiller l'exercice suivant :

– faire asseoir la personne sur une chaise, main gauche sur le genou, main droite derrière la nuque. Elle place le bras droit plié perpendiculairement au corps puis l'écarte en suivant son coude des yeux sans bouger la tête ;

– recommencer avec la main et le bras gauche.

La plante des pieds est notre seul contact avec la terre. C'est un endroit très sensible qui informe le cerveau sur la nature du sol : goudron, cailloux, herbe, sable... Tout ce qui perturbe la sensibilité de la plante des pieds – excès de corne, pieds douloureux, ongles mal taillés – augmente le risque de chutes. Il est donc capital de soigner ses pieds : couper les ongles au carré, masser régulièrement les chevilles et les talons avec une crème hydratante, proposer des bains de pieds, puis sécher soigneusement entre les orteils en utilisant un sèche-cheveux réglé sur une température douce. Il faut prendre particulièrement soin du gros orteil car c'est sur lui que le corps s'appuie à chaque pas. Une visite régulière chez le pédicure pour soigner cors et durillons est à planifier.

Enfin, veiller à ce que de bonnes chaussures maintiennent bien les chevilles et que les chaussons tiennent aux pieds et soient munis de semelles antidérapantes. Pour affiner la sensibilité de sa voûte plantaire, faites asseoir votre parent confortablement, pieds nus, et demandez-lui de faire rouler une balle sous chaque pied dans tous les sens.

Les personnes qui marchent régulièrement se donnent l'assurance de maintenir leurs os[1], leurs articulations, leurs muscles et leur équilibre en meilleur état. Marcher, cela peut être tout simplement aller faire ses courses. Mais c'est aussi se promener en ville (attention aux bandes des passages protégés lorsqu'il pleut : elles deviennent vite glissantes) ou dans la nature, seul, avec une amie ou en groupe et c'est l'occasion de relations. La gymnastique douce ou la gymnastique aquatique sont aussi de bons moyens de se maintenir en forme sans faire d'efforts trop importants. Il existe de nombreux clubs.

Lorsqu'un obstacle perturbe l'équilibre, il faut très vite compenser la perte d'aplomb pour ne pas tomber, et ce sans se crisper.

Trois exercices habituent à enchaîner des mouvements qui exigent pertes et reprises d'équilibre. Le mieux est de vous entraîner au côté de la personne que vous aidez.

– avancer à quatre pattes d'un bout à l'autre d'un tapis puis reculer, toujours à quatre pattes, pour revenir au point de départ ;

– poser des objets sur le sol (livres, boîtes...) et marcher en les enjambant ;

– à deux, se placer face à face. L'un envoie une balle, l'autre doit l'éviter. Puis inverser les rôles. Cela oblige à esquiver la balle et à se rétablir.

1. On peut détecter l'ostéoporose bien avant une fracture et il n'est jamais trop tard pour la soigner.

Apprendre à se relever

Tout le monde peut tomber. Savoir se relever, surtout lorsqu'on vit seul, est infiniment rassurant.

Les gestes à enseigner à nos aînés :
– s'allonger sur le dos ;
– allonger une jambe et plier l'autre, le genou sur la poitrine ;
– basculer sur le côté de la jambe allongée pour se retourner à plat ventre ;
– en fixant le sol, se redresser sur les coudes et ramener les genoux fléchis pour passer à quatre pattes ;
– une fois à quatre pattes, avancer jusqu'à un lit, un fauteuil ou tout autre appui stable ;
– se mettre en position de « chevalier servant » : la jambe la plus solide reste au sol dans la même position que précédemment. De l'autre côté, ramener le pied, le placer à plat sur le sol à la hauteur du genou resté par terre ;
– se hisser sur les jambes en s'appuyant sur le lit et en relevant la tête ;
– debout, rester appuyé le temps de bien retrouver l'équilibre. Puis s'asseoir.

Absorber suffisamment de calcium

Il est recommandé de consommer au moins **trois produits laitiers** par jour pour bénéficier du calcium qu'ils apportent. Petites astuces à glisser dans l'oreille de votre proche : le matin, consommer du lait au café ou au thé plutôt que l'inverse, agrémenter sauces, purées, potages avec du lait écrémé en poudre, du gruyère ou du parmesan râpé (voir chapitre 3 « Elle perd l'appétit »).

Aménager le logement

Une autre façon de prémunir quelqu'un contre les chutes est de porter attention à tout ce qui, dans son logement, risque de lui faire perdre l'équilibre. Quelques précautions simples évitent tout péril en la demeure.

• Éliminer les obstacles : tapis non fixés, descentes de lit, fils électriques qui traînent, gamelle du chat ou du chien, guéridons instables au milieu d'une pièce... Un téléphone sans fil que l'on garde dans sa poche évite de se précipiter quand la sonnerie retentit. Dans l'escalier, coller des nez de marche antidérapants, une petite précaution qui est une vraie prévention.

• Vérifier l'éclairage, en particulier dans l'escalier. Éviter autant la pénombre que l'éblouissement ou les contrastes trop forts. Pour garder bon pied, bon œil et allumer sans se baisser, rien ne vaut un lampadaire halogène avec un interrupteur au sol qu'on manœuvre avec le pied. Installer des prises veilleuses. Pour éviter à la personne d'avoir à se baisser inutilement, installer des prises électriques à hauteur de la main, au même niveau que les interrupteurs.

• Équiper la salle de bains : un tapis antidérapant dans la baignoire est une prudence élémentaire. Poser des barres d'appui en plastique rainuré dans la salle de bains et les toilettes (voir chapitre 48 « Je refuse de faire la toilette de ma mère. Suis-je un mauvais fils ? »).

Si besoin est, prévoir un **système de télé-assistance** (voir chapitre 34 « J'ai peur qu'elle reste seule par terre après une chute »).

Pour en savoir plus

– Ateliers équilibre : contacter le Centre communal d'action sociale (CCAS) à la mairie ou l'office des personnes âgées ou le centre local d'information et de coordination (CLIC) ou la Caisse primaire d'assurance maladie. Fédération française d'éducation physique et de gymnastique volontaire. Tél. : 01 44 68 85 40.

– Pour aménager sa maison : centres PACT-ARIM (Protection, amélioration, conservation, transformation des logements) pour améliorer le logement et connaître les aides. Pour contacter l'association de votre secteur, téléphoner à la fédération (142 associations), 27, rue de la Rochefoucauld, 75009 Paris. Tél. : 0142 81 97 70. Internet : www.pact-arim.org.

2

Elle oublie ses médicaments ou les prend deux fois de suite

Catherine se souvient encore de ce dimanche de Pentecôte. Ce jour-là, Lucie sa mère, 81 ans, a été transportée d'urgence à l'hôpital. « Elle avait pris par erreur, en une seule fois, sa dose de médicaments pour la journée, raconte Catherine. Elle souffre d'hypertension et elle a eu récemment un petit accident vasculaire cérébral (AVC). Son esprit semble parfois un peu confus et je redoute qu'elle recommence à faire ce genre de méprise. Comment agir, pratiquement ? »

Les personnes âgées sont en général scrupuleuses dans le suivi de leurs traitements tant que leurs facultés le leur permettent. Mais l'augmentation du nombre de traitements préventifs fait qu'elles ont de plus en plus de médicaments à prendre. Le corps médical les considère alors comme des patients « polymédicamentés en bonne santé ». Or les traitements n'ont d'effet visible que sur le long terme, mais leur prise impose des contraintes à court terme, qu'il faut absolument comprendre.

Les personnes âgées (mais elles sont loin d'être les seules) éprouvent des difficultés à :
– mémoriser les prescriptions (quand il y en a beaucoup) et les horaires de prises ;

– lire et bien comprendre les étiquettes, souvent écrites en caractères trop petits ;
– manipuler les différents flacons, ouvrir les bouchons, couper les comprimés, etc.

La plupart d'entre elles déclarent utiliser des stratégies pour penser à respecter les prises : l'heure des repas, l'heure du coucher ou du lever, disposer les médicaments à certains endroits...

Si votre parent ne vous paraît pas capable de prendre régulièrement ses médicaments, il vaut mieux demander à son médecin de diminuer le nombre de fois où il doit en prendre dans la journée. Cela permet en outre de demander éventuellement aux personnes qui passent à son domicile (infirmière, auxiliaire de vie, etc.) de préparer les doses. Ou, au moins, de faire prendre au moment de ce passage les médicaments les plus puissants, ou qui doivent être ingérés impérativement à une heure exacte.

Une consommation souvent abusive

Une étude récente de la Caisse nationale d'assurance maladie a pointé du doigt une trop grande consommation de médicaments par les personnes âgées. La plupart des spécialistes estiment qu'au-delà de cinq médicaments, « on ne sait plus ce qui se passe ». Près d'un patient sur deux ne suivrait son traitement que partiellement. Environ 90 % de la « non-observance » provoque une sous-médication (doses, horaires, produits oubliés, etc.). L'inobservance du traitement peut avoir des conséquences de plusieurs natures :
– une baisse de l'efficacité des traitements, en particulier les traitements à long terme ;
– des surdosages, soit par excès de prise, soit surtout parce que le médecin considérant le traitement

Quand les médicaments rendent malade

La prescription de plusieurs médicaments, appelée par les spécialistes « polymérisation », peut engendrer des maladies qu'on appelle « iatrogènes ». Elles représentent entre 5 et 10 % des motifs d'hospitalisation après 65 ans et plus de 20 % après 80 ans. Elles sont également à l'origine d'un coût économique élevé résultant d'une augmentation des dépenses pharmaceutiques et des coûts générés par ses conséquences, comme l'hospitalisation. Différents signes cliniques peuvent faire penser à une pathologie « iatrogène » : les chutes, la perte d'équilibre, une altération de la vigilance, un syndrome confusionnel, des troubles gastro-intestinaux, des troubles du rythme cardiaque, des troubles du goût et de l'appétit... Des malaises ou des syncopes peuvent être la conséquence d'une hypotension artérielle hypostatique secondaire à un traitement anti-hypertenseur mal adapté, etc. C'est pourquoi il est important de connaître l'ensemble des médicaments prescrits par les différents médecins (généralistes, cardiologues, dermatologues, pneumologues...), et de les en informer.

comme inefficace tentera de l'équilibrer en augmentant les doses prescrites.

Il est important de savoir à quoi sert le médicament prescrit, quels sont les risques en cas d'arrêt, s'il existe des interactions avec l'alcool, le tabac...

L'automédication joue un rôle majeur dans les effets nocifs des médicaments. Il existe deux types d'automédications : celle, peu dangereuse, de ceux qui utilisent des produits conçus pour cet usage conseillés par le pharmacien et celle, dangereuse, de ceux qui ont recours à la pharmacie familiale ou aux conseils de leur entourage.

Toute prescription doit être expliquée en s'assurant qu'elle est bien comprise et acceptée. Le médecin doit informer la personne âgée et son entourage sur les effets indésirables, les accidents éventuels, les risques d'un sevrage brutal.

Le professeur Jeandel, un spécialiste de Montpellier, préconise de « savoir prescrire et déprescrire, pour mieux represcrire. Savoir déprescrire est aussi important que savoir prescrire. Tout ce qui peut resocialiser une personne âgée malade, maintenir son autonomie et sa qualité de vie est important, mais ne passe pas obligatoirement par la prescription de médicaments. »

Prendre conscience des difficultés

Il est certain que quand la vue baisse et que les mains se mettent à trembler, de nombreux conditionnements sont peu pratiques. Citons :

- **Les collyres :** pour n'importe lequel d'entre nous, se mettre des gouttes dans les yeux est une vraie gymnastique. On trouve en pharmacie un applicateur en forme d'entonnoir, adaptable sur les flacons courants, qui aide à la manœuvre.
- **Les ampoules :** même avec des bouts précassés, les rompre peut être dangereux. En parler avec le médecin.
- **Les gouttes :** elles sont sources d'erreurs de dosage pour quelqu'un qui tremble, qui y voit mal, qui oublie le compte. En parler aussi avec le médecin.
- **Les sirops :** ils sont plus commodes à utiliser, mais il vaut mieux préférer ceux qui s'utilisent avec des cuillers-doses. Sinon, comment évaluer réellement la cuillerée à soupe, la cuillerée à café ? Leur volume change selon les modèles utilisés.

• **Les comprimés :** ils sont de plus en plus présentés en plaquettes. On est obligé de crever un opercule en appuyant dessus pour dégager le comprimé. Attention ! ne pas découper l'emballage, en sélectionnant chaque comprimé ; certaines personnes risquent d'avaler médicament... et emballage. Les comprimés peuvent être trop gros (on a du mal à les avaler) ou trop petits (on a du mal à les saisir). On est alors tenté de les écraser, mais on risque de les dénaturer. Demander au médecin si le même traitement n'existe pas en sachets de poudre à diluer ou sous forme semi-liquide. À noter : des écraseurs bien pratiques sont vendus en pharmacie.
• **Les gélules :** elles sont difficiles à avaler. Mais il ne faut pas extraire le contenu de leur enveloppe sans avis médical.

Utiliser des boîtes à compartiments

Vendues en pharmacie, elles permettent de préparer les médicaments soit pour la journée, soit pour la semaine. Malheureusement, leurs cases sont un peu petites et les comprimés peuvent être difficiles à extraire. Une amie de Catherine lui a suggéré d'en fabriquer avec des pots de yaourts marqués de couleurs différentes selon les heures !

Téléphoner à l'heure où les médicaments doivent être pris et vérifier avec votre parent si la boîte préparée est bien vide.

Faire la liste des médicaments

Afficher la liste complète des médicaments à prendre, avec leur horaire, en collant dessus un exemplaire de chacun, même s'ils sont préparés à l'avance. Cette liste servira de contrôle et pourra être utile à un visiteur de passage au cas où, par exemple, la personne aurait renversé la boîte déjà préparée.

Bien entendu, si on s'aperçoit qu'une boîte s'est vidée trop vite ou, au contraire, reste étrangement pleine, il faut prévenir le médecin.

3

Elle perd l'appétit

Quand Roberte, 79 ans, voit l'heure des repas arriver, elle ouvre son réfrigérateur et pioche dedans sans trop regarder. « Comme par hasard, elle tombe le plus souvent sur des restes, se désole Anne-Marie, sa fille. Elle mange n'importe quoi et je trouve qu'elle a maigri. Je n'arrive pas à la persuader de varier un peu ses menus, de manger plus équilibré. Je suis sûre que, quand elle est seule, elle mange debout, très vite ! En plus, elle ne mange plus du tout de viande, dit que cela la dégoûte. » Roberte, elle, dit qu'elle n'a pas faim et que, de toute façon, prendre ses repas l'ennuie.

Pour certaines personnes, âgées et solitaires, mal manger, manger seules surtout est le signe le plus évident d'un isolement trop grand. Quand la solitude est là, souvent l'appétit s'envole (voir chapitre 11 « Elle se sent isolée »).

« Je n'ai pas faim ! » Cette exclamation, leitmotiv de certains, est un signal à côté duquel il ne faut pas passer. Car la dénutrition guette, plus fréquente qu'on ne croit. L'appétit est vraiment un bon baromètre de la santé.

Un médecin généraliste raconte : « Une de mes patientes, âgée de 85 ans, vit seule depuis plus de vingt ans. Anémique, fatiguée, elle se déplace avec difficulté du fauteuil au lit et inversement. À ma première visite, je découvre que Juliette ne se nourrit plus que de café au lait et de biscottes. Elle a perdu l'habitude de varier son alimentation, puis de préparer ses repas. Sa fatigue est à l'évidence due à une dénutrition importante. Elle est au seuil d'une maladie grave qui pourrait l'entraîner dans des soins coûteux et sophistiqués, alors qu'il ne s'agit que de solitude. Manger ce n'est pas seulement nourrir son corps, c'est échanger avec le monde et avec les autres. Pour rester des humains, il faut partager le pain quotidien. »

Pourquoi perd-on l'appétit ?

Parce qu'on a perdu le goût

L'altération du goût est souvent provoquée par une sécheresse de la bouche, elle-même due à un certain niveau de déshydratation, au vieillissement des glandes salivaires ou à la prise de certains médicaments. En effet, le simple fait de prendre des médicaments avant les repas peut couper l'appétit.

Parce qu'on est déprimé

Aux problèmes physiologiques s'ajoutent le plus souvent des troubles psychologiques. Coup de cafard passager ou vraie dépression ? Il est important de prendre du recul pour l'évaluer. Partager son repas avec un ou plusieurs convives donne du goût à la moindre assiette fade jambon-purée. Briser la solitude, régulièrement, le temps d'un repas, est certainement le meilleur des apéritifs.

Les signaux qui doivent inquiéter

- La perte de poids : à partir du poids de référence, s'inquiéter en cas de perte de 2 kg dans le dernier mois ou de 4 kg dans les six derniers mois.
- Une diminution ou une modification de l'appétit.
- L'observance d'un régime strict (sans sel, sans sucre, sans graisses...).
- La prise de deux repas par jour seulement.
- Des problèmes bucco-dentaires.
- Une dépression (attention notamment en cas de veuvage), une asthénie, des troubles de la mémoire, une satiété rapide, des nausées.
- Une sécheresse de la peau.
- Un retard à la cicatrisation.
- Une constipation sévère.
- La prise de plus de cinq médicaments par jour.

Qu'est-ce que la dénutrition ?

À la fois cause et conséquence de maladies graves, la dénutrition constitue un problème de santé publique encore méconnu. Sa fréquence chez les personnes de plus de 65 ans est évaluée à 5 % en France. Elle concerne donc près de 450 000 personnes. Ce pourcentage s'élève à 40 % et même à 80 %, selon les études, lorsque ces personnes âgées vivent en maison de retraite ou à l'hôpital.

Le mécanisme est bien connu. Le vieillissement provoque une diminution de la masse maigre qui correspond aux réserves en protéines de l'organisme (les muscles, les os, les viscères). Des déficits sensoriels (goût, odeur) apparaissent. La baisse éventuelle de la mobilité, de la dextérité manuelle et des fonctions cognitives n'arrange rien. C'est pourquoi il faut persuader votre parent de continuer à participer aux courses et à la préparation des repas, dans la mesure du possible. Faire une promenade quotidienne permet aussi de stimuler l'appétit.

À cela s'ajoutent souvent les problèmes dentaires. « En vieillissant, on perd l'appétit, mais on perd aussi ses dents et souvent le moral », remarque l'épidémiologiste Luc Méjean, de l'Inserm.

Attention aux régimes trop sévères

Ils ne font que renforcer le risque de malnutrition. Suivre un régime restrictif n'est jamais sans conséquences, et encore plus après 70 ans. Toute restriction alimentaire doit être contrôlée par un spécialiste, médecin ou diététicien.

Le régime doit être taillé sur mesure et adapté à chacun. Pour résoudre des problèmes de poids, de glycémie ou de taux de cholestérol, beaucoup de personnes, y compris les personnes âgées, ont tendance à se précipiter sur n'importe quel régime, conseillé par leur voisine ou par leur journal favori.

De même, pour peu qu'une personne souffre de pathologies diverses, elle pourra se voir interdire le sel pour cause de tension élevée, le sucre et les féculents pour cause de triglycérides trop nombreux, les végétaux pour cause d'ennuis intestinaux, etc. Résultat, la monotonie engendrée par l'observance stricte de tous ces interdits est insupportable et le manque d'appétit en est vite la conséquence. Il ne faut pas hésiter à questionner le médecin. Et à assouplir sa propre surveillance, certes affectueuse, mais quelquefois trop contraignante. Une petite entorse au régime pour un repas de fête, ce n'est pas un drame !

Rompre la monotonie

• Penser à l'avance aux menus de la semaine : c'est un système qui marche. Cela évite de se cantonner à un sempiternel plat de riz ou à une triste tranche de jambon (maigre par-dessus le marché !).

• Soigner la présentation : une nappe colorée, des assiettes fleuries, du pain frais dans une corbeille. Manger, c'est aussi prendre du plaisir à regarder, à sentir. L'harmonie des formes et des couleurs, la présentation des plats, les odeurs appétissantes qui s'échappent de la cuisine : tous ces éléments contribuent à un repas réussi. Il faut user et abuser des plantes aromatiques (ne pas lésiner sur le persil haché menu pour décorer les plats).

• Préparer la table à l'avance. Avant de se coucher, celle du petit déjeuner, le matin, celle du déjeuner et ainsi de suite.

• Fractionner les repas. Cela évite la sensation de trop-plein, apprivoise l'estomac et permet de déguster de bonnes choses. Avoir un « appétit d'oiseau », c'est manger peu à la fois et être très souvent à table ! Mieux vaut faire quatre repas par jour que grignoter tout au long de la journée, et en particulier grignoter sucré.

• Profiter des ressources apportées par le progrès. La cuisine actuelle est facilitée par les nouvelles techniques qui favorisent aussi une bonne diététique. Congélateur, four à micro-ondes, plats surgelés tout préparés, légumes et fruits pré-épluchés... Une bonne installation aide à avoir de l'imagination pour faire la chasse à la monotonie.

À afficher dans la cuisine

Les 4 principes
• manger de tout
• faire au moins trois repas par jour, quatre c'est mieux (le goûter est un vrai plaisir)
• manger ni trop ni trop peu
• se faire plaisir

Les 5 règles
• des produits laitiers à chaque repas
• de la viande, du poisson, des œufs, au moins une fois par jour (deux fois, c'est mieux)
• des crudités, légumes ou fruits, si possible à chaque repas
• un plat de pommes de terre, de pâtes ou de riz ou de légumes secs, au moins une fois par jour et du pain à chaque repas
• de l'eau à volonté (1 l à 1, 5 l)

Les principes essentiels d'une bonne alimentation

Bien se nourrir retarde le vieillissement naturel, améliore la santé et la qualité de la vie. Pour vieillir en douceur et garder la meilleure forme possible, il faut manger varié et avec plaisir.

Les règles sont simples :
Il faut absorber :
– 1 800 à 2 200 calories pour un homme ;
– 1 500 à 1 900 calories pour une femme ;
– 1 gramme de protéines par kilo de poids habituel, par jour.

En outre, il faut absolument trouver les cinq éléments suivants dans le régime alimentaire quotidien :

• du **calcium**. Pour couvrir les besoins de base, il suffit de consommer chaque jour des produits laitiers. Le plus important est d'en prendre à chacun des quatre repas de la journée. On trouve autant de calcium dans : un quart de litre de lait (soit un bol moyen ou un verre à orangeade), deux yaourts, cinq petits suisses de 60 g, 300 g de fromage blanc, 80 à 100 g de camembert, 30 g d'emmenthal, comté, cantal, tome...

Bien que le lait soit un aliment assez digeste, certaines personnes (très peu, en réalité) peuvent mal le supporter. La véritable intolérance est rare, héréditaire et se manifeste dès la naissance. Une intolérance dite « secondaire » peut intervenir à l'âge adulte. Toutefois, on peut améliorer la tolérance au lait en l'associant avec des œufs, du chocolat ou avec de l'amidon provenant de céréales ou de pommes de terre (gratins, gâteaux de riz). Si c'est impossible, on peut recourir à d'autres aliments contenant du calcium, tels que certaines eaux minérales, les amandes ou les algues.

• du **magnésium**. Il est apporté principalement par les légumes, les fruits, les céréales (pain, pâtes, riz), le poisson, la viande et les produits laitiers, ainsi que par les légumes secs et les fruits de mer (coquillages et crustacés). On en trouve aussi beaucoup dans certaines eaux minérales.

• du **fer**. Contrairement à la légende, les épinards et les légumes secs contiennent peu de fer. On le trouve surtout dans des aliments qu'on consomme peu : le boudin, les abats, surtout les foies et les rognons. Mais aussi dans les viandes et plus spécialement les viandes d'agneau, de cheval et de bœuf. Enfin, dans le poisson, les fruits de mer et les œufs.

• des **vitamines**. Les vitamines sont éparpillées dans tous les groupes d'aliments et seule une alimentation variée peut couvrir les besoins de l'organisme. La suppression d'un groupe d'aliments, quelle qu'en soit la raison, prive l'organisme de vitamines indispensables. Attention aussi à une consommation d'alcool trop grande ou à la prise d'un nombre important de médicaments.

• de l'**eau**. Le risque de déshydratation préoccupe les médecins, car ses conséquences sont redoutables et sa fréquence élevée en raison du fait que la sensation de soif est émoussée. On ne rappellera jamais assez combien il est important de boire (voir chapitre 4 « Il n'a jamais soif et oublie de boire »).

4

Il n'a jamais soif et oublie de boire

Marie-Claire est inquiète. Son père, Charles, 82 ans, ne va pas très bien et n'a pas grand appétit. Le matin il n'est vraiment pas en forme et n'a même plus envie de prendre son café au lait qui a toujours été le premier plaisir de sa journée. Il finit par se confier à sa fille : il vient d'avoir une sorte de malaise en se levant. Alerté, le médecin de famille prescrit quelques examens. Le verdict surprise tombe : Charles est déshydraté. Et personne ne s'en était aperçu !

Le cas de Charles est beaucoup moins rare qu'on ne croit. Avec l'âge, la sensation de soif diminue. Il faut donc apprendre à boire sans soif. En été, bien sûr, comme l'ont rappelé les épisodes caniculaires dont on se souvient encore. Mais l'hiver aussi, en cas de chauffage excessif ! Quand il pleut et qu'il fait gris, on ne pense pas forcément à boire.

Pourtant l'apport de liquide est très important dans l'équilibre alimentaire. Au Vᵉ siècle avant Jésus-Christ, on associait le vieillissement à une perte d'eau et de chaleur par le corps. Homère a même comparé la femme âgée à une branche d'olivier séchée, c'est dire !

Une personne âgée doit absorber au moins 1 litre

d'eau par jour (y compris celle fournie par l'alimentation) pour que son équilibre en eau soit bon et que ses reins fonctionnent bien. Il faut contrôler avec vigilance l'alimentation générale des personnes âgées, car même lorsqu'elles manquent d'eau, elles n'ont pas la sensation de soif. En outre, elles préfèrent fréquemment ne pas prendre de soupe ou de potage le soir, de crainte d'être obligées de devoir se lever la nuit.

Rappelons que l'eau constitue 70 % de notre corps. Elle est éliminée en permanence dans la sueur, l'urine, etc. L'eau est fournie au corps par les boissons bien sûr, mais aussi par les aliments solides, ce qu'on oublie souvent. Si on ne compense pas les pertes en eau, on risque alors la déshydratation. C'est ce qui s'est produit pour Charles. Et même sans en arriver là, les inconvénients survenant parce qu'on ne boit pas suffisamment peuvent être très gênants : constipation, élévation du taux de l'urée, etc.

Les situations à risques

Certaines circonstances peuvent aggraver la situation et donc être un signal de vrai danger.

• En cas de fièvre, on doit augmenter l'apport en liquide de 0,3 à 0,5 litre par degré de température au-dessus de 37 °C.

• En cas de diarrhée, les pertes en eau peuvent atteindre 1 litre et plus par jour.

• En cas de baisse de l'appétit, les aliments dits « solides », mais qui apportent aussi de l'eau, comme les légumes ou les fruits, ne sont plus consommés suffisamment.

• En cas de perte d'autonomie, de troubles mentaux, les personnes âgées ont souvent du mal à exprimer leurs besoins en boisson.

• En cas de température ambiante élevée, la déshydratation menace encore plus. On y pense surtout l'été, en période de canicule, mais l'hiver, un chauffage excessif peut avoir les mêmes conséquences.

Les bons gestes

• Disposer de façon bien visible, dans la cuisine, sur la table de nuit, dans le salon, une carafe ou une bouteille d'eau pour inciter aux bons réflexes. Si on est à côté de la personne, boire soi-même. Ne pas oublier de boire, pendant les repas et dans la journée, de petites quantités à la fois.
• Ne pas penser qu'à l'eau pure, triste et monotone : la teinter avec du sirop lui donne de jolies couleurs et de la gaieté.
• Servir de préférence le liquide choisi dans un grand verre ou dans un grand bol. C'est toujours cela de pris !
• Si la personne a des troubles de la déglutition, de fausse route, faire prendre à la cuillère une eau gélifiée. La fausse route est très dangereuse. Elle provoque toux, étouffement ou suffocation : les aliments solides ou liquides ou les médicaments prennent le chemin des voies respiratoires plutôt que celui des voies digestives.

Privilégier les aliments qui contiennent du liquide : soupes chaudes ou froides, yaourts, fruits, etc. Donc, prévoir en réserve toutes sortes de soupes et jus de fruits. Il en existe désormais de conditionnés longue durée qui évitent d'être pris au dépourvu.

En résumé, il faut que le réflexe de boire devienne automatique.

Édith raconte : « Pendant la récente canicule, je téléphonais toutes les trois heures à ma mère dans la journée pour lui rappeler de penser à boire. Je pense que je l'énervais un peu, mais en même temps cela la rassurait, elle buvait... et moi aussi ! »

Les bonnes recettes

Tout est bon à boire : eau, jus de fruits, tisanes, potages.

• **Quelle eau choisir ?** En France, généralement, excepté peut-être dans certains coins de Bretagne, l'eau du robinet est sans risque, mais elle a parfois un goût de chlore. Sinon, au choix, eau minérale, plate ou gazeuse (les bulles, c'est gai !). Les eaux en bouteille ont l'avantage de contenir une quantité précise qui permet de vérifier le volume de ce que l'on absorbe. Attention, toutefois, à la composition de l'eau que l'on a choisie : en cas d'affections particulières, il vaut mieux consulter son médecin.

• **Les tisanes** sont très agréables, surtout l'hiver. Il en existe de toutes sortes, en vrac ou en infusettes, simples ou en mélange. La plus connue, et certainement l'une des plus parfumées, est celle de tilleul. Elle a en plus des vertus apaisantes et prépare à une bonne nuit.

• **Les soupes** sont une bonne façon d'absorber du liquide. La traditionnelle soupe de légumes, bien sûr, quasi obligatoire l'hiver, qu'on peut préparer à l'avance et consommer au fur et à mesure, en la gardant dans le réfrigérateur (pas plus de deux jours). Enrichie d'une noix de crème fraîche (à 15 % de matière grasse) et d'une poignée de gruyère râpé, quel régal ! Mais il ne faut pas oublier les soupes froides de l'été : à la tomate, au concombre, délicieuses et désaltérantes. Bon à savoir : il existe des soupes surgelées délicieuses.

On peut aussi retrouver le goût ancien de la soupe au lait. Rien de plus simple : on verse sur des tranches de pain du lait bouillant que l'on sucre, ou que l'on sale comme un potage ordinaire. On ne trempe pas trop cette soupe à l'avance car le lait peut tourner. À déguster bien chaud.

L'eau gélifiée

Pour faire de l'eau gélifiée avec l'équivalent d'un litre d'eau, il faut 20 à 30 g de gélatine en poudre ou 6 à 8 feuilles de gélatine

- Faire ramollir les feuilles de gélatine dans un bol d'eau froide.
- Faire chauffer le litre d'eau, aromatisé avec un sirop (fruits ou menthe).
- Ajouter une à une les feuilles ramollies dans le liquide chaud en remuant bien.
- Verser la préparation dans des petits bols ou des verres.
- Rafraîchir au réfrigérateur au moins 3 heures et consommer dans les 2 heures.

5

Une opération à plus de 80 ans, est-ce vraiment utile ?

Andrée vit dans ses vignes de Touraine. Victime d'une arthrose de la hanche, elle raconte : « Il n'existait pas de jour où je n'allais me promener. J'aime les vignes qui bourgeonnent, la pluie sur les feuilles, la terre sur mes bottes. Et puis, lentement, une douleur s'est installée dans ma jambe droite. J'ai mis cela sur le compte de l'hiver, mais la saison a passé et la douleur n'a fait que s'accroître, je ressentais comme des coups de poignard dans la hanche qui diffusaient partout dans la jambe. Je boitais de plus en plus fort. Sûre que j'allais devenir invalide, j'ai vécu cela comme un drame. J'ai consulté mon médecin. Il m'a donné un traitement pour soulager la douleur et m'a fait suivre un régime pour perdre les nombreux kilos en trop qui pesaient sur ma hanche. Au bout de plusieurs mois, je n'ai guère maigri et mon articulation, même traitée, est trop usée pour supporter mon poids. J'ai été obligée de restreindre mes activités. Voyant ma déprime, mon docteur m'a conseillé d'avoir recours à la pose d'une prothèse de la hanche. Je suis inquiète. J'ai peur qu'à mon âge, une opération soit très risquée. » Et cette inquiétude d'Andrée rejaillit sur son entourage, en particulier son fils qui s'interroge sur le bien-fondé d'une telle opération à l'âge de sa maman : 81 ans.

La chirurgie a fait d'immenses progrès

La prothèse de hanche

Il y a encore quelques années, la coxarthrose, autrement dit l'arthrose de la hanche, entraînait une immobilisation définitive et de nombreuses complications. Aujourd'hui, coxarthrose et fracture de la partie supérieure du fémur, le « col », sont les deux indications qui poussent les médecins à proposer une opération chirurgicale pour remplacer l'articulation déficiente par une prothèse. Il s'agit maintenant d'une des opérations les plus banales des services de chirurgie orthopédique et, dans la grande majorité des cas, l'intervention ne pose pas de problème. Elle permet de redonner leur mobilité aux personnes opérées.

Toutefois, mieux vaut que la personne soit prise en charge dans un service où exercent des gériatres car ces spécialistes savent appliquer un programme adapté aux plus âgés. Et tout compte dès les premiers instants, du traitement de la douleur au type d'anesthésie ou au soutien psychologique. Pour la pose d'une prothèse de hanche, on sait qu'une intervention rapide, n'excédant pas une heure à une heure et quart, sous anesthésie locale (pour deux tiers des cas sous péridurale), réduit la durée de l'hospitalisation et les complications classiques telles que troubles respiratoires, troubles du transit ou confusion. La rééducation est aussi adaptée. Les kinésithérapeutes font lever et bouger l'opéré dès les drains ôtés, car des pertes d'autonomie liées à l'alitement ou à l'immobilisation au fauteuil s'installent en quelques jours. Les nouveaux porteurs de prothèse marchent d'abord avec deux cannes, puis une, et l'on veille à calmer leur anxiété pour qu'une fois rentrés chez eux ils n'aient pas peur de sortir, comme ils en avaient l'habitude. On leur apprend à éviter tous les gestes qui pourraient déboîter leur hanche ou desceller la prothèse : s'accroupir, se pencher fort en avant, croiser les jambes en s'asseyant. On leur montre comment enfiler des chaussettes, lacer leurs chaussures et on leur explique pourquoi une douche est plus indiquée qu'un bain.

L'athérosclérose

La chirurgie endovasculaire, c'est-à-dire à l'intérieur des vaisseaux sanguins, dispose maintenant de techniques très performantes. Elle permet de traiter leur rétrécissement ou leur dilatation anormale en passant par un petit orifice dans la peau. Même très âgées, les personnes peuvent en bénéficier avec le même succès que les plus jeunes. Le traumatisme opératoire est bien moins important qu'avec une opération classique. Ces techniques permettent de traiter avec un succès de plus en plus grand l'athérosclérose, ces dépôts de cholestérol qui rétrécissent et peuvent obturer les artères. La chirurgie évite bien des hémiplégies !

La cataracte

Des progrès considérables ont été faits. L'hospitalisation est très courte : une journée. L'opération se déroule sous anesthésie locale. Le chirurgien, à l'aide d'un minuscule bistouri, ouvre l'œil sur 4 à 5 mm puis la capsule du cristallin. Ce dernier est fragmenté par une minuscule sonde vibrante. Le chirurgien aspire les morceaux et place dans la capsule un cristallin artificiel, le plus souvent en silicone. La plupart du temps, il n'y a pas de points de suture. Il est même possible de corriger en même temps la myopie ou l'hypermétropie que l'on a subie toute sa vie. Les complications postopératoires sont très rares et bien contrôlées. Et on annonce de nouveaux progrès.

Pas de limite d'âge pour les soins

Ces progrès de la médecine, l'utilisation de techniques coûteuses et un désir accru de chacun, tous âges confondus, de jouir d'une bonne santé, augmentent les dépenses de santé. L'allongement de la durée de la vie provoque une hausse de la demande. Le vrai danger est donc de ne pouvoir satisfaire tous les besoins et de rationner les soins, comme cela se pratique dans certains pays.

Patrick réside en Grande-Bretagne. À la suite de coliques néphrétiques fréquentes et mal traitées, une infection a gravement endommagé ses deux reins. Parce qu'il a 79 ans, il n'a pas eu droit à une hémodialyse chronique qui consiste en trois séances d'épuration hebdomadaire. Son espérance de vie en est réduite.

En Grande-Bretagne, aux Pays-Bas, aux États-Unis, des médecins proposent de réserver les soins financés par les fonds publics aux malades les plus jeunes. Ils instaureraient une limite d'âge pour administrer certains traitements coûteux, sous le prétexte que des personnes âgées de plus de 80 ans, voire 75, ont eu « une part équitable de vie », alors que le décès d'une personne jeune est une tragédie. Des soins sont rationnés en fonction de leurs coûts, des risques encourus par la personne malade et du bénéfice qu'elle peut en tirer. Les plus jeunes ont plus de chance car, une fois remis sur pieds, ils vivront et travailleront assez longtemps pour assurer un « retour sur investissement ».

En France, ne pas bénéficier des mêmes soins à cause de l'âge irait contre la loi. Les spécialistes sont unanimes : il n'existe pas de réelles différences dans les soins entre jeunes et vieux pour des raisons d'argent. Les médecins des hôpitaux soignent de plus en plus de personnes âgées et disposent, pour elles, des techniques adaptées. Les opérations à cœur ouvert, les pontages, les remplacements de valves cardiaques sont parfaitement traités. Pourtant, on en a longtemps écarté les plus âgés par peur des complications : perte de mémoire après l'anesthésie, escarres...

L'âge n'est jamais une contre-indication. Seul l'état de la personne compte. On n'opère pas à cœur ouvert quelqu'un qui souffre d'un cancer très avancé, quel que soit son âge.

Des mentalités à changer

En revanche, on ne soigne pas toujours les plus vieux comme les plus jeunes. Il y a bel et bien une discrimination par l'âge, due aux mentalités du côté des soignants, mais aussi du côté des patients.

Du côté des soignants

Un médecin commence à parler d'hypertension artérielle lorsque les chiffres tournent autour de 14 et 9. À partir de 16 et 9.5, il engage un traitement pour préserver les artères, les yeux, les reins, le cœur... Curieusement, si le patient a 80 ans, on ne le trouve hypertendu qu'à 18 et 9. On se dit : « S'il est arrivé à cet âge-là comme ça, laissons faire la nature. » Or toutes les données scientifiques montrent que les risques croissent avec l'âge et que plus on est une personne à risque, plus les traitements sont efficaces.

Gilles, 80 ans, est entré en clinique pour une ablation de la vésicule qui s'est d'ailleurs bien déroulée. Mais, bouleversé par cette hospitalisation, il a, à deux reprises, mouillé son lit.

Une infirmière lui a alors placé une sonde urinaire quitte à le rendre incontinent sous prétexte que, de toute façon, à son âge...

Maddy, 76 ans, parisienne, a été frappée d'un infarctus du myocarde. Le SAMU est arrivé très vite, mais aucun des grands hôpitaux n'a admis Maddy qui a été accueillie dans une clinique privée. Si elle avait eu 35 ans, le SAMU lui aurait trouvé très vite une place dans un hôpital.

Jeanine a été hospitalisée pour une opération du cœur. On lui a ôté son dentier. Comme elle ne pouvait plus mastiquer, on lui a servi des bouillies si peu appétissantes qu'elle a cessé de manger. Heureusement, sa fille a pu récupérer son dentier et la transférer ailleurs, sinon, il est bien possible qu'elle ne s'en serait pas tirée.

Ces exemples soulèvent des questions morales très sérieuses. Quel que soit son âge, une personne malade est fragile et mérite une attention soutenue. Et avec l'âge, on a droit à plus d'attention encore, plus de temps, plus de dialogue. Il ne faut pas hésiter à l'exiger. Cela soulagera aussi le chirurgien. Car plus les patients sont âgés, plus il a du mal à prendre la décision d'opérer. Évaluer le rapport entre les risques et les bénéfices d'une intervention est difficile. Il est donc très important que la personne malade et ceux qui l'entourent donnent leur avis au médecin. Des médecins sont tirés en avant par des patients très âgés qui ont voulu tenter le coup et pour lesquelles les interventions se sont très bien passées.

Du côté des patients

Il y a un changement à réaliser. On a souvent reproché aux médecins, lorsqu'ils testent un nouveau médicament sur des malades, d'écarter les personnes âgées et d'ignorer ainsi leurs réactions aux nouveaux produits. Désormais, pour valider les médicaments, il faut aussi mener des essais sur des personnes de plus de

65 ans. Or beaucoup de familles des personnes à qui l'on demande de participer s'insurgent en disant : « Non, à son âge, ce n'est pas un cobaye ! »

Accompagner la personne à l'hôpital

Pour les personnes dépendantes, le Comité consultatif national d'éthique demande la présence d'un médiateur. Il n'y a aucune raison pour que cet avantage ne soit pas généralisé. Il est très important, lorsqu'on est affaibli, d'avoir, auprès de soi, une personne proche : quelqu'un de la famille, un ami, le médecin traitant, qui connaisse bien le patient, soit garant de ses valeurs et de ses choix et puisse dialoguer avec l'équipe médicale.

Il est conseillé de :
– maintenir la présence d'un proche dans les premières heures d'hospitalisation ;
– revendiquer l'accès à un lieu d'accueil convenable dans les services. On en trouve dans les hôpitaux où les enfants sont soignés mais ce besoin est réel à tout âge.

Prendre le temps de la réflexion

Reporter toute décision importante sauf si la vie du malade est en jeu. Attendez la fin de la crise. N'hésitez pas à prendre du temps pour mieux comprendre et participer à la décision en toute connaissance de cause. Certains soignants, trop pressés, ne donnent guère d'explications. Des spécialistes emploient des mots si techniques qu'on n'y comprend rien. On ne peut donc pas donner son avis. On postule alors que les praticiens sont les meilleurs garants de nos intérêts. C'est le plus souvent le cas mais pas toujours.

Pour en savoir plus

En cas de litige

Si votre proche est à l'hôpital public : adressez-vous à la direction de l'hôpital. À l'Assistance publique, contactez le département des droits du malade. S'il n'y a pas de réactions, vous pouvez solliciter l'Agence régionale de l'hospitalisation, puis la Direction régionale des affaires sanitaires et sociales de votre région.

S'il est dans un hôpital ou une clinique privée, joignez par écrit la Direction des hôpitaux : 8, avenue de Ségur, 75350 Paris cedex 07.

Vous pouvez aussi alerter :

– L'ordre des médecins. Commencez par le conseil de votre département. Vous pouvez vous procurer son adresse auprès du conseil national : 180, bd Haussmann, 75008 Paris. Tél. : 01 53 89 32 00.

– Le comité consultatif national d'éthique : 71, rue Saint-Dominique, 75007 Paris. Tél. : 01 44 42 48 52.

– Votre député.

– Les associations de défense des usagers. Il peut y en avoir une dans l'hôpital. À défaut, prenez contact avec l'Association des usagers de l'hôpital et des soins médicaux (AUFHM) Santé Défense : 172, rue Cardinet, 75017 Paris. Tél. : 01 44 85 91 80.

6

Il n'y voit pratiquement plus

Raymond s'est mis à la lecture une fois à la retraite. Auparavant, son métier de commerçant lui laissait peu de temps pour s'adonner à cette distraction. Mais il s'est bien rattrapé depuis. Jean, son fils, raconte : « Mon père a maintenant 81 ans et, depuis une dizaine d'années, il lit beaucoup : son quotidien tous les jours, trois magazines et au moins deux livres par semaine. Il porte des lunettes depuis longtemps. » Mais depuis plusieurs semaines, Raymond a vraiment du mal à déchiffrer non seulement les lignes de ses œuvres favorites, mais aussi les chiffres du téléphone ou les notices de ses médicaments. Il a consulté son médecin qui l'a renvoyé vers un ophtalmologiste. Ce dernier a diagnostiqué une dégénérescence maculaire liée à l'âge (DMLA).

Pour une personne très âgée, un handicap visuel accentue lourdement une coupure avec le monde extérieur, souvent déjà effective. Plusieurs maladies provoquent des troubles de la vue.

La dégénérescence maculaire liée à l'âge (DMLA)

Principale cause de malvoyance chez les personnes âgées de plus de 65 ans, elle touche près de 30 % des

75 ans et plus, et plus d'un million de personnes. C'est une altération, puis une destruction, de la partie centrale de la rétine, la macula, responsable de la vision précise. Autrefois perçue comme un effet inéluctable du vieillissement, cette maladie est désormais mieux étudiée. On met en cause, outre le vieillissement, des facteurs génétiques et héréditaires ou liés au mode de vie.

Les premiers symptômes sont des déformations et des ondulations des lignes droites. Un simple fond d'œil suffit à identifier la maladie, mais encore faut-il consulter à temps !

Il y a deux formes de DMLA. La forme la plus courante, dite forme sèche, provoque une baisse de vision lente, progressive, s'étendant sur plusieurs années. On ne lui connaît pas pour l'instant de traitement, à part certains médicaments permettant une meilleure oxygénation et nutrition de la rétine. Dans l'autre forme, dite forme humide, qui représente 20 % des cas, un traitement chirurgical au laser est possible pour enrayer une évolution rapide vers la cécité.

Le glaucome

Très répandu, le glaucome touche en France 2 % de la population des plus de 40 ans. Le glaucome est une maladie sournoise et la personne atteinte ne perçoit rien pendant des années.

Il n'existe pour l'instant aucun moyen de guérison définitive, mais il y a des traitements destinés à limiter l'évolution de la maladie : collyre, laser en consultation ophtalmologique ou chirurgie peuvent faire baisser la pression oculaire responsable de la destruction progressive du nerf optique et éviter ainsi l'évolution progressive vers la cécité.

La rétinopathie diabétique

La rétinopathie diabétique concerne entre 200 000 et 400 000 personnes en France. Aucun symptôme visuel n'étant perceptible par la personne diabétique avant de nombreuses années, la prévention en pratiquant des examens ophtalmologiques réguliers est primordiale.

Le meilleur traitement est le bon équilibre du diabète ainsi que de la tension artérielle.

La cataracte

Elle concerne plus de 300 000 personnes âgées chaque année et c'est la maladie pour laquelle le traitement chirurgical est le mieux maîtrisé, avec plus de 95 % de réussite. L'opacification du cristallin, due à son vieillissement, provoque une forte baisse de l'acuité visuelle, surtout chez les personnes de plus de 70 ans. Son remplacement se fait par voie chirurgicale avec une simple anesthésie locale, à l'hôpital, ou même en cabinet d'ophtalmologie (voir chapitre 5 « Une opération à plus de 80 ans, est-ce vraiment utile ? »).

Comment vivre le mieux possible avec une mauvaise vue

- **Ne pas se laisser décourager**. Votre parent doit apprendre à continuer ses occupations habituelles sans que sa malvoyance constitue un handicap. S'il se résigne, ne souhaite pas faire d'effort, n'a plus la volonté de sortir, lire, se faire à manger, une rééducation aura du mal à lui être imposée.
- **La rééducation visuelle** avec l'orthoptiste, remboursée par la Sécurité sociale si elle est prescrite par le

Ce qu'il faut faire absolument si votre parent se pose des questions

• Faire le point avec un ophtalmologiste car l'important est de dépister les problèmes le plus rapidement possible.
Dans le cas de Raymond, la baisse de vision est liée à une maladie. C'est souvent le cas, mais pas toujours. L'essentiel est de bien comprendre ce qui se passe. S'il existe un centre de rééducation basse vision proche du domicile, prendre un rendez-vous pour une consultation.
• Rencontrer un opticien spécialisé en basse vision, si l'ophtalmologiste a conseillé une aide optique.
• Ne pas hésiter à tester l'appareil et apprendre à s'en servir. Dans certains cas, des séances chez un orthoptiste (c'est une sorte de kiné des yeux) sont même nécessaires.

médecin, passe à la fois par un apprentissage d'une nouvelle façon de « voir » et par la découverte et la manipulation d'aides techniques facilitant ou compensant le handicap.

L'orthoptiste met en place des nouvelles stratégies visuelles, comme le développement d'une nouvelle zone de fixation dans la rétine, pour compenser une atteinte de la partie centrale. Il recherche également les aides optiques les plus adaptées et passe ensuite le relais à l'opticien. L'opticien formé à la basse vision conseille, détermine et conçoit des lunettes ou du matériel sophistiqué afin d'améliorer la perception visuelle. En France, 1 000 à 1 500 opticiens sont formés à la basse vision.

• Faire appel à un **psychologue** est primordial et son soutien conditionne souvent la réussite d'une rééducation.

• Dans les cas les plus graves, un **spécialiste de l'aide à la vie journalière** peut aider la personne malvoyante à retrouver son autonomie et à mieux utiliser son potentiel visuel dans les actes de la vie quotidienne. Ces spécialistes travaillent en centre de rééducation, dans les services de gériatrie, etc.

De nombreuses idées, adresses, astuces ou matériels permettent aux personnes malvoyantes de mieux vivre (voir chapitre 1 « Elle tombe de plus en plus souvent »).

Aménager la maison

Il s'agit avant tout d'offrir les meilleures conditions d'éclairage. Une différence de luminosité à peine perceptible pour qui voit bien pose pour un malvoyant un problème aigu de vision. Une maison bien éclairée est un gage de confort et de sécurité. Chaque pièce, en particulier la cuisine et la salle de bains, nécessite une approche particulière.

Il faut privilégier la lumière du jour tout en gardant la possibilité de contrôler son intensité par le biais de stores, par exemple.

On peut tenter de reproduire cet éclairage naturel en plaçant la source de lumière en haut et hors du champ visuel. La lumière doit être la plus uniforme possible en évitant les reflets sur les murs.

Il faut multiplier le nombre de lampes en fonction des différents usages : lampe de bureau, halogène pour l'éclairage général, petit projecteur. Il est souhaitable que ces éléments soient facilement réglables et déplaçables de manière à procéder à différents essais.

Enfin, il faut repositionner les éléments de la pièce ou les sources naturelles d'éclairage en fonction de la gêne visuelle ressentie.

Vous pouvez consulter le guide éclairage d'EDF. Il est gratuitement à disposition au Centre français de l'électricité – 01 41 26 57 91 92 – www.espace-elec.com/cfe.

Les matériels

Les aides optiques

En principe, l'achat d'une aide optique n'est pas pris en charge. Mais parfois, après examen du dossier, une prestation peut être versée par la caisse d'assurance maladie. Dans certains cas, mutuelles, caisses de retraite interviennent aussi à partir de fonds spéciaux. Il faut se renseigner auprès des divers organismes.

Les filtres spéciaux

Si tous les malvoyants sont plus ou moins photophobes, ils ne le sont pas tous de la même manière. Dans le principe, le problème ne vient pas de la qualité de la lumière ni de son origine, mais de son intensité. Par exemple, les rayonnements bleus sont les plus éblouissants : les filtres les plus confortables vont être ceux qui arrêtent ces rayons. Une même personne peut se servir de deux filtres d'intensités différentes : l'un chez soi, l'autre dehors. Elle peut également utiliser des verres dégradés pour ne filtrer que la lumière du haut.

Simple en apparence, le choix de verres filtrants est complexe et nécessite les conseils des spécialistes (ophtalmologiste, orthoptiste, opticien) et de nombreux essais.

Les loupes

– Les loupes de poche : légères et compactes, elles se glissent dans les sacs ou les poches. Avec manche, repliables ou en pendentif, elles sont réservées à des

usages ponctuels : lire un prix, une étiquette, l'heure sur sa montre.
– Les loupes mains libres : montées sur pied, articulé ou non, elles permettent de se couper les ongles ou d'écrire. Elles peuvent être équipées d'un éclairage, se fixer sur un miroir pour se maquiller ou se raser, ou encore se placer autour du cou avec un plateau-loupe horizontal sur la poitrine, utile pour les travaux d'aiguille ou pour jouer aux cartes.

Les lunettes
– Les lunettes binoculaires ont des verres loupes très épais avec double réglage latéral intégré aux branches
– Le système de Kepler ou de Galilée : ce sont des petits télescopes qui se fixent sur les verres de lunette (ou sur un seul), mais qui sont un peu plus difficiles à manier et assez inesthétiques. Ils permettent de voir de près et de loin, ce qui est pratique pour regarder la télévision.

Les systèmes pour amblyopes
– Les vidéoloupes ou téléloupes : branchées directement sur la télévision, ces petites caméras se tiennent dans la main. On les fait glisser sur le texte à lire. Celui-ci est projeté à l'écran, avec un grossissement proportionnel à la taille.
– Les téléagrandisseurs : il existe deux types d'appareils. L'un comporte une caméra et un écran, l'autre une caméra à brancher sur le poste de télévision. On déplace simplement le document sous la caméra, mais il faut apprendre à bien coordonner ses mouvements tout en regardant l'écran. Les commandes sont simples : un bouton pour la mise au point, un pour le grossissement, un autre pour les contrastes du texte.

Lire et téléphoner

Les livres en gros caractères

Nés en 1964 en Angleterre grâce, paraît-il, à Agatha Christie qui souhaitait que ses vieilles amies puissent encore lire ses romans, les livres en gros caractères ont fait leur apparition en France au milieu des années soixante-dix, répondant alors à une demande des bibliothèques. Ces mêmes bibliothèques représentent encore aujourd'hui 80 % des achats de ce type de livres.

La base de données de l'Institut national des jeunes aveugles (INJA) recense tous les livres et publications en gros caractères. Elle fait la part belle aux guides pratiques et aux ouvrages historiques et géopolitiques. La plupart sont produits par une association, le GIAA (Groupement des intellectuels aveugles ou amblyopes), dont le siège est à Toulon, qui numérise et agrandit sur demande la page.

Les livres à écouter

Lorsque lire devient impossible, on peut encore découvrir des auteurs, ou retrouver ceux que l'on a aimés, avec des livres enregistrés sur cassettes. Toutefois, un temps d'adaptation est nécessaire : écouter est agréable, mais requiert aussi une attention assez soutenue. Après une interruption, courte ou longue, il faut souvent reprendre la cassette un peu en amont, de façon à retrouver le fil de l'histoire. Alors pour commencer, mieux vaut choisir des textes courts : nouvelles ou poèmes.

Pour téléphoner plus aisément

France Telecom propose un appareil à grosses touches. Des modèles sont également proposés dans le catalogue de l'Association Valentin-Haüy. Et le por-

L'édition de livres en gros caractères

Le « gros caractère » n'est pas qu'une affaire de taille. Les normes de la création d'un livre sont très précises. Elles concernent le volume, le format, la typographie, tout ce qui est susceptible de rendre la lecture plus confortable pour une personne malvoyante. Généralement en corps 16 ou 18, les caractères doivent être bien marqués. Il est important de rechercher le meilleur contraste possible. Le choix du papier est également primordial : il doit être blanc mat, légèrement ivoiré, de façon à éliminer la brillance qui fatigue rapidement les yeux.

Son épaisseur doit être suffisante pour que l'impression d'un côté ne transparaisse pas de l'autre. Taille du caractère et poids du papier sont deux contraintes qui gênent l'édition en gros caractères et l'empêchent de sortir des ouvrages longs en un seul volume.

À noter : il existe un dictionnaire Larousse agrandi. En deux tomes, relié et imprimé sur papier antireflet, en corps 16, il est idéal pour continuer à faire ses mots croisés ou jouer au Scrabble.

(Le chardon bleu - Tél. : 02 31 94 49 59)

table ? Les écrans sont un peu petits, mais certains modèles peuvent être utilisés, notamment ceux qui ont une reconnaissance vocale.

Pour en savoir plus

– Institut national des jeunes aveugles (INJA), 56, bd des Invalides, 75007 Paris. Tél. : 01 44 49 35 35. Internet : www.inja.fr.
– Association Valentin-Haüy (AVH), 5, rue Duroc, 75343 Paris cedex 07. Tél. : 01 44 49 27 27. Internet : www.avh.asso.fr Retrouvez sur ce site le catalogue de l'association, très fourni, pour le matériel adapté. L'AVH propose également un agenda de manifestations culturelles adaptées aux aveugles et malvoyants.
– Association Braillenet, Braillenet U-PMC B23, 9, quai Saint-Bernard, 75005 Paris. Site Internet : www.braillenet.org. L'association a créé un logiciel gratuit de navigation pour les aveugles, Braillesurf. Elle milite pour un web accessible aux aveugles et malvoyants.
– www.voirplus.net : premier portail du handicap visuel, lancé à l'initiative de l'Association Braillenet et d'une dizaine d'associations ou de personnes. Son objectif est de promouvoir l'Internet pour les aveugles et malvoyants en proposant des sites accessibles, une bibliothèque virtuelle, des ressources documentaires.
– GAIPAR, association auvergnate, loi 1901, créée en 1921, membre de la Fédération des aveugles et handicapés visuels de France (reconnue d'utilité publique), managée par des aveugles et des amblyopes au service de tous les déficients visuels. Internet : www.perso.wanadoo.fr/ass.gaipar.
– CRFAM, : Centre de rééducation fonctionnelle pour aveugles et malvoyants de Marly-le-Roi, 27, chemin de l'Auberderie, 78 160 Marly-le-Roy. Tél. : 01 30 08 83 00. Outre les données concernant l'établissement, vous trouverez sur ce site des informations très complètes au sujet de la cécité et du handicap visuel.
– Deux sites spécialisés : sur le glaucome, www.glaucome.net ; sur la cataracte, www.cataracte.net.

7

Il se plaint d'insomnies

Stella, 83 ans et Bruno, 85, coulent des jours paisibles. En revanche, ils vivent leurs nuits séparés. Stella dort à poings fermés. Bruno, lui, a bien du mal à trouver le repos : « Mon sommeil s'est dégradé progressivement. Le soir, je m'assoupis systématiquement devant la télévision sans profiter d'émissions que j'attendais avec impatience. Je ne me couche jamais avant 21 heures. Je m'endors assez facilement et puis, vers 2 ou 3 heures, je me réveille. Pendant longtemps, mon unique souci était d'essayer de me rendormir. Je feuilletais le journal, j'éteignais la lumière, je rallumais, je faisais des mots croisés, cela réveillait ma femme. Je ruminais dans mon lit, attrapant toutes les idées noires qui passaient. J'ai essayé les somnifères mais, même à petite dose, ils me barbouillent et je me sens abruti le lendemain. Alors je me suis résolu à faire chambre à part. Stella dort et moi, je me promène. Mais j'ai beau avoir découvert une invention formidable : les livres sur cassettes, mes nuits me paraissent longues, même si, parfois, le sommeil me reprend au petit matin, jusque vers 8 heures. »

Stella n'a pas le même point de vue : « À notre âge, nous sortons peu. Nous regardons la télévision qui nous tient au courant des événements et nous distrait. Or, au bout d'un quart d'heure, Bruno s'endort, quelle que soit l'heure de la journée. Ses assoupissements de plus en plus fréquents gâchent mon plaisir car on ne peut plus discuter du programme. Et, j'en suis sûre, ils l'empêchent de faire ses nuits. Dès qu'il commence à dodeliner de la tête, je monte le son, je lui parle, rien n'y fait. Et, la nuit, il se réveille très tôt sans pouvoir se rendormir. Du coup, il a commencé à prendre des somnifères qui l'abrutissent et lui font surtout perdre la mémoire. Je suis inquiète. »

Un très grand nombre de personnes âgées se plaignent de mal dormir : sommeil trop léger, réveils fréquents, somnolence pendant la journée. Comment les aider à mieux dormir sans abuser de somnifères ?

Quand le sommeil n'est plus au rendez-vous

Sur 75 ans, nous dormons environ 25 ans et la qualité de nos 50 ans d'éveil dépend pour beaucoup de celle de notre sommeil.

Chacun a un besoin qui lui est propre et varie de cinq à dix heures par nuit. Il existe de courts dormeurs – Napoléon, Victor Hugo, Winston Churchill... – qui n'ont pas besoin de plus de cinq heures par nuit. Mais, dans tous les cas, le sommeil nocturne est indispensable ; c'est un moment de restauration physique et psychique. Or près de sept Français sur dix souffrent de troubles du sommeil. L'insomnie est d'autant plus fréquente qu'on avance en âge et les femmes sont plus souvent atteintes que les hommes. Une femme âgée sur quatre se plaint d'insomnies. Et les résidents en institutions se lamentent davantage encore, implorant leur médecin de leur prescrire des somnifères. Avant de prendre des médicaments, mieux vaut tenter de respecter au mieux sa physiologie et de favoriser un sommeil naturel.

Face aux problèmes qu'engendre un mauvais vieillissement, certains individus sont plus vulnérables que d'autres. Ils se résignent. Pour ne plus penser à leurs handicaps, à leurs maladies, à la mort, à leur ennui ou à leur « enfermement » en institution, si tel n'était pas leur choix, ils se réfugient dans la somnolence. Tout se passe comme si plus rien ne pouvait réveiller leur envie de vivre. Ils fuient ainsi leur « mort sociale ». Et, la nuit, le sommeil les fuit.

Dormir, qu'est-ce que c'est ?

Il est normal que le sommeil devienne plus léger et plus fragmenté au-delà de 45 ans. Si la durée du sommeil change peu, le nombre et la longueur des éveils augmentent. Le matin, le réveil est plus précoce.

Une nuit de sommeil paraît simple. On baille, on se couche, on éteint la lumière, on ferme les yeux, on s'endort, on rêve et... on se réveille. En réalité, après un temps d'endormissement d'un petit quart d'heure, une nuit de sommeil se déroule en cinq, six ou sept cycles d'environ une heure et demie. Et chacun comprend trois phases principales :

- Au cours du **sommeil lent léger**, la respiration est égale, le pouls régulier. Le dormeur est réveillé par le moindre bruit et aura alors l'impression de ne pas avoir dormi.
- Le **sommeil lent profond** est une période de détachement et d'oubli, sans rêve. Le cerveau ralentit sa production d'ondes électriques. La respiration est modérée. La température du corps s'abaisse. Les yeux ne bougent pas. On n'a plus de contact avec le monde extérieur et il est difficile de provoquer le réveil.
- Au cours du **sommeil rapide paradoxal**, le cerveau accélère sa production d'ondes électriques et des cellules cérébrales enregistrent les souvenirs. Le pouls et la respiration sont irréguliers. Le corps est détendu,

à l'exception des doigts et des orteils. Les yeux bougent sous les paupières. C'est la phase des rêves très intenses.

La durée du sommeil profond est sensiblement la même pour tout le monde : une centaine de minutes par nuit. Pendant la deuxième partie de la nuit, les cycles sont plus courts, passant de quatre-vingt-dix minutes à soixante-dix ou soixante.

Quand le rythme se modifie

Lorsqu'on vieillit, la fréquence des changements de phase s'accroît. On passe plus rapidement du sommeil léger au sommeil profond, puis au sommeil paradoxal. Les phases de sommeil profond pendant lesquelles on récupère de la fatigue cérébrale sont plus courtes. Les phases de sommeil léger sont plus fréquentes. Et les personnes âgées se réveillent fréquemment entre deux cycles. La conjugaison de ces trois éléments leur donne l'impression d'avoir mal dormi. De plus, endormissement et réveil se décalent et surviennent plus tôt. Voilà pourquoi, en toute bonne foi, des personnes disent souffrir d'insomnies alors qu'elles dorment mieux qu'elles ne le pensent. Elles ont perdu le sommeil réparateur de leur jeunesse et se sentent réellement fatiguées.

Les nuits émaillées de plages d'éveil sont propices aux angoisses, aux pensées déprimantes. Pour les anxieux, c'est l'occasion de se retourner sans cesse dans le lit, de craindre le malaise, de paniquer s'ils sont seuls ou d'éveiller le conjoint. L'insomnie de l'un finit par retentir sur le sommeil de l'autre. On entre dans un cercle vicieux, car rechercher le sommeil absolument augmente le stress et fait fuir l'envie de dormir. Les insomniaques s'assoupissent facilement dans la journée dès qu'ils sont assis et jusqu'à plus de dix fois par jour. Cette somnolence doit alerter. Car, en gommant le contraste entre la nuit et le jour, elle est source de déprime, de perte des repères et de désintérêt progressif pour les activités quotidiennes. Pour rompre la spirale, il est bon de consulter un médecin.

Les maladies du sommeil

On ne peut pas imputer les troubles du sommeil uniquement à l'âge. Certaines maladies jouent beaucoup : la dépression, qui reste souvent méconnue, les affections digestives, tel le reflux gastrique, ou urinaires (cystites, problèmes de prostate que connaît un homme sur quatre après 60 ans et qui obligent à uriner souvent en petite quantité) ; les douleurs de l'arthrose, l'hypoglycémie (diminution anormale et importante du taux de glucose sanguin) perturbent les nuits. Certains déficits sensoriels, la surdité, par exemple, causent une somnolence pendant le jour qui n'est guère bénéfique au sommeil nocturne. La maladie d'Alzheimer peut inverser les rythmes, entraîner une torpeur le jour et le besoin de déambuler la nuit.

À cela s'ajoutent trois grandes causes médicales.

• **Les apnées nocturnes** frappent un ronfleur sur dix. Chez certains, le voile du palais, qui vibre pendant la respiration, peut obstruer complètement les voies aériennes, comme un clapet. Le ronflement s'emballe, puis, tout à coup, s'interrompt avant de repartir. Cette pause sonore, qui peut paraître agréable au compagnon de lit, est en fait une pause respiratoire ou apnée. La respiration s'arrête pendant une dizaine de secondes. Pendant ce temps, l'oxygénation du cerveau et des organes du corps se fait mal. Le ronfleur se réveille à demi. Ces apnées se reproduisent plusieurs fois par heure. Les nuits, hachées par ces mini-réveils, laissent

Attention aux somnifères

Aucun n'est efficace à 100 % et tous présentent des inconvénients. Ils risquent d'entraîner des conséquences néfastes telles que la somnolence dans la journée, le risque de chutes ou même des atteintes des fonctions intellectuelles. Ils provoquent en particulier des troubles de la mémoire et même l'oubli de tout ce qui survient dans les deux heures suivant la prise du médicament. De plus, ils sont spécialisés. Il en existe pour combattre les insomnies dues à l'anxiété, d'autres pour l'endormissement, d'autres contre les réveils inopinés... Seul le médecin peut prescrire le médicament adapté. Attention aussi à l'accoutumance qui oblige à augmenter la dose ou à associer plusieurs produits pour obtenir les mêmes effets. Le sevrage est long et il ne faut surtout pas arrêter brutalement. Mieux vaut se désintoxiquer par paliers et sous contrôle médical. Si, malgré tout, un somnifère reste nécessaire, il ne doit être administré que de façon temporaire et pour une courte durée.

le dormeur épuisé au petit matin. Cela accroît sa fatigue, peut provoquer une somnolence diurne, une baisse d'efficience intellectuelle, des maux de tête et, éventuellement, à long terme, des troubles du rythme cardiaque. Les apnées sont facilement diagnostiquées par un enregistrement électrique du sommeil sur 24 heures, totalement indolore, pratiqué soit à la maison soit à l'hôpital : il y a apnée du sommeil lorsqu'on note plus de dix arrêts par heure d'enregistrement. Elle peut être corrigée par la chirurgie ou par une petite machine portative qui aide le dormeur à respirer la nuit.

• **Les contractions périodiques et involontaires des muscles des jambes** sont très répandues chez les seniors : un sur deux en est affecté. Et ceux qui ont un tempérament anxieux ont encore plus de risques. Il s'agit de secousses brusques des membres inférieurs qui surviennent toutes les 20 ou 30 secondes et provoquent aussi de brefs réveils. Des décontractants musculaires ainsi que certains médicaments améliorent considérablement ce trouble.

• **Des médicaments** tels que tranquillisants, antidépresseurs et somnifères utilisés sur de longues durées, finissent par provoquer des troubles du sommeil.

La première façon de traiter l'insomnie est donc de soigner les maladies dont souffre l'insomniaque.

Respecter son horloge biologique

Ce n'est pas notre volonté qui déclenche le sommeil. Ce sont trois centres nerveux situés dans l'hypothalamus, à la base du cerveau. Chacun est spécialisé ; l'un commande le sommeil lent qu'il soit léger ou profond, un autre le sommeil rapide paradoxal et le troisième le réveil. Ces centres sont programmés comme une pendule pour envoyer les signaux qui déclenchent les trois phases du sommeil et l'éveil chaque soir, chaque nuit et chaque matin. Dès sa naissance, chacun possède un programme personnel. Voilà pourquoi il y a des couche-tôt et des couche-tard, des lève-tôt et des lève-tard.

Le premier signal qui déclenche le sommeil est envoyé pour les uns vers 21 heures, pour d'autres vers 23 heures, mais toujours à la même heure pour chacun. Si, pour une raison ou une autre, on n'obéit pas à ce premier signal, on repart pour un tour d'environ quatre-vingt-dix minutes. Inutile d'insister, le sommeil passe comme les trains, il faut attendre le prochain départ. Si un tel incident se reproduit fréquemment, si un individu dérègle ses horloges de sommeil, s'il désorganise ses rythmes, c'est l'insomnie garantie. Dans ce cas, le traitement consiste à se recoucher chaque soir à peu près à la même heure.

Quelques règles à suivre

Avec l'âge, la régularité du mode de vie devient aussi très importante pour bien dormir. Voici d'autres conseils à divulguer.

• En cas de réveil nocturne, mieux vaut ne pas rester à ruminer, cela alimente l'anxiété, mais attendre le prochain cycle de sommeil dans les meilleures conditions : avec un livre, devant la télévision, en écoutant de la musique, en préparant le petit déjeuner... Il est possible aussi de pratiquer un ou deux exercices de relaxation. Mais dès qu'on sent la lassitude gagner à nouveau, il est nécessaire de se recoucher.

• Avoir une activité physique suffisante, la marche par exemple, pour être fatigué le soir. Aller chercher le journal ou le pain car moins on sort, moins on a envie de sortir. Or il faudrait sortir chaque jour deux heures environ car la lumière du jour perçue par la rétine et transmise au cerveau, règle nos horloges biologiques.

• Sans parler de « luxthérapie » (le soin par la lumière), de larges baies laissant entrer la lumière du jour concourent au calme et, le soir venu, à la « brunante », favorisent l'apaisement. La nuit tombée, fermer rideaux et volets.

• Se lever et se coucher à heures régulières ; ne pas tenter de compenser une insomnie par une grasse matinée.

• Ne pas se coucher très tôt, comme les poules, sinon,

au bout des six ou sept heures qui, en général, suffisent à une vieille personne, plus besoin de dormir.

• Ne plus boire de thé, de café, de vin blanc ou de Coca-cola, ne plus avaler de médicament stimulant après 16 heures. Éviter aussi vitamine C et tabac.

• Prendre ses repas à heures régulières et, si possible, le soir, vers 19 heures. Éviter les soupers lourds et riches. Leur digestion, en augmentant la température du corps, perturbe le sommeil. Remplacer la viande par du poisson cuit à la vapeur. Terminer le repas par un produit laitier : yaourt ou verre de lait tiède agrémenté de quelques gouttes de fleur d'oranger. Le lait contient du tryptophane qui sert à l'organisme pour fabriquer la substance déclenchant le sommeil lent. En revanche, ne pas supprimer le repas du soir sous peine d'être réveillé par son estomac !

• Ne pas négliger les tisanes aux vertus sédatives : tilleul, camomille, passiflore, verveine, valériane, mélisse, fleur d'oranger, d'autant qu'en boire chaque soir crée un rituel favorable au sommeil.

• Limiter les liquides ou aliments diurétiques : soupe de poireaux, tisane de queues de cerises, bière...

• Se ménager un moment agréable avant le coucher : un livre captivant, une bonne émission de télé, un disque ou un coup de téléphone à quelqu'un qu'on aime.

• Ne pas se priver d'une petite sieste. Les conséquences sont très inégales selon les personnes. S'il vaut mieux l'éviter pour celles qui ont des difficultés à s'endormir, pour les autres, la liberté fait loi. Une bonne sieste est courte : une demi-heure. En institution, il est donc indispensable que le personnel soit disponible pour aider les résidents qui ne peuvent se débrouiller seuls à se relever.

• Pour se relaxer, prendre une douche dont l'eau devient progressivement tiède. Cela abaisse la température du corps et facilite l'endormissement. Pour

mieux décontracter les muscles paravertébraux, insister sur la colonne vertébrale.
• Dormir dans une chambre bien ventilée, qui a été aérée au moins une fois par jour, à une température de 18 °C maximum. En début de sommeil, il faut que la température du corps s'abaisse.
• Si l'insomnie persiste plus de trois mois, consulter le médecin car des problèmes de santé peuvent aussi interférer avec le sommeil. Il existe de multiples moyens pour adoucir les nuits, de l'homéopathie à l'acupuncture

Pas de bonne nuit sans une bonne literie

C'est une maxime à garder en tête, surtout si le corps est douloureux et le sommeil léger. Un bon couchage doit être ferme et souple. Plus l'utilisateur est fort, plus le couchage doit être ferme. Pour le matelas, un test simple : s'asseoir au bord du lit puis se lever. Si le matelas conserve l'empreinte du corps au lieu de reprendre instantanément son allure primitive, il est temps de le changer. Et il est conseillé de remplacer en même temps le matelas et le sommier.
Les accessoires sont bien utiles : appui-dos avec accoudoirs, oreiller cervical, couverture chaude et légère ou couette pour éviter des draps trop lourds. Pouvoir relever le buste ou les pieds est un élément de confort important. Sans acheter un nouveau lit, on peut le doter d'un inclinateur corporel qui se place sous le matelas, à la tête ou au pied du lit, pour relever le buste ou les jambes.

Et en maison de retraite ?

Il serait bon que les maisons de retraite fassent preuve d'une plus grande souplesse dans leurs horaires et de plus de tolérance. Les représentants au conseil d'établissement peuvent le suggérer. Les dîners, en particulier pourraient être retardés. Une ou deux fois par semaine, l'organisation de soirées attractives obligerait les résidents à veiller. Et l'on peut alors, les autres soirs, exiger le silence à partir de 21 heures, y compris de la part des gardes de nuit. Il convient d'adapter les rythmes de l'institution à celui des résidents et non l'inverse.

Les activités physiques et intellectuelles, en groupe, en palliant l'ennui et en nouant les contacts, favorisent un meilleur sommeil. On peut être allergique aux loisirs collectifs. Mais dans tous les cas, avoir un projet pour le lendemain apaise.

Ronfler, une affaire sérieuse

La fréquence du ronflement s'aggrave avec l'âge : à 60 ans, 60 % des hommes et 40 % des femmes ronflent. Les médecins appellent cela la « ronchopathie ».

Le premier à souffrir du ronflement est le conjoint. Le ronfleur ou la ronfleuse peut émettre des bruits allant de 35 à 70 décibels, ce qui représente le bruit d'un camion passant dans la rue.

Les causes

La première condition du ronflement est l'entrée d'air par la bouche : pendant l'inspiration, le voile du palais vibre contre les parois du pharynx et la vibration est amplifiée par les cavités formées par la bouche et les narines.

Ce phénomène se produit lorsque le nez est bouché par une anomalie anatomique (la déviation d'une cloison nasale par exemple), une rhinite virale ou allergique ou encore lorsque les cavités nasales sont obstruées par un gonflement des végétations adénoïdes (celles que l'on enlève souvent aux enfants).

En dehors de toute anomalie, le ronflement se produit lorsqu'on dort sur le dos. Au cours du sommeil, les muscles de la mâchoire inférieure se détendent et celle-ci est entraînée par son propre poids vers le bas.

Le fait de boire de l'alcool favorise le ronflement car l'alcool congestionne la muqueuse du palais.

Enfin, le surpoids est un facteur aggravant.

Que faire ?

Renoncer aux recettes de « bonne femme » : siffler, pincer le ronfleur, lui bourrer les côtes de coups de poing, lui tordre le nez...

• La seule recette efficace est de ne pas dormir sur le dos. Pour cela, un petit truc a souvent été décrit : proposer au dormeur de coudre une balle de tennis dans le dos du pyjama. Cela va le gêner et il s'installera alors sur le côté ou sur le ventre. On peut aussi lui suggérer de se caler avec un polochon pour qu'il reste sur le côté.

• Avant d'aller dormir, pour éviter de respirer par la bouche, le ronfleur doit s'assurer de la liberté de ses cavités nasales, par exemple en procédant à un lavage avec du sérum physiologique (vendu en dosettes dans les pharmacies ou les supermarchés) et en inhalant, si besoin est, un décongestionnant nasal conseillé par le médecin ou le pharmacien.

• L'humidité de la pièce doit être contrôlée par un saturateur ou un humidificateur d'air.

• Si rien de tout cela n'est efficace, il faut consulter un oto-rhino-laryngologiste. Celui-ci procédera à un examen des cavités nasales et pharyngées. S'il détecte une obstruction nasale ou pharyngée, il pourra proposer, selon les cas, une ablation des amygdales ou la correction d'une éventuelle déviation de la cloison nasale. Néanmoins, la chirurgie maîtresse en matière de ronflement est l'uvulo-palato-pharyngoplastie ou U3P. Cette intervention consiste à retirer une partie des tissus mous du pharynx (voile du palais, luette...) pour les retendre et empêcher ainsi l'obstruction des voies aériennes supérieures. Le ronflement disparaît dans environ la moitié des cas. Il est réduit dans un cas sur trois. Dans sa forme la plus simple, cette intervention peut être pratiquée sous anesthésie locale.

8

Il est aphasique, comment communiquer avec lui ?

« L'an dernier, un accident vasculaire cérébral a frappé mon épouse, suivi d'une aphasie. Après trois mois de rééducation, elle remarche normalement mais l'aphasie demeure. Institutrice à la retraite, elle avait appris à lire à une multitude d'enfants et, tout à coup, elle ne savait plus parler ni lire. Ce fut très difficile. Elle a dû relever de nombreux défis et moi, j'ai eu l'impression d'une chute dans le grand vide du silence imposé. Puis nous avons fêté la naissance d'une petite-fille, Céline, et celle-ci a beaucoup stimulé sa grand-mère qui apprend à parler avec elle. La rééducation est quotidienne et plus facile le matin. Elle adorait le cinéma, elle ne peut plus suivre un film, alors je loue des vidéos et nous les repassons plusieurs fois. Ma grande crainte est que mon épouse sombre dans le désespoir intérieur car elle sait, comme moi, que les détériorations sont irréversibles. Pour qu'une plante fleurisse, il lui faut la chaleur du soleil. Sans la chaleur de l'amour et de l'amitié, ma femme ne pourrait pas s'épanouir. Mais comment lui permettre d'extérioriser ses émotions et mieux communiquer ? »

Et voici l'expérience d'un malade : « À 76 ans, en un éclair, je suis devenu aphasique. Ce fut une épreuve terrible. Je comprenais les gens, mais eux ne me com-

prenaient pas et je ne comprenais pas qu'ils ne comprennent pas ; car j'articulais clairement, lentement et j'entendais exactement ce que je voulais dire. Mais les gens ne me comprenaient pas. Mes paroles étaient confuses. Quelle angoisse ! J'ai souffert... en silence et en sanglotant. Prenez l'exemple d'un agent secret. Il possède un code secret pour communiquer avec un autre agent secret. Personne ne peut savoir ce qu'il dit sans connaître le code secret. Eh bien, j'ai eu l'impression d'avoir perdu le code secret de ma langue maternelle. Grâce aux soignants, j'ai compris que mes pensées allaient trop vite. Imaginez un tuyau d'arrosage qu'on tord pour empêcher l'eau de circuler. Il y avait trop d'idées dans ma tête pour la capacité de sortie de mes paroles. Les lettres se bousculaient dans le mot que j'essayais de dire et les sons n'avaient plus de sens. En travaillant à ralentir le débit de ma pensée, j'ai réussi peu à peu à parler de façon acceptable. Je ne peux toujours pas écrire car je ne place pas les bonnes lettres. J'ai repris le goût de vivre, plus doucement, à l'abri de l'agitation extérieure, mais ce qui compte, pour moi, c'est la relation. »

Les personnes aphasiques souffrent d'un trouble du langage qui n'est pas une maladie mais la conséquence d'un dommage au cerveau. L'aphasie survient quand la partie du cerveau qui traite le langage est endommagée. Cette maladie, chamboulant l'existence du malade, perturbe complètement l'équilibre de sa famille.

Le mot « aphasie », emprunté au grec, signifie incapacité à parler. Des savants du XIXe siècle, notamment Broca et Wernicke, ont élaboré le concept actuel d'aphasie et le docteur Trousseau a imposé le terme.

Un dommage au cerveau

La cause la plus fréquente d'aphasie est un accident vasculaire cérébral ou AVC (caillot qui obstrue une artère, rétrécissement d'une artère ou épanchement de sang dans le tissu cérébral), mais elle peut aussi être la conséquence d'une tumeur, d'un traumatisme ou de la maladie d'Alzheimer qui détruit les cellules cérébrales.

Il y a de grandes différences entre les aphasiques, car leur handicap dépend de l'étendue de la zone atteinte et de l'ampleur du dommage. Certains ont du mal à trouver leurs mots alors que d'autres ont presque totalement perdu la faculté de s'exprimer par le langage. Quelques-uns ne comprennent plus exactement ce qu'on leur dit, comme si on leur parlait une langue étrangère, d'autres encore ne peuvent plus ni lire, ni écrire, ni calculer. Mais quelle que soit la gravité du handicap, les aphasiques gardent une pensée. Et c'est tout le drame : comme ils ne peuvent plus habiller de mots leurs pensées, on en conclut qu'ils ne pensent plus. Ils ont besoin de s'exprimer, mais ont beaucoup de mal à communiquer et s'isolent.

Plusieurs sortes d'aphasies

Il y a autant de sortes d'aphasies que de personnes atteintes car chaque personne a un cerveau unique. Cependant, les médecins classent l'aphasie en deux grandes catégories :

- **L'aphasie de Broca.** Elle s'accompagne le plus souvent d'une hémiplégie. Elle prive le malade de ses mots, de la lecture et donc de l'écriture. Il garde une excellente compréhension du langage ;
- **L'aphasie de Wernicke.** La compréhension est

atteinte. Le malade garde le langage mais celui-ci est parfois incompréhensible, car une syllabe se substitue à une autre, des mots à d'autres ou sont totalement inventés.

Une somme de coïncidences pour une découverte

Broca était chirurgien à l'hôpital de Bicêtre. Par ailleurs, comme secrétaire d'une société d'anthropologie, il en résumait les séances. Le 4 avril 1861, la discussion était centrée sur le langage et l'un des spécialistes, Aubertin, avait défendu le principe selon lequel l'abolition du langage articulé ne dépendait pas de la maladie mais de son siège. Or le jeudi 11 avril, un certain Leborgne qui, depuis onze ans, ne pouvait plus parler et depuis un an avait développé une hémiplégie droite, fut admis dans le service de Broca pour un abcès gangreneux du cou-de-pied. Broca s'intéressa beaucoup à cet homme surnommé Tan car sa seule réponse aux questions était « tan tan ». Broca appela Aubertin qui affirma que la lésion devait siéger dans un des lobes antérieurs du cerveau. Le malheureux Leborgne décéda le 17 avril. Le 18, Broca présentait le cerveau à la société d'anthropologie. Deuxième coup du hasard, au mois d'octobre de la même année, un patient nommé Lelong, âgé de 84 ans, échoua dans le service de Broca pour une fracture du col du fémur. Or celui-ci présentait un mutisme du même type. Lui aussi mourut et Broca bénéficia d'une seconde observation. Depuis lors, la partie moyenne de la troisième circonvolution frontale gauche porte le nom d'aire de Broca[1].

Très peu de personnes aphasiques ne comprennent ni ne disent plus rien. Il n'existe aucun traitement

1. Rapporté par le docteur Michel Rolinat dans son cours « Initiation au jugement critique en médecine », Pitié-Salpêtrière, 3e cycle ; d'après Philippe Monod Broca, *Revue du praticien*, 15 octobre 1999.

médicamenteux ni chirurgical. Seuls la rééducation et le temps améliorent l'état du malade. Quand elle est la conséquence d'un accident vasculaire cérébral, il est rare que la situation ne s'améliore pas, même s'il reste des séquelles. Avec le médecin qui veille à stabiliser l'état de santé de la personne et le neuropsychologue qui évalue les fonctions mentales, l'orthophoniste est une clef pour ouvrir la porte sur les embellies. Plus la rééducation est entreprise tôt, meilleur sera le résultat. L'orthophoniste joue aussi un rôle important auprès de la famille en expliquant le processus et en suggérant les bonnes attitudes pour venir en aide à celui, ou celle, qui est touché. Il connaît aussi les groupes d'entraide et peut y diriger les personnes qui le souhaitent.

Inversement, les familles ont tout à gagner en informant l'orthophoniste des « trucs » qu'elles ont trouvés pour communiquer avec leur proche et des moyens de communication qu'elles préfèrent.

L'impact de la maladie sur la personne atteinte

Imaginez. Soudain, les mots manquent, vous les avez sur le bout de la langue, mais vous ne les trouvez pas ou ils n'ont plus de sens. Vous savez pertinemment ce que vous voulez dire, vous avez une idée à partager, mais vous ne savez plus avec quels mots. Vous en utilisez un pour un autre, vous parlez en style télégraphique et les gens ne saisissent pas ce que vous voulez dire. Ou encore vous ne comprenez plus exactement ce que l'on vous dit. C'est une terrible frustration. Les personnes aphasiques sont humiliées, angoissées et en colère. Elles ruminent des idées noires qu'elles ne peuvent exprimer. Cela peut engendrer découragement et dépression. Elles cherchent un coupable ou une cible. Elles sont irritables et tentées de devenir agressives. Ces perturbations compliquent encore leurs rapports aux autres, déjà si bouleversés.

À cause de toutes ces émotions, elles se fatiguent vite. Leur attention et leur capacité de concentration sont diminuées au moment où elles en auraient le plus besoin. Elles montrent aussi des émotions inappropriées aux événements, elles rient de ce qui n'est pas drôle ou pleurent sans raison apparente. Elles ont du mal à faire face aux imprévus et attachent beaucoup d'importance aux heures de repas ou aux moindres changements dans la maison. Elles risquent de paraître égoïstes en ne s'intéressant plus qu'à leur problème. Parfois, les relations leur demandent tellement d'efforts qu'elles préfèrent s'isoler, s'enfermer dans leur « bulle » pour ne plus avoir à communiquer.

Attention, cet isolement qui les soulage à court terme est nuisible. L'entourage doit donc les aider à conserver les liens qui les nourrissent et sont indispensables à leur vie affective, En revanche, elles peuvent choisir de fréquenter telle personne plutôt que telle autre. Patience et longueur de temps leur feront saisir peu à peu qu'en s'intéressant à des activités diversifiées et en rencontrant des gens divers, elles restent des personnes agréables à fréquenter. Tout cela est difficile à vivre pour l'entourage. C'est pourquoi les proches ont besoin d'être soutenus, de se donner des temps de répit et de planifier de bons moments sans aucune culpabilité.

Pour faciliter la communication

• **Informez la personne** atteinte de tout ce qui se passe dans son environnement et dans le monde. Faites-la participer à la vie de tous les jours et favorisez de nouvelles rencontres. Suscitez son envie de parler et, évidemment, intéressez-vous à ce qu'elle raconte.

• Avant que quiconque s'adresse à elle, **éteignez la télévision ou la radio :** les bruits ambiants déconcentrent et brouillent la voix de l'interlocuteur.
• Évitez la multiplication des interlocuteurs. Lors des réunions de famille, veillez à ce **qu'une seule personne parle à la fois**. Il est difficile à un aphasique d'avoir un échange dans un groupe.
• **Installez-la confortablement** à un ou deux mètres de son interlocuteur de manière qu'elle voie bien son visage et ses lèvres. Évitez qu'elle s'assoie face à une fenêtre ou à une source de lumière qui l'éblouirait. En revanche, demandez à son visiteur de se placer devant la lumière.
• Adressez-vous à la personne aphasique comme à un adulte intelligent. Employez des mots courants, mais **bannissez un langage infantilisant**.
• **Ralentissez le débit de vos paroles**. Utilisez des phrases courtes et simples qui ne contiennent qu'une seule idée et posez votre voix entre chaque phrase. Ne sautez pas du coq à l'âne. Si vous changez de sujet, prévenez.
• En cas d'incompréhension, **répétez plusieurs fois le même message** ou reformulez-le avec d'autres mots.
• N'élevez pas la voix, le malade ne souffre pas de surdité. **Parlez distinctement**. Son oreille ne distingue pas tous les sons aussi bien. Certains se confondent comme « f » et « s », « m » et « n », « b » et « p » ou des sons aigus.
• En aucun cas **ne parlez à sa place**. Donnez-lui le temps de comprendre et ayez la patience d'attendre sa réponse. Si elle a vraiment trop de peine à trouver le mot juste, essayez de deviner et fournissez le premier son ou la première syllabe (par exemple, la « cass » pour la casserole). En donnant le premier son du mot, l'accompagner d'un geste correspondant. On peut aussi débuter une phrase qui amène logiquement le mot voulu (ex. : « je réchauffe le repas dans la... »)

et lui laisser trouver ce mot. On peut combiner ces différents moyens pour obtenir un meilleur résultat. Il est inutile de faire répéter le mot trouvé en espérant que la personne s'en souviendra mieux. Il ne s'agit pas d'un déficit de mémoire.

• Quand la personne se trompe de mot, elle n'en est souvent pas consciente. **Laissez-la se concentrer**. Lorsqu'elle dit « camion » au lieu de « casserole », arrêtez-la et essayez de lui faire trouver le mot recherché.

• **Soyez franc**, ne prétendez pas avoir compris si ce n'est pas le cas. Elle s'en apercevra et se sentira trompée ou humiliée. Demandez-lui plutôt de recommencer en employant un autre mot ou un geste. Vous lui montrerez ainsi que vous voulez vraiment comprendre ce qu'elle veut dire.

• **Ne la découragez pas** en soulignant ses propos incompréhensibles ou en la corrigeant trop souvent. N'exigez pas la réponse exacte à une question. Faites-lui sentir que vous comprenez ses difficultés et qu'elles ne sont pas dues à une perte d'intelligence. Louez tous les efforts qu'elle fait pour parler.

• **Profitez des actions de la vie quotidienne pour utiliser le vocabulaire correspondant** et décrire ce qui se produit. Ne lui demandez pas de nommer une assiette, un couteau, un verre. Dites plutôt : « Passe-moi ton assiette. Ce couteau coupe bien. Veux-tu remplir ton verre ? » Lorsqu'elle s'habille, ne vous contentez pas de prononcer chaussettes, chemise, manteau, proposez-lui d'enfiler ses chaussettes, de boutonner sa chemise ou de passer son manteau.

• Encouragez-la à écouter, puis à **répéter** ou bien à essayer de verbaliser en même temps que vous.

• Usez et abusez des **expressions familières** : « bonne nuit », « bon appétit », « bonne route », « ce n'est qu'un au revoir »...

• Profitez des **automatismes** : chansons, proverbes,

poésies, prières apprises par cœur et maintes fois répétées.

• Soyez réceptifs à **tous les modes de communication :** gestes, expressions, mimiques...

• Ayez à portée de main du **papier et un crayon** pour dessiner des images qui traduisent votre pensée ou écrire des mots.

• Demandez à la personne aphasique de porter sur elle son **adresse** et de brèves informations sur ses limites de communication.

• Un **animal domestique**, un compagnon à quatre pattes qui ne parle pas, mais communique de multiples façons avec son maître, permet à une personne aphasique de manifester sa sensibilité.

Et n'oublions pas : il n'y a pas que les personnes douées d'une grande éloquence qui sont capables de communiquer !

POUR EN SAVOIR PLUS

Fédération nationale des aphasiques français (FNAF), 22, rue Montyon, 76 610 Le Havre. Tél. : 02 35 47 41 87. Fournit les adresses des groupes en régions.

9

Elle souffre d'incontinence

Pierrette, 76 ans : « Il y a un an, alors que je lavais des carottes juste sorties de terre au robinet de mon jardin, j'ai été victime d'une fuite urinaire importante. Cet accident s'est reproduit plusieurs fois. Je n'osais en parler à personne car j'avais en tête l'image du vieillard qui retombe en enfance, ne se contrôle plus et sent mauvais. J'étais aussi persuadée qu'à mon âge, il n'y avait rien à faire, si ce n'est s'arroser d'eau de lavande. Je me suis confiée à une petite-cousine médecin. Elle m'a interrogée sur mes habitudes de nuit et de jour et mes traitements. Puis elle a prescrit une analyse d'urine. Je traînais depuis plusieurs mois une infection urinaire. Ce trouble irrite la vessie et la contracte plus souvent. L'eau froide qui coulait stimulait mon envie. J'ai été soignée avec des antibiotiques et tout est rentré dans l'ordre. Mais depuis, je garde une fragilité et je suis inquiète. Alors, j'en parle régulièrement avec mon médecin pour agir très vite en cas de récidive. »

L'incontinence est une perte involontaire d'urine qui survient sans qu'on puisse se retenir. Trois millions de Français, tous âges confondus, sont confrontés à des problèmes d'incontinence, dont beaucoup de jeunes femmes après un accouchement ou de sportifs de haut niveau.

Au-delà de 65 ans, une femme sur deux souffre d'incontinence occasionnelle ou permanente. Au même âge, 15 à 30 % des hommes sont aussi concernés. Par pudeur, par fierté, les gens hésitent à en parler. La moitié seulement l'avoue à ses proches. Car ce sujet est associé, dans les esprits, à une déchéance. L'incontinence représente la première cause d'entrée en maison de retraite et 75 % des personnes qui vivent en institution en sont victimes. Voilà pourquoi un mythe persistant laisse croire que l'incontinence fait naturellement partie du vieillissement. Il existe pourtant une gamme de solutions d'autant plus efficaces qu'elles sont envisagées tôt. Or, 77 % des patients attendent au moins un an avant d'en avertir leur médecin traitant et 34 % plus de cinq ans.

Or l'incontinence se soigne d'autant mieux que l'on commence le traitement sans attendre.

Oser en parler

Honteuse, la personne incontinente tait son trouble et, lorsqu'il est impossible de le cacher, elle en éprouve une profonde blessure : elle perd toute estime de soi et se prive de vie en société. Cela risque de conduire à la dépression. Pour la famille aussi ce trouble est lourd à assumer. Il est difficile, pour une fille, d'affronter l'incontinence de sa mère ou pour un fils, d'aider son père. Ils ont l'impression que leurs parents sont redevenus comme des bébés. Or il est toujours possible d'agir. L'essentiel est de consulter son médecin dès que les fuites se manifestent.

Si une personne se lève plus d'une fois par nuit, si elle doit uriner plus de cinq à sept fois dans la journée, en fonction de ce qu'elle boit, si lui arrivent, ici ou là, de petits accidents bénins, qu'elle en parle à son généraliste sans attendre que la situation s'aggrave. La plupart du temps, il réalisera seul la prise en charge. Dans d'autres cas, il l'orientera vers un spécialiste.

Conseillez à la personne de préparer le rendez-vous en :
- notant le nombre de fois où elle urine, par jour et par nuit ainsi que la quantité de liquide absorbé par jour ;
- repérant la fréquence des fuites ;
- dressant le bilan des problèmes urinaires passés (interventions, infections, difficultés à uriner...) ;
- listant ses médicaments habituels.

Si l'on ne peut pas toujours venir à bout de l'incontinence, on peut considérablement ralentir son aggravation et poursuivre toutes ses activités.

Différentes sortes d'incontinences

L'incontinence à l'effort (50 % des cas)

Elle survient lorsqu'on tousse, éternue, rit, soulève un objet lourd, se penche... Une pression soudaine sur les muscles du bas de l'abdomen, supérieure à l'aptitude des sphincters (muscles circulaires qui ferment la vessie) à verrouiller la vessie, est alors la cause d'une perte d'urine. Cette forme d'incontinence, qui affecte en majorité des femmes, survient lorsque les muscles du bassin sont affaiblis. Des grossesses multiples en sont souvent la cause. L'arrêt de la production d'œstrogènes à la ménopause agit sur la souplesse des sphincters ; ils deviennent plus raides donc moins efficaces. Chez les hommes, elle peut être due à l'augmentation du volume de la prostate qui bloque partiellement la sortie de la vessie ou intervenir suite à une chirurgie de la prostate. Cette incontinence est traitée par une rééducation, parfois, par la chirurgie.

L'incontinence par besoin pressant d'uriner

Elle survient lorsque le besoin d'uriner se manifeste brusquement, sans donner le temps de se rendre aux toilettes. Peu à peu, elle contribue à dérégler le réflexe naturel de retenue et, donc, à faciliter les fuites. Cette incontinence, qui affecte surtout les personnes âgées, peut être un signe d'une infection des reins ou de la vessie. Une analyse d'urine permet de la détecter et un traitement en vient facilement à bout. Peuvent également être responsables une anxiété occasionnée par un changement – tel un déménagement –, une perte de mobilité, des difficultés à s'habiller et se déshabiller ou des douleurs qui empêchent d'aller aux toilettes. Une intervention chirurgicale suivie de la pose d'une sonde, un traitement pour insuffisance cardiaque, l'usage de somnifères sont aussi causes de fuites. L'installation d'un fauteuil d'aisance dans la chambre suffit souvent à supprimer le trouble. Sinon, un urologue prescrira médicaments et rééducation.

L'incontinence par débordement

C'est un écoulement constant des urines lorsque la vessie est trop pleine. La petite quantité d'urine qui dépasse la capacité de la vessie est évacuée mais celle-ci reste pleine. Et l'on a l'impression d'être incapable de la vider complètement malgré les efforts pour y arriver. Ce trouble affecte surtout les hommes et peut être causé par un adénome de la prostate ou une tumeur maligne. Le diabète et certains médicaments (tranquillisants, somnifères, anti-hypertenseurs, diurétiques), qui dérèglent le système nerveux central, peuvent également être responsables de ce problème. Cette incontinence est traitée par médicaments ou par chirurgie

Soigner l'incontinence

Personne ne souffre d'incontinence urinaire parce qu'il vieillit. Mais les changements qui accompagnent le vieillissement peuvent réduire la capacité de la vessie, affaiblir la force du jet et imposer le besoin d'uriner plus souvent. Pour définir dans quelles circonstances les fuites se produisent, le médecin peut prescrire des examens :
– une analyse d'urine permet de dépister une infection ;
– une échographie abdominale montre l'état de la vessie et des reins ;
– un bilan urodynamique sert à contrôler le comportement de la vessie et du sphincter urétral.

Le traitement varie en fonction de l'origine du trouble.

La prévention et les gestes tout simples

• Contrôler les apports de liquide : une tisane s'ajoutant à un potage, le soir, représente une quantité de liquide que la vessie ne peut pas contenir toute la nuit. Mais attention, ne pas boire pour ne pas uriner est le meilleur moyen de favoriser les infections urinaires.
• Ne pas se retenir trop souvent : à la longue, cela risque de distendre la vessie.
• Se méfier de l'automédication : les médicaments pour dormir et certains remèdes contre le rhume favorisent les fuites.
• Le thé, le café, la bière, le vin blanc et le champagne sont diurétiques et déclenchent une envie d'uriner.
• Perdre du poids : l'obésité accentue la pression des organes sur la vessie.
• Traiter les problèmes de constipation : les poussées

répétitives peuvent être une cause aggravante de l'incontinence.
• Pratiquer un peu d'exercice physique, en particulier la marche.
• Pour les hommes, ne pas comprimer la prostate : voyager longtemps assis, chevaucher longtemps une bicyclette...

Les médicaments

Ils sont utiles pour certains types d'incontinences. Certains décongestionnants augmentent l'activité de la vessie, le tonus de l'urètre et stimulent les muscles des sphincters. D'autres, à l'inverse, redonnent de l'élasticité à la vessie. Certaines femmes qui souffrent d'une légère incontinence d'effort bénéficieront d'ovules ou d'une crème vaginale à base d'œstrogènes qui donneront de la souplesse à l'urètre.

La rééducation

Elle est particulièrement destinée aux femmes. L'objectif à atteindre, de l'arrêt total des fuites à un confort satisfaisant, réclame une participation active de la personne et de son entourage. Comme on fait de la musculation pour tonifier la silhouette, on peut travailler les muscles qui soutiennent la vessie. La rééducation se pratique chez un kinésithérapeute spécialisé et s'accompagne d'un traitement médicamenteux. Elle comprend deux volets. Dans un premier temps, il s'agit de modifier le comportement en « restructurant » les habitudes : développer la vigilance, apprendre à se retenir, etc., grâce à la tenue quotidienne d'un « calendrier mictionnel » sur lequel la personne note le nombre de mictions dans la journée et la nuit, ainsi que le nombre de fuites et leurs circonstances. La seconde partie du traitement consiste en exercices avec le rééducateur, qu'il faut répéter deux fois par semaine pendant trois à six mois, complétés par des exercices quotidiens à la maison.

Deux exemples d'exercices :

1. On demande à la patiente de s'imaginer en train de s'empêcher de lâcher un vent. Pour se contrôler, elle doit serrer les muscles autour de son anus. Elle sent le muscle remuer, la peau se serrer autour de son anus et son anus se relever et s'éloigner de la surface sur laquelle elle est assise.
2. Elle s'imagine en train d'essayer de retenir un jet d'urine, de l'arrêter ou de le ralentir sans l'aide des muscles de l'abdomen, des jambes ou des fesses.

• Un autre type de rééducation consiste à **accompagner régulièrement aux toilettes** les personnes qui ne peuvent plus y aller seules. Cela permet de leur conserver des automatismes et de retarder l'usage de couches. Au début, déterminez des moments précis, par exemple à la demie ou à l'heure juste, que l'aînée ait envie ou non d'uriner.
• **Le biofeedback électromyographique :** à l'aide d'une sonde placée dans le vagin ou dans le rectum, les contractions volontaires des muscles sont enregistrées, mesurées et transmises sur un écran. Le patient peut ainsi apprécier l'efficacité de ses contractions et apprendre à contracter plus fort et plus longtemps. L'utilisation est aisée, elle peut se faire à domicile. Le coût est modique et le taux de succès élevé. Dix à douze séances sont nécessaires.
• **L'électrostimulation** utilise cette même sonde mais, cette fois, elle applique des courants spécifiques qui provoquent la contraction des muscles.

La chirurgie

Plusieurs types d'interventions chirurgicales peuvent aussi aider, si les autres formes de traitement ont échoué, ou corriger des lésions anatomiques telles qu'une descente d'organes (prolapsus) chez les femmes ou un adénome de la prostate chez les hommes.

• **Pour les femmes**, le TVT (Tension-free Vaginal Tape) traite l'incontinence à l'effort. Cette intervention consiste à placer une bandelette non dégradable et bien tolérée près de l'orifice de l'urètre par lequel sort l'urine. L'opération dure une demi-heure sous anesthésie locale et ne nécessite que 24 à 48 heures d'hospitalisation. Elle ne laisse que deux cicatrices de quelques millimètres sous le pubis. Et elle est remboursée par la Sécurité sociale.

• **Aux hommes** dont l'incontinence persiste après la suppression de sa cause, par exemple l'ablation de l'adénome de la prostate, le chirurgien propose de placer une pâte synthétique autour de l'urètre ou du col de la vessie. Le contrôle de la fermeture de la vessie demande alors moins d'efforts. L'opération qui s'effectue sous anesthésie locale doit être répétée chaque année. À l'hôpital, elle est prise en charge par la Sécurité sociale.

Une organisation rationnelle du logement facilite la vie

• Aménager une chambre à proximité des toilettes ou prévoir un fauteuil d'aisance à côté du lit.
• Éliminer tous les obstacles qui peuvent entraver l'accès aux toilettes : porte difficile à ouvrir, meuble qui gêne...
• Améliorer le confort des toilettes à l'aide d'un bon éclairage, d'une barre d'appui et d'un rehausseur de siège.
• Choisir des vêtements faciles à ôter.

Utiliser des protections

Si recourir aux protections est toujours une épreuve difficile à accepter, elles permettent de rester propre et d'éliminer les odeurs. Les protections rectangulaires, toutes simples, sont indiquées pour les fuites occasionnelles. Les protections anatomiques, avec un filet, sont recommandées pour les fuites plus importantes. Elles sont très absorbantes et contiennent un gel qui donne une impression de sec. Elles ne constituent pas un obstacle pour se rendre aux toilettes. Les changes complets, plus épais, sont fermés sur les hanches par des bandelettes autocollantes. Elles sont destinées aux personnes très dépendantes. Elles doivent être impérativement renouvelées toutes les quatre heures. Il existe aussi des sous-vêtements jetables. Les hommes peuvent avoir recours à un étui pénien en latex doux, relié à une poche collectrice. Mais cela coûte cher et nécessite une hygiène parfaite.

De toute façon, toutes les protections sont onéreuses. En pharmacie, les prix sont élevés mais les conseils sérieux. En grandes surfaces, les prix sont moins élevés mais le choix encore limité. La vente par correspondance est rapide et discrète. Pour les achats en grande quantité, les prix sont raisonnables. Dans la mesure du possible, mieux vaut utiliser les protections de façon progressive, par exemple la nuit. Les levers nocturnes représentent un gros effort et parfois un danger si la vigilance est amoindrie par des médicaments. Dans ce cas, porter une protection est un gage à la fois de confort et de sécurité.

Lorsqu'un individu souffre d'incontinence, sa fierté en est affectée. La sensation de ne plus mériter le respect peut le pousser à renoncer à toute vie sociale et conduire à la dépression. Beaucoup n'osent plus voyager, partir pour une simple excursion ou même sortir dîner. Le rôle de l'entourage est alors capital pour redonner confiance à la personne et la pousser à reprendre sa vie au milieu des autres.

POUR EN SAVOIR PLUS

Une association spécifique apporte son soutien : l'AAPI, Association d'aide aux personnes incontinentes, 5, avenue du Maréchal-Juin, 92 000 Boulogne. Tél. : 01 46 99 18 99. Internet : www.aapi.asso.fr/

10

Elle souffre de trous de mémoire

Marie-Augustine a 78 ans. Sa santé est bonne et sa nombreuse famille (5 enfants, 15 petits-enfants) l'entoure avec affection. Roger, son mari, a 88 ans et des problèmes avec son cœur. Mais ce n'est pas son cœur qui inquiète ce dernier : ce sont les pertes de mémoire de sa femme. « Elle mélange les prénoms de ses petits-enfants, perd ses clefs », raconte Roger qui a peur qu'elle commence une maladie d'Alzheimer. Il n'ose pas en parler à Catherine, sa fille aînée, ne voulant pas l'inquiéter. Il se décide pourtant un jour et Catherine en parle à une amie dont la mère est atteinte de la maladie. Finalement, un rendez-vous est pris à l'hôpital de la ville pour un bilan. Marie-Augustine, qui s'inquiétait elle aussi, sans le dire, est alors rassurée. Elle repart avec une prescription d'inscription à un « atelier mémoire ».

Comment fonctionne la mémoire

La fonction essentielle de la mémoire est d'enregistrer, de stocker et de restituer toute une série d'informations que l'on perçoit. Ce travail se fait en plusieurs étapes. Il commence par la perception des informations ; celle-ci peut être visuelle, auditive, tactile, gustative ou olfactive. Il se poursuit par la sélection des informations pertinentes. L'étape suivante vise à intégrer l'information dans son contexte. Enfin, il faut la stocker en vue d'une restitution ultérieure.

Quand on vieillit, on se plaint souvent de sa mémoire. Certains en sont même très angoissés.

> Un médecin généraliste raconte : « Beaucoup de mes patients âgés se plaignent de perdre la mémoire. Je creuse et les interroge sur leurs occupations. Souvent, ils ne fréquentent plus personne, ne lisent plus parce qu'ils voient mal. La perte de mémoire n'est qu'un symptôme parmi d'autres. Quand la personne va mieux, sa mémoire va mieux aussi. Cela dédramatise. La crainte qu'il y a derrière, c'est de perdre la tête. Mais les personnes qui perdent vraiment la tête ne se rendent souvent pas compte qu'elles perdent la mémoire ! »

L'altération de la mémoire peut provenir de chacune des étapes. Lors d'un vieillissement normal, toutes ces fonctions sont globalement conservées, mais leur mise en œuvre est plus laborieuse. Bien souvent, l'information est convenablement mémorisée ; c'est son évocation, autrement dit sa restitution, qui est défaillante. On s'en rend compte car le fait de donner des indices suffit à faire ressortir l'information.

On dit souvent que la mémoire des faits anciens n'est pas touchée par le vieillissement. En fait, les souvenirs anciens s'effacent aussi. Seuls subsistent ceux qui ont une très forte charge affective. Aussi, quoi de plus naturel que l'on oublie des faits anciens, surtout si on a eu un choc affectif récent et si on a pris des médicaments anxiolytiques qui « effacent » un peu la mémoire ?

Il ne faut pas s'alarmer au moindre trou de mémoire

Au-delà de 50 ans, une personne sur deux se plaint de problèmes de mémoire.

Organiser son temps et organiser sa mémoire, cela va ensemble. Beaucoup de personnes âgées sont très isolées : alors, elles ne font plus d'effort de mémoire. Celui qui se plaint de sa mémoire dit en réalité : « Je suis dans une période de vide, je ne suis pas bien. »

Égarer ses clefs, ce n'est pas dramatique. Il faut commencer à s'inquiéter lorsque les pertes de mémoire perturbent la vie quotidienne : oublier des rendez-vous, ne plus savoir ce que l'on a prévu d'acheter au marché...

Il est nécessaire d'évaluer l'intensité des troubles. Chaque fois que l'on repère un oubli, il faut noter à quel moment et dans quelles circonstances il s'est produit et en parler au médecin. Il pourra orienter vers une « consultation mémoire » spécialisée ou une consultation d'évaluation gérontologique. Grâce à une série de tests, on saura y distinguer ce qui est banal de ce qui est franchement anormal.

Sans parler de tumeur au cerveau, il y a beaucoup de causes possibles : un choc, une dépression grave (dans ce cas, un antidépresseur fait disparaître les symptômes). Certains médicaments peuvent être en cause. Les tranquillisants ralentissent tout, y compris la mémoire. Les somnifères aussi (voir chapitre 7 « Il se plaint d'insomnies »).

La presbyacousie (surdité liée à l'âge) et la baisse de l'acuité visuelle créent des troubles de l'attention, donc de la mémoire. Pour préserver la mémoire, il faut donc s'attacher à bien entendre (appareillage) et à avoir une bonne correction visuelle. Mais il faut aussi tenir compte du déclin naturel des capacités d'identification perceptive : le cerveau identifie moins vite ce

La consultation mémoire

Dans un premier temps, la personne est reçue par un neurologue ou un gériatre qui fera avec elle l'inventaire de ses troubles et lui posera des questions sur son mode de vie, les maladies dont elle souffre. Il pourra réaliser lui-même quelques tests rapides, mais, surtout, il l'enverra vers un « psychométricien » qui la soumettra à une série de tests, un peu comme à l'embauche dans une entreprise. Globalement, les troubles de la mémoire liés à une maladie du cerveau (maladie dégénérative, comme la maladie d'Alzheimer, ou atteinte vasculaire) affectent l'ensemble des fonctions de la mémoire ; ils touchent en plus d'autres fonctions de l'intelligence, ce que les tests permettent de dépister. Si le trouble de la mémoire est isolé, on parle d'oubli bénin.

Cette évaluation cognitive est le plus souvent complétée par un entretien avec un psychologue et un examen clinique complet. Des examens complémentaires (audiométrie, scanner cérébral, doppler cervical, etc.) pourront, au besoin, vous être proposés, ainsi que des consultations d'autres spécialistes.

Lors d'une deuxième consultation, le médecin fera le point avec la personne, il lui proposera un plan d'action : entraînement personnel ou en groupe dans un atelier mémoire, médicaments, simple surveillance tous les six mois.

qu'il entend et ce qu'il voit, d'où, là encore, une perte d'information.

Comment votre parent peut-il maintenir sa mémoire à un bon niveau ? Il importe tout d'abord qu'il porte une très grande attention aux êtres et aux choses.

Entraîner la mémoire

Il existe des livres pour entraîner sa mémoire. Mais on doit surtout **faire travailler son cerveau** sur des sujets qui nous intéressent. Il faut se méfier de la télévision, que l'on peut regarder passivement sans vraiment la voir. Ne pas la laisser allumée en permanence : l'attention se disperse et on perd l'habitude de se concentrer.

Il faut tenter, au contraire, de recueillir un maximum d'informations sur ce que l'on voit et entend. Par exemple, lorsqu'on visite un site touristique, compléter les explications données par le guide par la lecture d'un livre sur le sujet, où l'on reverra les points intéressants dont on discutera avec nos proches.

Stimuler la mémoire

Pour que la mémoire fonctionne, encore faut-il avoir des choses à retenir. Quand la vie quotidienne est monotone, quand elle n'apporte aucun événement notable, la mémoire n'est pas stimulée. C'est ce qui se passe souvent lors d'hospitalisations ou de maladies confinant à la maison. Il faut imaginer des sorties, même si on doit faire un peu violence à son parent au début. Chercher à multiplier les événements plaisants, au cours desquels il est conseillé de prendre des photos : elles sont un excellent stimulant de l'évocation. Lui procurer aussi un agenda dans lequel il notera les occasions de rencontrer famille et amis. Cela contribuera à rendre sa vie moins monotone.

Enfin, éviter dans la mesure du possible qu'il prenne des médicaments qui peuvent altérer la mémoire, comme certains tranquillisants. Bien entendu, prendre auparavant l'avis du médecin traitant.

Les ateliers mémoire

Dans un atelier mémoire, on apprend que l'essentiel c'est de bien « enregistrer ». Alors la mémoire suit. On ne se rappelle plus où on a mis ses clefs, on cherche partout. Ce qu'il faut, c'est, au moment de les poser, « photographier » les objets autour : la lampe à gauche, le vide-poches à droite. Quand, ensuite, on cherche ses clefs, le cerveau affiche tout l'environnement. Il mémorise mieux un ensemble qu'une information isolée.

Jocelyne de Rotrou, neuropsychologue, créatrice des ateliers mémoire PAC (programme d'activation cérébrale) a mis en place une méthode globale qui répond à trois objectifs :
– neurobiologique : le cerveau, même âgé, fonctionne mieux s'il est stimulé régulièrement ;
– psychotechnique : faire acquérir des stratégies pour traiter l'information, telles l'association d'idées et l'imagerie mentale ;
– psychologique : diminuer l'anxiété, redonner l'envie de se souvenir.

Pour Jocelyne de Rotrou, ces objectifs sont indissociables : si on connaît les techniques mais que l'on est déprimé, on ne les utilisera pas ; de même, si on est motivé et qu'on ne connaît pas les techniques.

La stimulation n'empêche pas l'apparition de maladies, mais elle ralentit le vieillissement du cerveau.

POUR EN SAVOIR PLUS

Pour connaître l'adresse d'ateliers mémoire, le mieux est de s'adresser au Centre communal d'action sociale (CCAS) de sa commune.
Lire à ce sujet : *La Mémoire en pleine forme*, de Jocelyne de Rotrou, J'ai lu, 2003 ; *Gym cerveau, objectif 100 ans*, de Monique Le Poncin, Stock, 2003.

11

Elle se sent isolée

« Ma mère a soudain réalisé que ses six enfants sont des adultes fort occupés, qui ont leur vie, témoigne Claire. Ses petits-enfants se portent bien, deux vivent en couple et ont eu leurs premiers enfants, d'autres sont accaparés par leurs études. Une certaine tristesse s'est emparée d'elle avec l'impression de ne plus être utile sur cette terre. Elle sort pour faire ses courses au bras de son aide à domicile, mais elle n'a envie de rien. Mon père est mort depuis cinq ans et nous, nous sommes dispersés sur tout le territoire français ou à l'étranger. Je suis la plus proche, à trois cent cinquante kilomètres de sa maison qu'elle ne veut pas quitter. Nos appels téléphoniques ne remplacent pas une présence. Nous lui manquons. Pendant les vacances, nous ne sommes guère disponibles car nous gardons nos petits-enfants pour dépanner les jeunes ménages. Quand nous nous rassemblons, elle se fatigue vite car tout ce monde fait beaucoup de bruit. Elle ne participe plus aux pique-niques ni aux excursions, même en voiture. Nous lui consacrons tous quelques week-ends prolongés dans l'année, mais elle se laisse aller. Je suis de plus en plus inquiète car aucun de nous ne peut bouleverser sa vie, d'autant que certains ne sont même pas encore à la retraite. »

Est isolé quiconque est ou se sent seul. Il y a des personnes objectivement isolées parce qu'elles habitent loin de tout. D'autres éprouvent un sentiment d'isolement ou de vide affectif, car elles ne se pensent impliquées dans rien. La grande solitude de ceux qui se perçoivent comme étant de trop est insupportable. Ils finissent par perdre tout espoir, car il manque l'attention d'un regard, la tendresse d'un geste, la chaleur d'une voix.

L'éclatement des familles, les migrations professionnelles et la précocité des départs en retraite ont accru le risque de l'isolement. Et celui-ci est un facteur important de mauvais vieillissement. Or on peut vivre seul sans pour autant être isolé.

L'isolement volontaire, un signe de dépression

Jusque-là actives et sociables, certaines personnes « se réfugient » dans leur logis, n'acceptant que les visites de certains membres de leur famille. Elles n'ont plus envie de rencontrer leurs amis, ni de se rendre au parc bavarder avec des voisins, ou au club pour jouer au loto. Elles ne manifestent ni curiosité, ni initiative, ni désir. Un tel changement doit alerter. Il suggère l'installation, à bas bruit, d'un état dépressif. Des événements douloureux, tels le décès d'un proche, le déménagement d'amis ou le sien, un problème de santé, la vente d'un bien, le divorce d'enfants, rendent particulièrement sensibles. Mais la dépression peut aussi suivre un événement heureux telle la naissance du premier arrière-petit-enfant qui accapare l'attention de toute la famille. Elle se développe aussi dans les débuts sournois d'une désorientation ou d'une maladie d'Alzheimer. Le patient voit sa confiance en lui-même s'effriter. Il redoute le jugement d'autrui et de perdre son estime. Craignant de ne plus « être à la hauteur », il s'isole.

Or quiconque s'isole, ampute sa vie. L'isolement provoque la succession de journées quasi semblables et ennuyeuses. La pauvreté routinière des quelques occupations inévitables finit par désorienter.

C'est une satisfaction vitale de se savoir intéressant du fait de son caractère propre : avoir de l'humour, faire collection de timbres, chanter tous les airs de Piaf, être la mémoire de l'histoire du village ou du quartier... L'isolement prive la personne d'occasions d'être reconnue, appréciée car unique en son genre et utile aux autres. S'isoler dépossède le cerveau de ses outils de travail indispensables en le privant de stimulations, qu'elles viennent des cinq sens ou des rencontres.

Vide, désœuvrement, ennui, cette solitude insipide détruit.

Pour rompre l'isolement

Pour vieillir heureux, il est indispensable de se ménager des moments de vie en société, des activités variées qui rythment le temps et donnent des repères.

• Pour ceux qui peuvent se déplacer, les centres communaux d'action sociale (à la mairie), les offices de personnes âgées, des associations, des clubs, certaines maisons de retraites ouvertes au voisinage, proposent des animations culturelles, des jeux, des travaux manuels et des excursions, y compris pour les personnes en fauteuil.

• Des associations organisent des visites d'amitié : Petits Frères des pauvres, Croix-Rouge, équipes Saint-Vincent dans les paroisses.

• Le service téléphonique Écoute-Amitié, créé par les Petits Frères des pauvres pour répondre au sentiment de solitude des personnes âgées, est assuré tous les après-midi. Si elles laissent leurs coordonnées, le service rappelle de temps en temps.

• Pour les personnes qui ne peuvent rejoindre une bibliothèque, des associations organisent à domicile des prêts de livres, parfois en gros caractères, ou de cassettes.

• Lorsqu'on craint trop de sortir, il n'est jamais désagréable de recevoir une coiffeuse à domicile. En revanche, il est préférable, pour des personnes valides, de sortir de chez elles pour se rendre chez le coiffeur.

• La télé-assistance, qui relie à un central téléphonique, rassure bien des personnes seules et les oblige à créer un mini-réseau avec leurs voisins à qui le service demande de se mobiliser. Ces réseaux savent être là pour de simples contacts amicaux. Il existe de plus en plus de services de télé-assistance. Interrogez les services de la mairie (voir chapitre 34 : « J'ai peur qu'elle reste seule par terre après une chute »).

• Pour combattre l'isolement, mieux vaut inciter la personne à déjeuner dans un foyer-restaurant mis en place par les mairies ou dans une maison de retraite voisine, plutôt que de lui faire porter son repas à domicile.

• Un chien, outre sa présence, oblige à sortir.

• Contre la solitude de la nuit, il existe des services de garde de nuit itinérante, malheureusement trop peu nombreux. Cela donne aux personnes qui ont besoin d'une présence rassurante la possibilité de joindre à tout moment de la nuit une garde qui intervient pendant une demi-heure ou un peu plus, sur appel ou de façon systématique et programmée.

• Un médecin peut favoriser l'entrée dans un accueil de jour. Il s'agit d'un centre qui reçoit des personnes âgées toute la journée ou en partie, une ou plusieurs fois par semaine, et propose des animations (ateliers de travaux manuels, cuisine, gymnastique douce, promenades, jeux de société, musique...). En offrant des occasions de rencontre et d'échange, l'accueil de jour soigne.

• Certains établissements de retraite accueillent des personnes de manière temporaire, une semaine, un mois, parfois une saison. Cela leur permet de passer l'hiver, par exemple, dans de bonnes conditions. C'est une bonne façon de retrouver une vie en société. Cerise sur le gâteau, cet accueil temporaire peut se trouver dans la région de résidence permanente d'un membre de la famille qui habite loin de chez son parent ; ou proche de l'endroit où il va passer ses vacances. C'est un moyen de se retrouver même si on ne peut pas accueillir son parent chez soi. (Renseignements à la mairie ou au centre local d'information et de coordination.)

La famille ne peut répondre à tout

Quand elle est présente et complice, la famille est irremplaçable. Lorsqu'on perd de ses forces, lorsqu'on se sent fragile, faire appel à ses enfants est le premier réflexe. La famille est, parfois à ses dépens, le grand refuge des personnes très âgées et leur seule source de joie. Même s'il n'est pas facile, en prenant de l'âge, de renoncer à la place qu'on occupait avant : la mère ou le père qui faisait grandir et dictait la loi, le grand-père actif qui aidait ses petits-enfants. Le détachement est rude, il est aussi une façon de vieillir autonome. Et lorsque les membres de la famille habitent loin, ils se culpabilisent. Surtout s'ils reçoivent en écho les reproches à peine déguisés de leurs parents : « Pourquoi mes enfants ne viennent-ils pas me voir plus souvent ? » « Pourquoi prendre une aide à domicile, mes filles pourraient m'aider ? »

Attention de ne pas laisser la culpabilité brouiller

la réflexion et le jugement. On comprend que la solitude pèse certains jours, comme le dimanche, symbole des retrouvailles familiales, ou lors d'anniversaires en mémoire des joyeuses tablées qui réunissaient plusieurs générations. Mais aujourd'hui, les modes de vie ont changé. La semaine se vit sur un rythme si rapide que le dimanche est attendu comme un répit, sans contraintes. Avec les difficultés économiques et le chômage, les séparations et remariages, l'allongement de la durée de vie, les relations familiales se distendent. Un petit geste – l'envoi d'un menu de fête, de photos, de bouquets de fleurs, etc. – prouve aux plus âgés qu'ils restent associés, même de loin, aux événements familiaux. Pour les réfractaires à Internet, le fax est un outil simple et très pratique pour les échanges rapides. L'aîné saisit alors que, même de loin, ses enfants et petits-enfants continuent à l'aimer.

Il faut penser à toutes les solutions qui rompent l'isolement : aide à domicile, rencontres avec les voisins, inscription à une bibliothèque à domicile, déjeuner au restaurant de la maison de retraite voisine, accueil de jour, clubs, accueil temporaire. On peut aussi envisager d'emménager en appartement d'accueil ou en maison de retraite pour jouir d'une vie en communauté. Il en existe d'excellentes dont les résidents ne sont jamais laissés à une solitude non consentie.

Une solitude temporaire ou partielle permet de se retrouver

Emmanuelle, qui vit seule dans un petit appartement sous les toits à Saint-Étienne, se sent trop entourée. Entre ses filles, son aide à domicile, l'aide-soignante qui vient pour la toilette, le visiteur bénévole de la Croix-Rouge, le kinésithérapeute et les coups de fils de ses petits-enfants, elle manque de temps et de silence pour penser : « Tout simplement penser à mes chers disparus, à mon avenir, à notre planète, à la vie. J'ai besoin de silence. Tout particulièrement dans le temps des fêtes, les gens se culpabilisent de laisser seule une vieille dame invalide comme moi. Alors ils me saoulent de visites et de paroles. Et moi, j'aimerais un peu de silence pour me remémorer tranquillement les heureuses fêtes de ma vie passée. » Ces moments de repos, de silence, de méditation, en tête à tête avec soi, peuplés souvent de souvenirs, reconstituent.

Habiter loin de tout

Dans les campagnes, il n'est pas rare que des personnes, même très âgées, restent seules neuf ou dix mois sur douze. Pour éviter qu'elles ne soient coupées du monde, commerçants, maires, facteurs, voisins prennent des initiatives et se font un devoir de surveiller que la cheminée de l'isolé fume.

Robert, 85 ans, vit en célibataire dans son hameau depuis 1933. L'école est fermée, le cimetière est envahi par la végétation, le toit de l'église s'est effondré. Robert cultivait seigle, avoine et orge, il élevait une quinzaine de vaches et des moutons. Et puis, un soir, il est tombé et a passé une nuit sous le porche de sa grange. Hospitalisé, il a dû vendre ses bêtes. « Je suis le plus vieux des six habitants et mes plus proches voisins sont à neuf cents mètres. Je parle à mes chiens et à mon coq mais ils ne me répondent pas plus que la télévision. L'hiver dernier, il a gelé et beaucoup neigé, je suis resté douze jours sans voir personne. Les gens me conseillent d'aller dans une maison de vieux. J'aurais ma chambre, des repas tout préparés et je verrais du monde. Mais je ne veux pas ! Du 18 mai 1940 au 6 juin 1945, j'ai été prisonnier. Je me suis juré d'être libre jusqu'à mon dernier jour. Cette année, une infirmière passe me voir deux fois par semaine et le facteur tous les jours car je me suis abonné à *La Montagne*. Il m'apporte aussi le pain et ma pharmacie. Et lorsque mes voisins vont au supermarché, ils m'achètent la grosse épicerie. »

En milieu rural, où les personnes âgées isolées sont nombreuses, on peut agir de différentes façons.
• Abonner la personne à un quotidien, même si elle ne le lit pas ; la visite du facteur est attendue. Il est souvent la seule personne avec laquelle elle échange quelques paroles dans la journée. Il change une bouteille de gaz, apporte un kilo de sucre oublié ou le pain, voire des médicaments, écoute les confidences.
• Se battre pour que les villages conservent un commerce. L'isolement, c'est aussi ne pas pouvoir rouler jusqu'au supermarché quand il n'y a plus d'épicerie, aller chez le dentiste ou à l'église. Les quelques épiciers ambulants qui existent encore rendent de fameux services.
• Étudier les services fournis par les professionnels de l'aide à domicile, sans compter les maisons d'accueil rurales pour les personnes âgées (MARPA), mises en place par la Mutualité sociale agricole (MSA) qui peuvent les accueillir pendant une partie de l'année.

Les familles d'accueil

L'accueil des personnes âgées par des particuliers est une solution alternative qui peut être envisagée sérieusement car elle est contrôlée par la loi.

Jeannette, 92 ans, n'en pouvait plus de ne voir personne vingt-deux heures par jour. Une fois Danielle, son aide à domicile, partie, il ne lui restait qu'à attendre le lendemain avec cette peur permanente d'oublier le gaz, de tomber, de se casser quelque chose. Elle partage désormais le quotidien de

Danielle, son mari, infirmier, et leur petite dernière de 13 ans, sans oublier Bouboule, le gros chien qui ronfle sur le tapis.

Les familles d'accueil doivent être agréées par le Conseil général de leur département. L'agrément est délivré après une enquête et une formation, réduite malheureusement à quelques journées par an. Celle-ci permet tout de même aux accueillants d'apprendre des gestes techniques et de rencontrer gériatres, psychologues ou kinésithérapeutes. L'agrément n'est donné que pour un ou deux pensionnaires, exceptionnellement trois.

Les conditions d'habitat doivent répondre à des normes précises : la pièce réservée à chaque personne accueillie doit être dans le logement, avoir une superficie de 9 m^2, au minimum, pour une personne et 16 m^2 pour deux ; elle doit être équipée d'un chauffage et d'un point d'eau à proximité. Les familles d'accueil ne peuvent avoir procuration sur les comptes ni toucher un héritage de la personne accueillie. Les services du Conseil général ou d'une association mandatée peuvent, à tout moment, vérifier les conditions d'accueil. Un contrat précise les termes de l'accord et fixe les conditions financières et matérielles de l'hébergement. Il stipule les droits et devoirs de chacun, la durée de la période d'essai, les conditions de suspension ou d'interruption du contrat et la rémunération. Celle-ci comprend le loyer de la pièce réservée, l'indemnité pour les frais d'entretien (nourriture, chauffage...) et une rémunération journalière pour services rendus (ménage, entretien du linge, préparation des repas, accompagnement, surveillance quotidienne...). Certaines majorations sont prévues pour une disponibilité supplémentaire, en fonction de l'état de santé de la personne accueillie. La famille d'accueil s'engage à favoriser les liens entre ses membres et la personne accueillie. Elle doit aussi maintenir les relations avec la famille et les amis du pensionnaire. Chaque contrat est personnalisé, après entente mutuelle.

L'accueil familial suppose que l'aîné abandonne un peu ses habitudes, il n'est pas tout à fait comme chez lui. Mais, en compensation, il y a la chaleur, l'entourage affectif. Il faut aussi que la famille naturelle accepte ce nouveau foyer et lui donne toute sa confiance.

POUR EN SAVOIR PLUS

– Les Conseils généraux, à l'hôtel du département, détiennent la liste des familles agréées du département.
– Union nationale des associations d'accueillants familiaux. Tél. : 02 98 26 50 57. Site Internet : www.famidac.net
Fédération des MARPA (maisons d'accueil rurales pour personnes âgées), Les Mercuriales, 40, rue Jean-Jaurès, 93 547 Bagnolet cedex. Tél. : 01 41 63 86 95. Fax : 01 41 63 86 79.
– Petits Frères des pauvres, 33 et 64, avenue Parmentier, 75011 Paris. Tél. : 01 49 23 13 00.

12

Elle s'est mise à l'alcool

Anna, 75 ans, ancienne avocate, s'est mise à boire à la mort de son mari, il y a trois ans. Elle vit seule dans une petite ville de Bretagne et vient de faire une tentative de suicide aux barbituriques. Sa fille, Sylvie, est désespérée. « Ma mère, si coquette auparavant, est devenue négligée. Et surtout, elle s'enferme dans un mutisme profond. Je trouve des bouteilles vides en vrac à la cave. Quelquefois elle est très agressive. J'ai bien essayé de la raisonner, mais je n'y suis pas arrivée. Et de toute façon, je n'ose pas lui en parler face à face. » Chaque fois que Sylvie vient voir sa mère, c'est au contraire une période de tension et de disputes, le plus souvent sur d'autres sujets. Le reste de la famille préfère ignorer le problème.

Certaines personnes âgées peuvent en arriver à abuser de l'alcool, que ce soit pour compenser un manque, oublier le passé ou affronter un événement douloureux.

Au commencement de leur vieillesse, et par la suite, certaines femmes ont recours à l'alcool. Même si face aux soupçons de leurs proches, toutes nient car elles en ont honte. Dans la majorité des cas, font remarquer les psychologues spécialistes du vieillissement, les femmes qui se mettent à boire ont une intelligence vive. Elles ont un caractère déterminé, audacieux parfois. Quand on regarde leur histoire personnelle, elles ont souvent fait preuve d'originalité, d'anticonformisme. Souvent considérées comme des battantes, elles se sont senties coupables de négliger certains domaines de leur vie.

Le vieillissement leur impose des limites, des séparations, des renoncements. La retraite, le mariage d'un enfant, le veuvage, les laissent face à un vide qui atteint dramatiquement ce qui donnait sens à leur existence. Compenser ce manque, par des occupations peu attrayantes à leurs yeux ou des relations auparavant négligées, réveille leur culpabilité : regret des choix antérieurs, difficulté de renouer des liens peu entretenus jusque-là.

Pour résumer, l'alcool est alors un moyen indolore d'éviter de se confronter à un passé qui suscite un sentiment de culpabilité. Et parce qu'il fait tomber les barrières, ces femmes deviennent vite agressives.

L'alcoolisme concerne aussi, bien sûr, les personnes âgées, hommes et femmes, qui vivent une situation douloureuse. L'effet euphorisant de l'alcool fait accepter le présent. Comme l'intéressé n'a plus conscience de se sentir mal, il ne fait plus attention à ses problèmes et n'a recours ni au médecin ni aux aides de son entourage ou de la société. L'alcool est alors utilisé comme un antidépresseur qui permet à la personne concernée d'« oublier » ses problèmes. Ces buveurs de la dernière heure n'ont rien à voir avec ceux qui, toute leur vie, ont tenté de lutter contre leur alcoolisme.

Avoir recours à l'alcool, c'est contourner un problème pour éviter d'avoir à y faire face et de l'affronter. Avec, comme conséquence, une marginalisation par rapport aux proches qui pourraient aider l'intéressé à se sortir de ce piège.

Repérer les signes révélateurs

Plusieurs modifications du comportement doivent alerter l'entourage.

• **L'humeur de la personne devient très variable**. Les relations avec les autres se font changeantes. Elle manifeste une euphorie plus ou moins bruyante, accompagnée de coups de fils fréquents aux proches ou au contraire des réactions agressives ou un isolement rancunier et dépressif. Elle abandonne alors ses activités sociales ou culturelles et ses amis.

• Elle a le **sentiment d'être persécutée**, se plaint de ses voisins, des membres de sa famille. Elle a l'impression d'être surveillée ou « commandée » par ses proches. Elle a peur d'être manipulée. Elle croit qu'elle est séparée d'une personne qu'elle aime par quelqu'un de malveillant.

• **Elle se laisse aller**. Elle ne se préoccupe plus de ses repas, ni de son hygiène corporelle, ni de sa façon de s'habiller. Son logement, son jardin sont laissés à l'abandon. Son chien ou son chat ne l'intéresse plus.

Comment réagir devant une telle situation

Tact et sensibilité sont recommandés dans tous les cas.

• Tout d'abord, il faut **en parler**, engager le dialogue et ne pas rester seul face à cette angoisse. Rappeler à son parent combien il compte pour ses enfants, sa famille et son entourage. Lui dire clairement l'inquiétude de ses proches parce qu'il fait face à trois risques :

– sur le plan physique : baisse d'appétit, amaigrissement, modifications du sommeil, sensibilité aux maladies ;

– sur le plan relationnel : irritabilité et impression que les autres sont agressifs ;
– sur le plan personnel : la souffrance morale existe et elle est compréhensible. Mais elle doit être traitée, sinon l'engrenage souffrance-alcool-honte-détresse accrue va devenir irréversible.

• Le **pousser à voir son médecin** traitant qui l'orientera vers des professionnels capables de l'aider efficacement : des psychologues, des associations. Selon une étude américaine, les thérapies qu'elles dispensent donnent deux fois plus de résultats positifs chez les personnes âgées que chez leurs cadets.

• **Reconnaître ses qualités**, l'intérêt de son passé et la légitimité de ses choix. L'important est qu'il retrouve assez de confiance en lui pour renouer avec la vie.

Le pire serait de faire comme si de rien n'était et que les membres de la famille participent tout en dissimulant un sentiment de gâchis et de honte.

POUR EN SAVOIR PLUS

– Les Alcooliques anonymes, 3, rue Frédéric Sauton, 75005 Paris. Tél. : 01 43 75 00.
– La Croix bleue, 189, rue Belliard, 75018 Paris. Tél. : 01 42 28 37 37.
– L'Association de prévention de l'alcoolisme (ANPA), 20, rue Saint-Fiacre, 75002 Paris. Tél. : 01 42 33 51 04. Site Internet : www.anpa.asso.fr.

13

Elle n'a pas vraiment de quoi vivre

Georgette était commerçante dans une petite ville du centre de la France. Elle et son mari, Lucien, tenaient un petit magasin de droguerie qui marchait bien mais qui ne leur a pas permis de vraiment s'enrichir. Depuis la mort de Lucien, Georgette, qui a maintenant 81 ans, vit chichement. Son fils unique, Jean, se fait du souci : « Elle économise sur tout, même sur des choses essentielles comme la nourriture. Mais je ne sais pas du tout où elle en est financièrement. De toute façon, elle refuse d'en parler. Je ne sais pas ce qu'elle va devenir. Son avenir m'inquiète. »

Les finances sont un gros sujet de préoccupation pour les proches d'un parent âgé. Et souvent un sujet de discorde. Dans beaucoup de familles, on a du mal à parler argent.

- Il faut beaucoup de temps et de patience pour qu'une personne âgée surmonte **le refus d'être aidée,** mais il n'est jamais trop tôt pour en parler clairement. Bien avant d'avoir recours, si nécessaire, à des mesures de tutelle ou de curatelle. On peut être aidé sans perdre son autonomie.
- La peur d'être volée est aussi obsédante chez une personne âgée que celle d'être malade. Tous les

« aidants » (aides à domicile ou famille) sont confrontés à ces problèmes délicats Et parfois même à des vrais problèmes de détournement d'argent (voir chapitre 26 « Elle a donné sa bague de diamants à la femme de ménage »).

• La peur de manquer est un autre aspect de la question. Tel vieux célibataire refuse de financer quelques heures de ménage : « C'est trop cher ! » Telle vieille dame modeste, veuve, renonce à aménager une douche dans sa salle de bains alors que sa baignoire, devenue périlleuse, ne lui sert plus : « Je ne peux pas me permettre de dépenser mon argent sans réfléchir, il pourrait me manquer. » Souvent les personnes qui économisent ainsi sou par sou ont connu la pauvreté pendant leur enfance ou les privations pendant la guerre. Elles sont complètement expertes dans tout ce qui est lutte contre le gaspillage, art d'accommoder les restes, etc. Les plus âgées ont aussi connu une absence de protection sociale : être malade signifiait perte de sécurité matérielle. La prévoyance leur a été inculquée depuis leur plus jeune âge.

Reconnaître les risques

Les risques existent. Les parents âgés peuvent les observer dans leur entourage : une voisine est en fauteuil roulant, un cousin est atteint de la maladie d'Alzheimer... En outre, être prévoyant et économe, c'est préserver sa future qualité de vie mais c'est aussi, pour la plupart d'entre eux, garder de quoi transmettre aux générations suivantes, de quoi aider en cas de besoin.

Et puis certaines évolutions du vécu de leurs parents demandent aux enfants d'être vigilants, comme dans ces deux exemples.

Jean-Pierre vient régulièrement voir sa mère Marie-Reine qui vit seule et refuse d'être aidée. Elle accepte seulement que son fils s'occupe de ses papiers. Il range les factures, les relevés de compte-chèques, les imprimés de la Sécurité sociale, les feuilles de retraite... Mais elle refuse catégoriquement qu'il ait un regard sur la gestion de l'argent. Et pourtant, il s'est rendu compte à de nombreuses reprises qu'elle a fait des bêtises. Elle confond encore francs et euros, voire nouveaux et anciens francs, ou elle cède à des sollicitations de démarcheurs à domicile (voir chapitre 16 « Comment la préserver des escroqueries ? »).

« Maman, explique-moi pourquoi, en deux mois, tu as deux factures pour la taille de ta haie », questionne Anne qui regarde épisodiquement et un peu par « effraction » les comptes de sa mère. Alice s'emporte et explique que la haie de thuyas est très vieille et que les troncs sont difficiles à étêter, puis elle devient confuse dans ses explications. Anne comprend que derrière son apparence autoritaire et sûre d'elle, sa mère est plus désorientée qu'il n'y paraît. La boulangère du petit bourg où elle habite a fini par confier à Anne que sa mère lui demandait de prendre elle-même l'argent des courses dans son porte-monnaie. »

Jean-Pierre a finalement convaincu sa mère de devenir son « ministre des finances ». Anne, elle, a accompagné sa mère chez le médecin et tous les trois ont eu une conversation sérieuse sur la nécessité qu'Alice ne soit plus seule pour gérer son budget.

Une bonne solution consiste à aider votre parent à gérer son budget. Avec lui, jamais sans lui.

Estimer les revenus

Gérer le budget d'un parent âgé demande tout d'abord de procéder à une estimation de ses revenus. Pour cela il faut rassembler tous les documents relatifs aux ressources (retraite), aux revenus (placements mobiliers et immobiliers), aux possessions (résidence principale, résidence secondaire). Sans oublier les éventuelles assurances vie. L'estimation peut être faite par des gestionnaires professionnels mais quelquefois on peut, tout seul, obtenir une valeur approchée suffisante. Ne pas oublier de soustraire un éventuel passif (dettes ou crédits) de l'actif ainsi estimé.

Gérer le budget

Une fois cette estimation faite, il faut gérer le budget courant de votre parent. Pour cela, il est nécessaire d'établir une balance annuelle : on additionne les revenus – retraites, rentes viagères ou temporaires, revenus immobiliers et fonciers, etc. – puis on additionne les dépenses : dépenses fixes (logement, chauffage, alimentation, habillement, transports, soins, impôts), dépenses occasionnelles (séjours, sorties) ; les épargnes et assurances en cours, les éventuels crédits.

En soustrayant les dépenses des revenus, on obtient ce qu'on appelle dans le jargon des spécialistes la « capacité d'épargne résiduelle ». C'est celle-là qu'il faut valoriser.

Pour s'assurer de la maîtrise du budget annuel, on peut s'entendre avec son parent pour avoir la signature de son compte et régler toutes les dépenses par chèque. Le plus simple est alors de retirer, chaque semaine ou chaque mois, une somme qui lui permettra d'effectuer en liquide ses petites dépenses quotidiennes. Vous pourrez alors contrôler les relevés bancaires mensuels, vérifier les versements effectués par les caisses de retraite, suivre les remboursements de la Sécurité sociale et des mutuelles.

Valoriser son patrimoine

La règle est la même que pour vous : ne mettez pas tous ses œufs dans le même panier. Panachez si possible, placements immobiliers, livrets d'épargne, actions, assurances vie... Des gestionnaires de patrimoine peuvent vous aider, notamment dans la banque de votre parent. En sachant que, dans ce cas, ses conseils sont gratuits mais pas désintéressés : il place les « produits maison » de son établissement.

L'allocation personnalisée d'autonomie

L'APA (allocation personnalisée d'autonomie) est la principale aide à destination des personnes en perte d'autonomie. Elle s'adresse à toute personne âgée d'au moins 60 ans, résidant en France, qui a besoin d'une aide pour accomplir les actes essentiels de la vie quotidienne (se laver, se déplacer, se nourrir), ou dont l'état nécessite une surveillance régulière. Le dossier, disponible auprès du Centre communal d'action sociale, à la mairie[1], doit être adressé au président du conseil général. Chaque demandeur reçoit la visite d'un membre (au moins) d'une équipe médico-sociale chargée d'évaluer son degré de perte d'autonomie (de 1 à 4, 1 étant la dépendance la plus lourde) et d'élaborer un plan d'aide.

Le montant de l'APA est égal à celui déterminé par le plan d'aide effectivement utilisé par le bénéficiaire. Le montant moyen du plan d'aide à domicile était en 2004 de 489 euros par mois. Il variait pour les personnes en éta-

1. Les CCAS existent dans chaque commune. Ils interviennent pour de nombreuses formes d'aide sociale : aide médicale et allocations diverses ; placement en maison de retraite ; carte d'invalidité et de priorité ; allocation personnalisée d'autonomie ; aide aux familles ; aide aux personnes handicapées.

blissement selon leur degré de dépendance, mais le montant mensuel moyen était de 378 euros.
L'allocation est versée au bénéficiaire, qui peut employer directement un salarié même membre de sa famille (sauf son conjoint ou son concubin). Elle peut aussi, à sa demande, être versée à un service prestataire d'aide à domicile agréé. Priorité est donnée aux services d'aide à domicile pour les personnes les plus dépendantes. Dans tous les cas, le bénéficiaire doit prouver par factures que l'utilisation des fonds est conforme au plan d'aide.
Au 31 décembre 2003, après deux ans de mise en œuvre de l'APA, 1 760 000 demandes ont été déposées auprès des conseils généraux. 1 665 000, soit 97 % des dossiers complets, ont fait l'objet d'une décision, favorable dans 84 % des cas. La part des renouvellements ou des révisions ne cesse d'augmenter et représente 20 % des décisions prises sur la période. Au 31 mars 2004, il y avait 827 000 bénéficiaires de l'APA, soit 181 bénéficiaires pour mille habitants de 75 ans ou plus. 58 % des bénéficiaires vivent à domicile et 42 % en établissement. Trois bénéficiaires sur quatre sont des femmes. (Source : Direction des statistiques du ministère des Affaires sociales.)

14

Elle a perdu toute coquetterie et se laisse aller

Renée était brodeuse chez un grand couturier parisien. Toute sa vie, elle a fait l'admiration de sa famille et de ses amis pour l'élégance avec laquelle elle s'habillait. Sans beaucoup de moyens, mais très habile de ses mains, elle se confectionnait robes, jupes, chemisiers à la dernière mode. Elle a maintenant 78 ans et sa silhouette n'a pas changé. Mais depuis qu'elle a perdu son mari, elle ne fait plus attention à son allure. Elle sort faire ses courses affublée d'un sempiternel pantalon marron, de mocassins très avachis et les cheveux pendants, raides et gris. « Quand je pense qu'auparavant elle ne serait jamais sortie sans rouge à lèvres », se désole Anne-Lise, sa fille. Renée vit désormais dans une petite maison de village en Normandie. Seuls les travaux du jardin l'intéressent. Sa fille n'ose pas lui faire de remarques directes et, quand elle lui propose de s'habiller pour aller au restaurant par exemple, elle se voit répondre : « À quoi bon, je suis très bien comme cela ! »

L'entourage a raison de s'inquiéter quand une personne âgée se laisse aller physiquement. Cette attitude s'inscrit souvent dans une sorte de désintérêt général pour toutes les activités. « Sortir ? Pour aller où ? Rendre visite à des amis, de la famille ? Pour quoi faire ? M'habiller ? Inutile puisque je reste à la maison. Ce que je veux, c'est être tranquille. »

On assiste alors à une diminution progressive des relations d'amitié, de voisinage. La maison devient le refuge.

Ce repli sur soi peut succéder à un problème de santé, à un veuvage, à l'entrée en maison de retraite... Quand une personne vieillit, des changements surviennent dans sa vie affective et sociale. Son corps se modifie également. Il faut s'adapter à une nouvelle vie quotidienne. Une phase dépressive (normale) suit toujours des événements de ce type (voir chapitres 11 « Elle se sent isolée » et 39 « Mon père ne se remet pas de la mort de ma mère »).

Même une chute banale ou une fracture peuvent avoir des conséquences. Quand on a peur de tomber, on limite ses déplacements. Par conséquence, on a moins de contacts et l'isolement s'installe. Cette perte de confiance dans son corps rappelle sans arrêt son âge à la personne (voir chapitre 1 « Elle tombe de plus en plus souvent »).

> Autrefois active commerçante à Montbéliard, dans le Doubs, Simone a fait deux chutes successives : dans la rue (devant tout le monde) et au cimetière où elle allait se recueillir sur la tombe de son mari. Résultat, elle ne veut plus sortir de chez elle et l'été, elle traîne en chemise de nuit dans son appartement où règne une atmosphère confinée et caniculaire. Un sentiment d'amertume l'habite : « Je ne peux même plus sortir, je suis sûre que je vais tomber. Alors à quoi bon m'habiller, personne ne me voit ! » Pourtant ses enfants et petits-enfants sont très présents, mais elle se sent inutile.

Dans le cas d'un veuvage, la situation est classique. Des mois durant, la personne âgée traverse des périodes de chagrin, d'ennui. Elle n'a plus envie de vivre et le dit volontiers. La compréhension affectueuse de la famille, des aidants professionnels, des amis, apaise progressivement ces moments de détresse. Mais dans certains cas, la vie semble rétrécir : on a de moins en moins d'occupations, même ménagères ; le soin de soi-même, se relâche ; on préfère les grignotages à un vrai repas, les contacts avec les autres se réduisent. Bref, on s'enferme progressivement dans le domicile. La personne âgée traverse des périodes de chagrin, de découragement. Son désir de poursuivre sa vie est parfois en panne.

Ce comportement n'affecte pas que les femmes. Claudine, chef de service dans un grand hôpital alsacien raconte, mi-amusée, mi-exaspérée, comment son père est venu passer des examens dans le service voisin du sien, « habillé comme un clochard ».

Comment réagir ?

Pour l'entourage, à la culpabilité de ne pouvoir aider son parent, s'ajoutent l'incompréhension devant ce laisser-aller et l'irritation devant la résistance aux propositions d'aide. On assiste quelquefois à un phénomène d'agressivité, voire de harcèlement, tellement la famille veut casser ce cercle vicieux : isolement – laisser-aller – isolement.

À ce stade, les proches doivent **impérativement consulter le médecin traitant** ou l'assistante sociale. Il est nécessaire d'envisager un accompagnement régulier, médical et psychologique de votre parent. Et il faut mettre en place les aides que peut fournir le réseau d'aide sociale environnant : ménage, toilette, repas.

Que cache la saleté ?

Certaines personnes âgées vivent dans une absence totale d'hygiène. Leur cuisine est très sale, la cuisinière et l'évier jamais récurés sont recouverts de crasse. Les autres pièces de la maison ne valent guère mieux. Leur famille ne sait comment faire et leurs voisins sont dégoûtés. La crasse espace les visites. Qu'est-ce que cela cache ?

Tout d'abord, certaines personnes ne supportent pas le moindre grain de poussière alors que d'autres vivent dans un joyeux désordre tout au long de leur existence. On attribue facilement à l'âge une déficience d'une personne âgée qui n'entretient pas sa maison. Pour comprendre ce qui se passe réellement, il faut savoir quelle importance elle y attachait avant. Peut-être est-elle aussi bien contente de négliger des tâches qu'elle a effectuées toute sa vie par devoir. Certaines personnes refusent une aide-ménagère par principe.

Cela dit, quand la saleté devient repoussante, il faut se poser la question de la santé de l'intéressé(e). Cela peut provenir d'une maladie des yeux : lorsqu'on ne voit pas la saleté, on ne peut pas la nettoyer. Cela peut également provenir d'une dépression, d'une désorientation... Un avis médical permet souvent de débloquer la situation et de permettre que la personne concernée accepte une aide pour faire le ménage.

15

Comment me comporter quand je vais le voir à l'hôpital ?

Le grand-père de Marine vient d'être hospitalisé : insuffisance respiratoire. Le vieux monsieur a 84 ans, un caractère que sa famille qualifie de très « personnel » et, surtout, une tendance de plus en plus affirmée à l'exigence. « Quand je suis allée le voir la première fois, je n'ai pu avoir aucune conversation avec lui, soupire Marine. Il n'a ouvert la bouche que pour se plaindre. De la nourriture, des infirmières, des autres malades, et moi je ne savais comment lui répondre... Lors de mes visites suivantes, il s'est contenté de répondre par monosyllabes. Et moi, je ne sais toujours pas quoi lui dire. Je n'ai qu'une envie à peine arrivée : m'en aller. »

Comme beaucoup d'entre nous, Marine ne sait pas trop comment se comporter quand elle visite un proche hospitalisé. On se pose beaucoup de questions : Combien de temps faut-il rester ? Quelle attitude avoir ? Que faut-il apporter ? Que lui dire ?

« À l'hôpital comme ailleurs, le simple savoir-vivre est de rigueur », répond une infirmière dans un grand hôpital gérontologique de la région parisienne. « Cela permet déjà d'avoir un cadre. Après, les relations personnelles et les caractères des uns et des autres entrent en jeu. Certaines personnes n'ont jamais été très bavardes et d'autres, au contraire, ont toujours adoré la conversation. »

Quelques règles élémentaires de savoir-vivre

- Les visiteurs ne doivent pas oublier que s'ils sont nombreux au chevet d'un malade, cela peut le fatiguer.
- Il est préférable de ne pas venir si l'on a un rhume ou la grippe.
- L'usage des téléphones mobiles est interdit.
- Et, bien entendu, il est interdit de fumer dans la chambre.
- Éviter aussi de se parfumer exagérément !

Quand venir ?

Les horaires de visite et les conditions d'admission des familles varient d'un hôpital à l'autre. Il vaut mieux se renseigner, voire prévenir de l'heure de sa visite, pour ne pas gêner le travail des soignants si on vient en dehors des heures officielles. Cela dit, dans la quasi-totalité des services de gérontologie, la liberté horaire est de règle. À n'importe quelle heure, les proches sont les bienvenus. Certains établissements ont même mis en place des espaces dédiés aux visites familiales.

Peut-on venir avec les enfants ?

La plupart du temps, même des jeunes enfants peuvent être accueillis. Les faire venir un par un est cependant plus approprié. Les bruyantes cavalcades dans les couloirs ne sont guère indiquées.

Venir avec un cadeau

Les personnes hospitalisées apprécieront toujours un cadeau. Il faut adapter son cadeau à leurs goûts bien sûr, mais aussi aux règles d'hygiène.

• Les **bonbons et chocolats** sont un cadeau facile et agréable, mais il faut faire attention au destinataire. S'il est diabétique, oubliez ! De même, attention à la fausse route, très dangereuse, provoquée par un bonbon qui passe dans la trachée.

• Les **fleurs coupées** sont interdites : elles contiennent des germes à l'origine d'infections. On peut quelquefois apporter des petites plantes en pot (à condition de ne pas oublier la coupelle) qui ne demandent pas trop d'entretien et supportent bien la chaleur. Renseignez-vous quand même auparavant auprès du personnel soignant.

• Pourquoi ne pas **organiser un goûter ?** C'est possible avec l'accord de l'infirmière. Des jus de fruits ou du champagne (mais oui !) avec un gâteau maison ou des petits-fours.

• Pensez aux **revues imprimées en gros caractères ou aux livres-cassettes**. Et, à propos de cassettes, des enregistrements de proches (petits et arrière-petits-enfants, par exemple) peuvent être appréciés.

S'installer au bon endroit

• Trouvez votre place dès les premières minutes. Il faut s'asseoir au bon endroit, ni trop près, ni trop loin.

• Tenez-vous en face du malade, sur une chaise. Suffisamment haute pour que la conversation soit aisée. N'oubliez pas que beaucoup de personnes âgées entendent mal.

• S'asseoir sur le lit est déconseillé : cela gêne le malade et de plus est contraire à toutes les règles d'hygiène.

• Rester debout n'est pas non plus une bonne attitude : on a l'air de vouloir partir tout de suite.

Parler, oui mais...

• Il est recommandé de parler clairement pour être entendu, mais pas trop fort afin de ne pas gêner les voisins. Si vous êtes plusieurs, ne parlez pas tous à la fois.

• Il n'est pas utile de combler systématiquement les silences par un bavardage automatique et sans intérêt.

• Donnez de vos nouvelles et de celles des autres proches de la personne hospitalisée. Racontez-lui ce qui se passe au-dehors. Mettez-la au courant de l'actualité. Lisez-lui le journal local, par exemple.

• Essayez au maximum de discuter avec les soignants devant la personne malade, et avec elle. Et non pas de chuchoter dans les coins, derrière son dos. Ce n'est pas la peine d'être trop faussement optimiste devant un malade inquiet sur son sort. Cependant, si le pronostic est réellement inquiétant, il ne faut pas non plus l'effrayer.

Partir au bon moment

Savoir quand quitter le chevet d'un malade demande un peu de tact. Surtout ne pas partir brutalement. Faire attention à l'état d'esprit de l'intéressé. Un malade qui s'agrippe à la main de son visiteur exprime une angoisse qui peut être calmée par une présence, même silencieuse. Mais si la personne ferme les yeux lors de la conversation, il est peut-être temps de partir !

Quand la communication n'est plus possible

Quand quelqu'un est grabataire, que la situation se dégrade, certains d'entre nous renoncent parfois à aller lui rendre visite à l'hôpital. « Je refuse son image abîmée », déclare Françoise, malheureuse, parlant d'une tante qu'elle aime beaucoup. « Je veux garder le souvenir de la belle femme que j'admirais. Alors je préfère ne plus la voir. »

À l'inverse, Bruno déclare : « J'ai fait le deuil de la mère que j'ai tant admirée et tant aimée. Cette femme qui ne parle plus depuis plusieurs semaines n'est plus la même mère que j'ai eue autrefois. Je n'ai pas le droit de l'abandonner. D'ailleurs, il suffit que je me pose la question : « Si j'étais à sa place, m'aurait-elle abandonné ? »

Laisser un bon souvenir à ses proches est un désir souvent exprimé par les malades, au début de leur maladie. Le plus souvent ce souhait disparaît quand le mal avance. Une fois le mal installé, c'est le regard de l'entourage qui donne au malade une vision de lui-même. Encore faut-il que les proches soient soutenus pour vivre ces moments de grande souffrance et avancer dans un inconnu qui les angoisse. Car il est difficile de parler de ces choses indicibles.

16

Comment la préserver des escroqueries ?

Marianne raconte l'aventure arrivée à Antoinette. « Ma mère s'est laissé berner par un démarcheur à domicile malhonnête. Il a sonné chez elle, lui a présenté une carte professionnelle sans doute vite rempochée et lui a expliqué qu'avec les nouvelles normes du gaz, sa batterie de cuisine devenait dangereuse. Ma mère a cru son boniment, l'a fait entrer dans sa cuisine et lui a ouvert ses placards. Il lui a vendu pour plus du double de leurs prix casseroles, faitouts, poêles dont elle n'a nul besoin. Mais la crainte d'un accident avec le gaz a arraché sa décision. J'ai constaté la dépense en vérifiant ses comptes, à sa demande, comme chaque fin de semaine. Mais, quand je l'ai questionnée et lui ai fait remarquer qu'elle s'était fait avoir, elle s'est mise en colère, m'accusant de la prendre pour une idiote. J'ai eu beau lui expliquer qu'on ne pouvait plus faire confiance aux gens comme autrefois, je sens qu'elle m'en veut. Et qu'elle s'en veut d'avoir sur les bras ce tas de casseroles qu'elle ne sait pas où ranger. Je redoute que l'escroquerie ne se reproduise. Comment mettre ma mère en garde sans l'affoler et la vexer ? Et quels sont les recours ? »

Lorsqu'un vendeur habile, armé de solides arguments, surgit chez une vieille personne, celle-ci se trouve en position de faiblesse. Elle ne peut ni comparer les prix ni partir en disant qu'elle va réfléchir. Alors, en dépit de ses résistances initiales, elle finit par lui commander un ramonage, de nouvelles fenêtres, l'encyclopédie, les deux extincteurs ou les trois caisses de vin dont elle n'a nullement besoin.

Les précautions à prendre

• La première précaution à prendre est de **ne jamais ouvrir sa porte à un inconnu** s'il n'a pas averti de sa visite. Il faut exiger que le visiteur présente une carte professionnelle. Si l'immeuble a un gardien, on peut lui demander de revenir accompagné par celui-ci. Si le visiteur n'a pas de carte ou si la vieille personne a des doutes, qu'elle n'hésite pas à téléphoner à l'entreprise ou au service dont il se réclame pour vérifier son identité. Pour cela, il est utile de placer bien en vue le numéro de téléphone du bureau de poste, de son centre EDF-GDF (qui figure sur sa facture) et celui de la police. Celle-ci ne reprochera jamais à une personne âgée de la déranger. En ce qui concerne les employés EDF-GDF, le risque est plus grand que par le passé car ils ne portent plus d'uniformes. Il faut savoir qu'ils ne s'occupent pas des installations intérieures ni de leur entretien. Donc, si quelqu'un essaie de se faire ouvrir en se disant employé de GDF pour vérifier les tuyaux, c'est sûrement faux. Sauf dans le cas où l'on a signalé une odeur de gaz, car les employés recherchent la fuite. Le bon geste est alors d'appeler son centre EDF-GDF. S'il est au courant, pas de problème. S'il ne l'est pas, il demandera à ses prétendus employés leur numéro de code. Par ailleurs, les intervenants EDF-GDF ne réclament pas d'argent, ils laissent un compte rendu de l'intervention dont le coût est ajouté à la facture suivante. Autre cas, celui de l'employé qui vient encaisser une facture impayée. Une lettre de réclamation précède sa visite et il doit être muni d'un bon d'intervention. Là encore, on peut toujours se donner le temps de téléphoner à son centre. Quant à la relève des compteurs, elle est toujours annoncée à l'avance par affichage dans l'immeuble, dans la rue ou par la presse locale.

• Deuxième précaution élémentaire : **ne conserver que peu d'argent liquide chez soi et ne jamais laisser en évidence chéquier ou bijoux**. Ne pas garder son code secret de carte bancaire dans son portefeuille. Lorsqu'une personne s'est laissée convaincre d'ouvrir sa porte, elle n'est jamais tenue de payer tout de suite pour un achat ou une réparation. Il faut bien l'en informer. Qu'elle dise : « Laissez-moi la facture, je demanderai à mon mari ou à mes enfants » (même si l'un est mort et que les autres vivent au loin). Elle montre ainsi qu'elle n'est pas isolée.

La loi protège le consommateur

La notion de démarchage s'applique à la vente à domicile, que le vendeur ait sonné à la porte ou qu'il soit venu sur demande, par exemple après qu'une personne a rempli un coupon d'information. Et il s'agit encore de démarchage si l'on reçoit un courrier ou un coup de téléphone invitant dans un magasin avec des promesses de cadeaux, si l'achat a eu lieu chez un autre particulier (réunions de type Tupperware) ou à l'occasion d'un voyage promotionnel. En revanche, le boucher ou l'épicier ambulant ne sont pas concernés par la loi.

S'il est parfois difficile de résister au bagout d'un vendeur, le consommateur bénéficie de trois garanties incontournables et peut revenir sur une décision prise sous la pression.

• Le vendeur a l'obligation de vous remettre un **contrat écrit**, sinon la vente peut être annulée. Ce contrat doit mentionner les noms et adresses du fournisseur et du démarcheur, le lieu et la date de conclusion du contrat, la désignation précise du bien ou du service proposé, le prix, les modalités de paiement ainsi que les modalités et le délai de livraison.
• L'acheteur bénéficie d'un **délai de sept jours** pour revenir sur son engagement. Ce délai permet de vérifier la compétitivité de l'offre en dehors de la présence du vendeur. La procédure d'annulation de la commande est simple. Il suffit d'adresser, par lettre recommandée avec accusé de réception, le bordereau détachable joint obligatoirement à la commande. (Sans ce bordereau-formulaire de rétractation, le contrat n'est de toute façon pas valable.) Le décompte des jours commence au lendemain de la vente. Si le septième jour est un samedi ou un dimanche, le délai est prolongé jusqu'au lundi. Si le septième jour est un jour férié, le délai est prolongé jusqu'au lendemain.
• Aucun paiement ne peut être exigé **avant l'expiration de ce délai**, quelle qu'en soit la forme : ni espèces, ni chèque, ni autorisation de prélèvement. La règle s'applique même si le vendeur propose de laisser la marchandise.

Si le démarcheur prétend qu'il ne peut pas rédiger de contrat, si le contrat qu'il propose n'est pas assorti d'un formulaire de rétractation, et s'il demande le moindre acompte, une seule attitude : ne rien lui acheter.

En revanche, si le contrat est clair, s'il est délivré avec le formulaire de rétractation obligatoire, et si aucune somme n'est demandée en acompte, le vendeur est sérieux et l'acheteur peut se laisser tenter. Il faut simplement vérifier que la date de commande inscrite sur le contrat est exacte. Et, si dès le lendemain, l'acheteur regrette son achat, il n'y a pas de scrupule à avoir, il peut renoncer. Cela ne lui coûtera qu'une lettre recommandée.

En cas d'escroquerie ou de litige

• Quand il y a eu escroquerie, le mieux est de **porter plainte** par principe. Même si l'on ne récupère rien, cela sera utile aux autres car, bien souvent, les voleurs répètent un stratagème qui leur a réussi. Par exemple, signalez une visite suspecte même si le visiteur est reparti les mains vides. Les voleurs opèrent parfois en deux temps : un faux policier sonne chez une personne âgée, lui annonce qu'il y a eu des cambriolages dans le quartier et lui demande de vérifier qu'on ne lui a rien volé. Elle s'empresse d'aller voir, ce qui permet au « policier » de repérer ses cachettes. Il repart, mais, peu après, viennent des plombiers dont l'un distrait la personne tandis que l'autre s'empare en un tournemain de ce qui lui a été signalé par son complice.

• En cas de difficultés avec un démarcheur à domicile, l'acheteur peut **saisir une association de consommateurs** ou **alerter la Direction départementale de la concurrence, de la consommation et de la répression des fraudes**. L'acheteur peut se retourner contre le démarcheur, mais aussi contre l'entreprise qui fournit les produits car elle est considérée comme responsable de son personnel.

• Il peut également **saisir la commission paritaire de médiation de la vente directe**[1]. Cette commission qui associe les professionnels de la vente directe et les

1. À la Fédération de la vente directe : 100, avenue du Président-Kennedy, 75016 Paris cedex 16. Tél. : 01 42 15 77 77. Par simple lettre ou à l'aide du formulaire téléchargeable sur www.fvd.fr/litige.

représentants des associations de consommateurs permet de régler à l'amiable la majorité des litiges dont elle est saisie. En cas d'échec, elle vous conseillera d'engager une action en justice, les frais étant alors pris en charge par la fédération.

Le non-respect du code de la consommation est passible d'une amende et d'une peine d'emprisonnement. L'abus de faiblesse qui consiste à profiter de l'incapacité d'une personne à apprécier la portée de ses engagements est un délit qui aggrave le précédent. Les personnes âgées ne bénéficient pas d'une protection spéciale dans le code pénal. Mais elles peuvent entrer dans la catégorie des personnes dites vulnérables. Les sanctions sont alors plus sévères : jusqu'à dix ans d'emprisonnement. C'est le degré de fragilité physique et psychologique de la victime qui est pris en compte.

Éviter le repli sur soi

Les femmes âgées sont depuis toujours celles qui craignent le plus les agressions car elles se sentent vulnérables. Rien ne sert de faire peur, cela peut même être dangereux. Certaines ne sortent plus de chez elles et ne veulent plus laisser entrer personne. Ouvrir sa porte représente un risque, mais c'est aussi une nécessité car les vieilles personnes ont besoin que des étrangers interviennent pour leur santé, leur confort et même leur protection. Plutôt que de sermonner, mieux vaut parler et interroger son parent à propos des personnes qu'il a vues et fait entrer. Le but est de comprendre à quels arguments il est sensible. Si l'on raconte comment soi-même on a ouvert sa porte, regretté de n'avoir pas réclamé de carte professionnelle, comment on n'a réussi à se débarrasser du fâcheux qu'en faisant mine d'aller consulter son conjoint puis en revenant lui affirmer que l'on n'a pas besoin d'un nouvel aspirateur, on le conduit à se voir comme monsieur Tout-le-monde et non comme un pauvre vieux fragile. Il acceptera alors plus facilement de consulter ses proches avant de faire des achats imprévus ou d'entreprendre de grosses réparations.

La présence d'une aide à domicile qui, en plus, peut accompagner la personne à la banque ou au bureau de poste, est très rassurante. Les solidarités de voisinage sont aussi très utiles. Un voisin peut communiquer aux plus âgés, qui risquent de passer à côté, les avis affichés dans l'immeuble ou dans la rue ou encore prévenir de visites intempestives.

Les trucs pratiques

• **La télé-assistance** (voir chapitre 34 « J'ai peur qu'elle reste seule par terre après une chute ») est une protection efficace. Au moindre doute, la personne peut, en appuyant sur le médaillon qu'elle porte autour du cou ou le bracelet, appeler la centrale qui alertera le voisin et si besoin la police.
• **Un judas** sert à vérifier à qui l'on va ouvrir sa porte. Certains modèles associent un micro à l'œilleton, ce qui permet de voir son visiteur et de lui parler la porte fermée.
• **Un entrebâilleur solide** est fort utile pour discuter avec un visiteur sans ouvrir la porte. Il empêche une personne mal intentionnée de pénétrer de force dans l'appartement. Certains modèles protègent les personnes âgées même un peu confuses : l'entrebâilleur reste toujours mis et l'on ne peut l'ouvrir de l'intérieur qu'en appuyant sur un embout de caoutchouc qui le dégage. Il peut être ouvert de l'extérieur grâce à une clef.
• Plutôt que de poser sur sa porte plusieurs verrous,

mieux vaut installer une **serrure multipoints**. Une seule clé permet d'actionner 3, 5, 6 pênes qui bloquent la porte en haut, en bas et sur les côtés. La serrure est un cylindre pratiquement incrochetable et, sur certains modèles, la clef n'est copiable que par le fabricant, sur présentation d'une carte de propriété. Les serrures sont classées selon leur résistance à l'effraction : 1 étoile = 5 minutes au moins ; 2 étoiles = 10 minutes ; 3 étoiles = 20 minutes. La norme A2P (assurance, prévention, protection) est souvent exigée par les assureurs. Mais attention, une serrure inviolable ne sert à rien si la porte elle-même peut être facilement défoncée. Pour la renforcer, on peut la blinder avec une tôle d'acier qui se pose sur la face interne de la porte. Pour les propriétaires, certaines installations de sécurité (porte blindée, serrure aux normes A2P...) ouvrent droit à une réduction d'impôts si les travaux sont effectués par une entreprise dans une résidence principale de plus de dix ans.

17

À la maison de repos, tout le monde l'appelle « mamie », est-ce un manque de respect ?

Après une intervention chirurgicale, la tante d'Olga, 76 ans, a dû séjourner un mois dans une maison de repos. Voici ce qu'elle lui a rapporté : « Comme mon fils unique est décédé à 30 ans, non marié et sans enfants, je ne serai jamais grand-mère. Toutes ces jeunes infirmières qui sont compétentes quand il s'agit de techniques de soins savent-elles quelle souffrance est la mienne lorsqu'elles m'appellent mamie ? »

Rares sont les personnes qui n'ont pas été marquées par des propos tenus sur elles. Des mots s'inscrivent en nous dont il est difficile de se défaire, ils étiquettent, fixent une image, comme un entomologiste fixe un papillon dans sa collection. « Allez, petite mémé, il faut manger. » « Alors, il a fait son pipi, le petit monsieur ? »

Il s'agit là de paroles de professionnels. Et cela est d'autant plus choquant. Mais regardons-nous. Pour protéger nos aînés, nous risquons d'oublier que cette dame si dorlotée qu'elle en est momifiée et ce monsieur qui ne maîtrise plus ses sphincters sont une femme et un homme.

Une dame racontait qu'arrivant pour voir son mari dans la maison de retraite où il réside, elle a été accueillie par ces mots : « Votre mari a été bien sage aujourd'hui ! » Et ce monsieur, qui ne parle plus, a réagi en renversant tout ce qui se trouvait sur la table.

Quel est notre regard sur les personnes âgées ?

Le vieillissement difficile d'un proche est rude à accepter. Cela suscite du chagrin et, souvent, une angoisse quant à notre propre devenir. Chacun se demande si le « tableau » que présente une vieille personne malade ne sera pas plus tard celui qu'il vivra lui-même. On se demande : me supporterais-je si je devenais comme lui ? Pourrais-je encore m'aimer moi-même ? Accepterais-je de m'en remettre aux mains des autres ? Handicap physique, confusion intellectuelle, toute atteinte à l'intégrité de notre être nous fait peur. Et cette peur touche d'autant plus les professionnels que, par définition, ils ne côtoient que des gens âgés malades, oubliant ceux qu'ils croisent dans la rue, bien valides.

Les vieux interdisent aux autres de rêver d'une vie sans fin. Comme, derrière un vieux visage, nous voyons la mort que nous préférons oublier, nous écartons l'ensemble des vieux. Ils constituent un groupe sans individualités, indistinct, mais distinct de nous : « la personne z'âgée ». Ainsi, nous pouvons appartenir à la société des gens qui ont la vie devant eux. Nous ne nous posons plus la question de la place des personnes âgées, seulement celle de leur « prise en charge ».

Et, comme il est insupportable de ne pas réparer quelque peu le mauvais frisson que provoque cette attitude, on utilise le masque du bon vieillard, l'image de la mamie gâteau. Être mamie, papi, serait le dernier rôle social et sous-entendrait bonté, indulgence, complicité...

Cela explique un certain nombre d'actions baptisées « intergénérationnelles » qui consistent à emmener quelques fois l'an, les enfants de la maternelle goûter dans la maison de retraite voisine. Voilà comment coulent des flots de bons sentiments dans lesquels on se noie. Voilà comment les aînés deviennent objets de pitié, de condescendance, mais sont oubliés comme sujets de leur vie et citoyens.

Bien vieillir n'est pas vieillir en bonne santé

> « Ce n'est pas la vieillesse qui est redoutable, c'est la dévitalisation de la vie. Aujourd'hui, il n'est pas facile pour un ancien de trouver sa place. Les progrès sont si rapides que nous avons l'impression de n'avoir plus rien à transmettre et de ne servir à rien. Mais un vieux, une vieille détiennent une richesse, le savoir-devenir. Ils sont la mémoire de notre histoire et le garant que, lorsqu'on est jeune, il y a un avenir. »

Ce témoignage d'une vieille dame du Midi donne sens à l'avancée en âge. Les visages de la vieillesse sont aussi nombreux qu'il existe de vieilles personnes. Ce qui rend chacun unique et irremplaçable, c'est son histoire. Chaque personne est toute une histoire qui, jusqu'à l'instant de la mort, n'est pas achevée. Le mot identité est dérivé du latin *idem* qui signifie le même. L'identité est ce qui est le même, permanent, ce qui fait qu'une personne est un individu qu'on ne peut confondre avec aucun autre. L'identité personnelle est le récit en cours de nos vies. Lorsqu'on retrouve un ami perdu de vue depuis longtemps, on est d'abord frappé par son changement physique. Mais, dès qu'on échange des souvenirs, on retrouve un rire, un son de voix, un regard qui n'ont pas changé. On a vieilli mais on n'a pas perdu en chemin ce que l'on était. Les gens âgés disent souvent qu'il y a un grand décalage entre ce qu'ils ressentent à l'intérieur et l'image que les autres voient d'eux. Leur apparence cache ce qu'ils sont et ils en souffrent. Une vraie rencontre permet de voir, au-delà de l'aspect extérieur, toute la richesse d'un être humain et de retrouver l'identité qui ne s'use pas avec l'âge. Il y a quelque chose du passé qui ne passe pas. Au plus profond de chacun, il y a le bébé qu'il a été, l'enfant qui lui a succédé et puis l'adolescent et l'adulte. Comme les poupées russes qui s'emboîtent les unes dans les autres, tous les temps de la vie sont présents derrière le visage qu'une vieille personne donne à voir. Celui qu'on voit est le dernier-né et celui qui a le plus d'épaisseur.

Il est important pour ceux qui entourent une personne très âgée de découvrir ou reconnaître tous ces personnages qu'elle a été. Il est vital pour elle de garder une harmonie entre eux. C'est une des clefs du « bien-vieillir ». C'est-à-dire profiter de ces années pour éroder tout ce qui n'est pas véritablement soi et, jusqu'au bout, naître à soi-même.

La vieillesse est une étape de la vie. Ce qu'une personne a été, ce qu'elle a fait d'elle-même tout au long de son parcours, et dont elle est, en quelque sorte, le résultat, est encore repris, modifié jusqu'à devenir quelqu'un de nouveau, « qui vient de sortir ». Les gériatres se disent parfois fascinés par la force que recèlent des personnes de plus de 85 ans. Elles sont malades, paraissent fragiles et, pourtant, elles ont en elles une vitalité qui leur permet de vieillir encore plus loin. Il faut du temps pour s'« accorder » à soi-même. La vieillesse est ce temps. Voilà pourquoi l'identité d'une personne est bien plus importante que son âge.

Respecter, non garder en respect

> « Ma petite mamie, on a bien dormi ? On va faire sa petite toilette ? Laissez-moi faire, ne vous fatiguez pas... » Mots caresses ou mots qui blessent ? Paroles affectueuses mais si infantilisantes que la mamie en question s'interroge : « Comment dire à mon aide à domicile sans la fâcher qu'elle n'est pas obligée de m'embrasser si souvent, que je ne suis pas une petite mamie, qu'il y a beaucoup de choses que je sais faire ? Ce n'est pas parce qu'on a un pied dans la tombe qu'il faut se laisser marcher sur l'autre ! »

Jouer le rôle d'un petit-enfant auprès d'une personne âgée en l'appelant mamie part d'un bon sentiment, mais crée une supercherie affective et débouche sur une impossible relation. Le dégât de ce jeu est double : la personne âgée se sent prisonnière de trop de gentillesse, presque obligée de se conformer à ce que souhaite l'autre sous peine de perdre son amour. La dépendance physique se double ainsi d'une dépendance affective. Quelqu'un de très dévoué, très serviable peut être très dominateur. Ce qui humilie, ce n'est pas de dépendre des autres, c'est la manière dont cela est réalisé.

Quant au professionnel qui emploie ce langage, il se met dans la situation d'avoir à faire un deuil impossible, une fois la personne disparue.

Ce n'est pas facile de se comporter comme il convient avec une personne fragile, souvent hypersensible. Apprendre à donner sans se donner et à se donner sans se perdre requiert du temps et de la compétence. Et celle-ci n'est pas gagnée avec un diplôme. Assurer une présence chaleureuse et rassurante exige savoir-faire et savoir faire faire. Mais s'y ajoutent le savoir communiquer, cet art de l'écoute et du dire, et le savoir être, un ensemble d'attitudes, d'aptitudes et de qualités de cœur qui permettent de garder ses distances. Être proche sans se confondre, voilà la condition d'une rencontre authentique de l'autre, quel que soit son état physique et psychique.

Mener, malmener, maltraiter

> « Nous ne sommes ni des mamies comme nous appellent les jeunes soignantes, ni des lits, comme le dit l'administration. Nous sommes des personnes. Tant qu'on a un cœur qui bat, on existe. Quand nous étions plus jeunes, nous menions notre vie. À notre âge, il n'y a pas de raison de nous laisser mener, voire malmener. Mais encore faut-il que nous bougions plutôt que de faire le mur des lamentations. »

Une attitude protectrice excessive, infantilisante, prive une personne de son rôle. Humilier quelqu'un, le ridiculiser est un abus. Les deux figurent sur la liste classée des maltraitances, au paragraphe : « violences psychologiques ». Ces traitements inadéquats qui ne laissent pas de traces visibles sont très répandus. Chacun de nous peut, un jour ou l'autre, être oppresseur. Chacun de nous peut, un jour ou l'autre, être victime. Quand l'un (toujours le même) propose et que l'autre (toujours le même) ne peut qu'accepter, la relation est déséquilibrée et la situation périlleuse. On philosophe beaucoup sur le respect qui consiste à traiter quelqu'un avec des égards. Veiller à ce que toute personne, même très âgée, même désorientée, puisse toujours exprimer un choix, ne serait-ce que pour un vêtement ou un menu, l'appeler par son nom, lui reconnaître une certaine liberté sont des signes quotidiens et simples de respect.

POUR EN SAVOIR PLUS

– Fondation nationale de gérontologie, 49, rue Mirabeau, 75016 Paris. Tél. : 01 55 74 67 00.
– Les Centres locaux d'information et de coordination (CLIC) et les Points Paris Émeraude.
– Les Petits Frères des pauvres, 64, avenue Parmentier, 75011 Paris. Tél. : 01 44 43 11 00.
– Association France-Alzheimer, 21, bd Montmartre, 75002 Paris. Tél. : 01 42 97 52 41 (pour les coordonnées des associations locales).

DEUXIÈME PARTIE

PRIVILÉGIER LEURS CHOIX

Nos parents âgés sont exposés à des maux qui risquent de les rendre dépendants. Mais ce risque est trop souvent accru par la tendance de l'entourage, familles et professionnels, à choisir et faire à leur place. Combien d'entre eux deviennent incapables de marcher parce qu'on les a immobilisés trop longtemps ? Déprimés parce qu'on les infantilise ? Confus parce qu'on les tient à l'écart de toute information ? Priver les personnes âgées du droit de choisir leur mode de vie, même en prenant des risques, c'est leur retirer la responsabilité d'elles-mêmes. Ce qui pousse à le leur refuser, c'est l'angoisse qui habite leur entourage.

Le droit au choix des personnes âgées s'exprime dans la vie pratique et nous devons leur faciliter cet aspect de la question. Des associations, des municipalités, des particuliers innovent pour faciliter la vie des plus âgés et de leurs familles. Ici, une maison ouvre une petite unité de vie pour mieux accueillir les personnes désorientées. Ailleurs, on prévient les chutes, on rééduque les déficiences visuelles à domicile, on crée un accueil de nuit. Il se passe des choses formidables. À nous de les relayer.

Le droit des aînés au choix, c'est aussi une manière de respecter leurs habitudes de vie, leurs plaisirs, leurs petits bonheurs, tout ce qui fait qu'ils gardent un bon moral.

Le droit au choix et le droit au risque sont des droits fondamentaux quel que soit l'âge. Respectons ces adultes que sont nos parents.

18

Il refuse de quitter sa maison

Raymond, 89 ans, habite un petit appartement sans confort dans une toute petite ville de province. Il a travaillé toute sa vie comme employé dans une épicerie et ses revenus sont maigres. Il est veuf depuis longtemps. Son fils unique, Alain, habite au Canada où il a émigré voilà quarante ans. Il vient voir son père une fois par an, mais lui-même commence à prendre de l'âge. « À chaque fois, je suis effrayé par la solitude de mon père qui a vu petit à petit partir ses vieux amis. Mais il refuse catégoriquement de quitter son chez-soi. Pourtant, il n'a pas d'ascenseur, pas de salle de bains... Il a du mal à marcher, il a fait plusieurs chutes. Et il ne veut pas non plus entendre parler d'aides à domicile. »

La décision d'entrer dans une maison de retraite se mûrit lentement. Si on force la main d'une personne âgée, elle peut en tomber malade. « Un jour elle a mal à la tête, le lendemain mal au dos, explique un médecin dans une maison de retraite. Ou bien elle se laisse aller, cesse de s'alimenter : c'est ce qu'on appelle le "glissement". »

Les spécialistes conseillent d'essayer d'abord le maintien à domicile en faisant appel aux services existants : auxiliaires de vie, services de repas, télé-alarme.

Ce n'est pas toujours possible, bien entendu, mais c'est à la personne âgée elle-même, si elle a toute sa tête, de décider d'entrer en maison de retraite. Et même si elle n'a plus sa tête, elle doit en être informée. Sinon, selon l'expression d'une psychologue : « on rajoute de la mystification à la confusion ».

Les personnes âgées, comme n'importe qui d'entre nous, vivent mal leur dépendance. Accepter de partir en maison de retraite, c'est pour elles subir une sorte d'exclusion, alors que nous, nous l'envisageons pour elles comme une protection. Quel que soit leur âge, elles doivent rester l'acteur et le sujet de leur histoire le plus longtemps possible et ne pas devenir l'objet de leur entourage.

Un exemple à ne pas suivre

Henri, 82 ans, est très autoritaire et accepte mal d'être aidé par des personnes extérieures. Il compte sans arrêt sur ses filles. Hélène, l'aînée de ses deux filles, a décidé de régler la situation une fois pour toutes. Elle a visité – en secret – plusieurs établissements et a fait son choix. Elle conduit un jour son père dans cette maison et, en lui affirmant que c'est pour un « petit » séjour, convient avec la directrice de le laisser pour toujours. Résultat, l'état d'Henri s'est aggravé terriblement. Il ne se levait plus et ne parlait plus.

On pense souvent, à tort, que l'une des façons de protéger le bien-être des personnes âgées est de leur masquer les événements dont on estime qu'ils pourraient les perturber, comme un décès dans leur famille ou leur placement en résidence. Or, cette dissimulation est souvent génératrice de troubles bien plus profonds que ceux qu'elle prétend éviter. Elle revient à croire que c'est la parole qui crée la difficulté alors que c'est la réalité qui est difficile, pas la parole.

Finalement, Henri est revenu chez lui. Le système d'aides organisé pour qu'il puisse continuer à vivre à domicile a un coût équivalent à celui de la maison de retraite. Chacune de ses filles a pris une responsabilité, l'une des finances, l'autre de l'emploi du temps des aides. Henri se plaint toujours, mais il reparle. Ce n'est pas l'idéal, mais la moins mauvaise solution pour le moment.

Lorsqu'une personne âgée est dans une institution contre son gré, c'est mauvais pour tout le monde, même pour les autres résidents : « Nous devons manger avec quelqu'un qui râle tout le temps ou qui est abattu. Ce n'est pas gai ! » se plaignent ces derniers.

Comment procéder

Une visite de « pré-admission »

Dans un certain nombre de maisons de retraite, on la propose systématiquement : on invite le futur résident et sa famille à visiter l'institution et à rencontrer le directeur et l'équipe médicale. S'il lui apparaît que l'intéressé n'est pas informé, le directeur prend la famille à part, insiste sur l'importance de dire la vérité et offre ses services de médiateur. Attention : cette visite ne sera bénéfique que si on laisse à la personne âgée du temps pour assimiler et réfléchir. Une psychologue souligne que les enfants qui se décident à dire la vérité à leur parent sont souvent surpris par ses facultés d'adaptation. Par ailleurs, la dissimulation de la famille est souvent difficile à vivre pour le personnel de la maison de retraite. Que répondre à un résident qui demande de façon répétée quand il va rentrer chez lui ? On se contente de réponses évasives, qui le mettent mal à l'aise. Et, le jour où il découvre la vérité, il perd confiance en eux.

Une structure d'hébergement temporaire
C'est une autre possibilité qui peut être saisonnière. Par exemple, en Côte d'Or, une résidence accueille les personnes âgées du canton pour la mauvaise saison. Chaque année, du 1er novembre au 30 avril, elle reçoit entre cinq et dix personnes qui ne peuvent rester seules chez elles, soit à cause de l'isolement, soit en raison du manque de confort. Cette « maison d'hiver pour personnes âgées » est située en plein cœur d'un village. Elle est gérée par une bénévole, elle-même aidée par deux « maîtresses d'accueil » salariées qui s'occupent des repas, du linge et du ménage. Les pensionnaires y disposent d'une chambre, d'une petite cuisine indépendante et d'une salle de bains. Au déjeuner, ils se retrouvent dans la salle à manger commune. Ils s'y sentent en sécurité. De la même façon, dans le Cantal, un village de vacances de la Mutualité sociale agricole, accueille l'hiver quelques aînés qui viennent y passer régulièrement quelques mois.

Éviter d'avoir des préjugés

L'entrée en maison de retraite est souvent présentée comme une solution négative qui implique la rupture avec la vie normale, un enfermement dans un cadre anonyme, une vie collective avec des personnes que l'on n'a pas choisies. Pourtant, une maison de retraite est un lieu d'accueil qui doit assurer aux personnes âgées la possibilité de finir leurs jours dans la dignité. Outre les soins qui peuvent leur être nécessaires, il est indispensable qu'elles y trouvent un accueil de qualité, le respect et l'amour, ainsi que les moyens de vivre pleinement la vie qu'elles peuvent, et doivent, encore mener.

Écoutons Marcelle, bientôt 90 ans, qui vit depuis vingt ans dans une maison de retraite médicalisée : « Les maisons de retraite ne se ressemblent pas. Mais luxueuses ou modestes, elles n'ont de valeur pour les personnes âgées qui y vivent que par la qualité de vie qu'elles offrent, les soins, bien sûr, mais aussi la chaleur humaine, amicale, le sourire du personnel, l'aide fraternelle qui en font partie. Il y a des signes qui ne trompent pas. Une personne âgée sent très bien si on l'aime telle qu'elle est ou si elle n'est qu'acceptée. »

Retenir les bons critères

L'accueil est primordial. Les résidents rencontrés ont-ils l'air d'être bien chez eux ou présentent-ils l'apparence passive et résignée de gens qui attendent la fin dans un désœuvrement pas seulement causé par l'affaiblissement des facultés ? La salle à manger, à l'heure des repas, donne assez bien l'image de la vie menée dans l'établissement. Comme le confirme une autre résidente : « Ce ne sont pas les superbes salons qui rendent heureux, c'est la gentillesse du personnel. »

Si on choisit de rester à domicile

Rester chez soi est le désir de très nombreuses personnes âgées. Ce choix est souvent possible, même en cas de dépendance déclarée, à condition de bien évaluer les problèmes et de trouver les solutions adaptées.

Évaluer précisément les problèmes

Si on envisage de mettre en place une ou plusieurs aides à domicile, il faut tenir compte de ce que souhaite la personne concernée. Puis il faut évaluer son niveau d'autonomie en considérant d'abord les activités élémentaires de la vie quotidienne : toilette, habillage, déplacements, prise des repas. Ensuite entrent en ligne de compte les courses, la préparation des repas, l'entretien du linge, le ménage, la gestion courante. Quelles tâches nécessitent une aide ?

Que peut faire la famille ?

Quelle que soit l'importance du réseau d'aides professionnelles qui vont être mobilisées, l'entourage va devoir jouer un rôle de coordination. La perte d'autonomie d'un parent âgé, surtout si elle est importante, engendre toujours un fort sentiment de culpabilité des enfants. Confier tout ou partie de l'aide à domicile à des professionnels n'a pourtant rien de déshonorant et ne contredit pas le devoir de solidarité. Les amis, le voisinage sont également importants. Les familles d'aujourd'hui sont très dispersées. Une gardienne d'immeuble, des voisins, des amis, sont autant de mailles utiles au réseau qui va se tisser.

Le logement est-il adapté ?

Les pièges du quotidien sont réels. Chaque année, plus de 400 000 personnes âgées ont un accident chez elles : chute, coupures, brûlures. Quelques précautions simples peuvent éviter tout péril en la demeure. Pour cela, il faut porter un nouveau regard sur les objets familiers. En sachant qu'il peut y avoir des aides financières pour faire des aménagements (voir chapitre 1 « Elle tombe de plus en plus souvent »).
Toutes les pièces peuvent être dangereuses :

- le salon avec ses parquets cirés et son tapis glissant ;
- la cuisine avec ses produits dangereux, ses appareils électriques traîtres et ses rangements en hauteur ;
- la salle de bains avec sa baignoire malcommode et glissante et ses robinets d'eau très chaude ;
- la chambre avec ses interrupteurs difficiles à trouver dans le noir et ses pantoufles qui traînent.

Des aménagements tout simples et de bon sens peuvent déjà améliorer la vie quotidienne. Il est très utile d'aller voir des « installations témoins » dans certains Clic, comme le Point-Paris-Émeraude de l'hôpital Bretonneau (18 e). Les aides financières sont, pour la plupart, soumises à des conditions de ressources. Se renseigner auprès de la Caisse d'allocations familiales, de la caisse de Mutualité sociale agricole ou de l'organisme chargé du paiement des prestations familiales si on est sous un autre régime (RATP, SNCF...).

Quelles sont les aides ?

L'aide à domicile recouvre un grand nombre de prestations. Les services utilisent principalement deux métiers.

L'auxiliaire de vie sociale (aide-ménagère) effectue des tâches matérielles (entretien courant, linge, repas, courses), psychologiques (présence et soutien, aide à l'autonomie) et sociales (petites démarches administratives, sorties). Elle ne peut effectuer ni soins ni actes paramédicaux. Elle touche environ le SMIC. Ce métier est désormais sanctionné par un diplôme.

La garde à domicile intervient dans la journée, mais aussi la nuit ou les week-ends. C'est un complément du service d'aide à domicile. On trouve aussi désormais des gardes itinérantes de nuit.

La gamme des services comprend aussi le portage des repas, le pédicure, le coiffeur... Et, bien sûr, les soins à domicile. Les assurés sociaux peuvent aussi aujourd'hui faire appel à domicile à des médecins, des infirmiers, des masseurs-kinésithérapeutes, des pharmaciens, des aides-soignantes. Chargées de l'hygiène et du confort des personnes malades, ces dernières doivent posséder le diplôme professionnel d'aide-soignante.

Pour en savoir plus

Où se renseigner en général ?
Chaque mairie dispose d'un Centre communal d'action sociale (CCAS) qui peut renseigner sur les démarches à effectuer, les aides financières possibles et les adresses d'associations spécialisées dans le soutien à domicile. Les Centres locaux d'information et de coordination (CLIC) sont des lieux d'accueil et d'information pour les personnes âgées et leur entourage. Une mairie, un hôpital, une association, peuvent être « labellisés » CLIC par un comité de pilotage à l'échelon départemental. Outre l'information et le conseil, l'objectif des CLIC est de coordonner les différents acteurs de l'aide aux personnes âgées au niveau local. On en trouve environ 400 actuellement (coordonnées auprès des CCAS).

Combien cela va-t-il coûter ?
Dans l'ensemble, les coûts d'un maintien à domicile sont identiques à ceux d'un séjour en maison de retraite (en considérant le loyer, la nourriture, les dépenses de santé). Mais l'aide fournie gratuitement par la famille n'est pas comptabilisée. Sur les 800 000 personnes âgées dépendantes en France, 500 000 sont à domicile et 300 000 en établissement.

À noter : un site Internet d'aide aux familles de parents âgés et dépendants, qui s'adresse aussi aux professionnels : www.agevillage.com.

Lire aussi : *La Vie en maison de retraite, comprendre les résidents, leurs proches et les soignants*, de Claudine Badey-Rodriguez (Albin Michel, 2003).

19

Elle veut quitter sa maison de retraite

« *Ma mère est entrée en maison de retraite voilà déjà deux ans, sur nos conseils, après trois chutes chez elle et une fracture des deux cols du fémur. Le premier mois a été difficile, puis elle s'est bien adaptée et s'est même fait une très bonne amie. Cela dit, elle a toujours participé à reculons aux animations proposées par l'établissement et se plaint depuis le début des horaires imposés pour les repas et le coucher. La canicule de l'été 2003 a été, si je puis dire, la goutte d'eau qui a fait déborder le vase. Son amie et plusieurs autres personnes ont succombé. Ma mère s'est révoltée, soutenant que si c'est pour en arriver là, elle ne serait pas plus en danger chez elle. Elle veut absolument quitter la maison de retraite et retourner vivre dans son petit appartement, actuellement occupé par un de ses petits-fils étudiant. Nous étions si soulagés depuis deux ans que nous angoissons à l'idée de revenir en arrière, mais ma mère a toujours fait ce qu'elle a voulu... Nous craignons donc qu'elle s'en aille sans autre forme de procès.* »

Ce qui arrive à Corinne est difficile à avaler, comme on dit, car, lorsqu'on a cru trouver une solution au soutien d'un parent et qu'on s'en est trouvé soulagé, en changer paraît une épreuve insurmontable. Mais il est insupportable de vivre en institution contre son gré.

C'est la loi

Une vieille personne qui jouit de tous ses droits peut sortir d'une maison de retraite quand elle veut... en théorie. En principe, si ses enfants ont vendu sa maison, la vente est nulle. Et il en va de même s'ils ont résilié un contrat de location conclu entre elle et le propriétaire. Mais, en pratique, c'est plus difficile et la loi n'est pas toujours d'un grand secours. Une personne handicapée a le droit de quitter une maison de retraite, mais il lui faut organiser cette sortie, donc trouver de l'aide.

Si la personne est sous protection légale (curatelle ou tutelle), la question est du ressort du juge. Il doit respecter la liberté d'une dame sous curatelle qui veut absolument retourner vivre chez elle, même si sa maison représente un danger. Il n'a pas le pouvoir de lui envoyer les gendarmes pour la ramener en institution. Quant à la tutelle, théoriquement, elle s'exerce sur les biens. Mais si la personne n'est plus en mesure de donner un avis raisonné, le tuteur doit décider à sa place. En théorie, il n'est même pas tenu de consulter la famille. Toutefois, si celle-ci a fait entrer un parent en maison de retraite, c'est qu'il a besoin de beaucoup d'aide. Le juge doit donc estimer la situation, y compris financière, car lorsqu'une personne reçoit de nombreuses heures d'aide de professionnels par jour, son maintien à domicile risque d'être très coûteux.

Attention, **lorsqu'une sortie définitive est envisagée**, vous devez informer la direction que votre parent souhaite quitter l'établissement. Si le contrat est à durée indéterminée, un préavis d'un mois (parfois quinze jours) sera demandé.

Ceux qui résident en établissement ont droit à la parole

Il convient d'abord de vérifier si les règles appliquées dans la collectivité ne peuvent pas être assouplies. Un exemple, les horaires des repas. Il est difficile d'exiger leur changement car ils sont fonction du personnel, très souvent insuffisant. Le soir, ils varient de 17 h 30 à 19 h 30. Ces horaires sont fixés pour un juste équilibre du travail et un retour normal du personnel dans ses foyers. On peut le regretter et penser qu'il vaudrait mieux tenir compte des désirs des résidents plutôt que d'avoir pour premier objectif de faciliter la vie du personnel. Ce n'est pas si simple, car les malades les plus handicapés et les plus âgés souhaitent se coucher tôt. D'autres refusent de dîner à l'heure de leur émission de radio ou de télévision préférée, en particulier le journal régional. Certaines maisons arrivent à jongler avec tous les impératifs et à satisfaire leurs résidents en servant le petit déjeuner de 7 heures à 9 h 30, en n'imposant pas d'heure de coucher, en mettant à disposition des résidents un réfrigérateur contenant des boissons, des yaourts, des crèmes glacées... 24 heures sur 24, ainsi qu'une machine à café et un grille-pain. Pourquoi ne pas imaginer d'autres modes de fonctionnement ? Demandez aux délégués des familles d'aborder ce thème au conseil d'établissement.

Participer à une animation organisée par l'établissement doit revêtir un caractère de plaisir et n'est en aucun cas une obligation. Si la direction ou l'animateur insiste, c'est par souci que personne ne reste isolé pendant que d'autres profitent de distractions. On peut très bien comprendre que certaines personnes aient horreur des fêtes collectives et que d'autres refusent même qu'on leur souhaite leur anniversaire alors que c'est la coutume dans la maison de retraite. Le résident peut tout à fait expliquer son aversion pour ce genre de manifestation, pour les jeux de cartes, le tricot, le loto, la gymnastique douce ou l'accordéon. En revanche, il existe peut-être des choses qu'il ou elle aimerait faire et qui n'existent pas : sortir au théâtre ou au concert, écrire ses mémoires, se lancer dans la peinture ou la poterie, visiter un musée... De cela aussi il faut parler et, s'il ne l'ose pas, il peut se confier aux représentants des résidents au conseil d'établissement qui feront, là aussi, passer le message. Il y a des chances qu'il ne soit pas seul à imaginer des changements.

Prendre le temps

La négociation entre une personne qui veut retourner chez elle et sa famille qui l'en juge incapable prend du temps. Mieux vaut ne rien précipiter.

La plupart des gériatres l'affirment : à moins de perdre son jugement, il est possible de vieillir chez soi. C'est une question d'environnement et de finances. Les personnes qui aiment la vie communautaire se plaisent en maison de retraite et y entrent volontiers par peur de se trouver trop isolées chez elles. Pour d'autres, en particulier des hommes qui ont été prisonniers, n'importe quel établissement ressemble à une prison ou à une caserne. Les personnes sourdes ont aussi beaucoup plus de mal que les autres à vivre en communauté.

Et il y a maison de retraite et maison de retraite ! Presque rien de commun entre un établissement qui accueille cent à deux cents résidents et une petite unité de vingt personnes. De nombreuses initiatives fleurissent pour inventer de nouvelles manières de vieillir ensemble, même lorsque l'on est très dépendant. Appartements communautaires, communautés rassemblées autour d'une valeur (maisons d'artistes, de musiciens, de scientifiques, de végétariens...), résidences avec services, immeubles intergénérations, habitat équipé de domotique, accueil temporaire, foyers, restaurants contribuent à gommer la frontière qui sépare le domicile de l'institution. Il reste, certes, à multiplier ces initiatives et à les mettre à la portée de tous pour qu'on puisse vraiment parler de choix. Mais, précisément, avant de choisir une solution définitive, explorez bien votre région, il se pourrait que vous ayez de belles surprises. Les bonnes initiatives ne sont pas toujours connues !

Risquer, c'est vivre

La vie quotidienne est semée d'embûches dont beaucoup seraient évitables. Retirer le tapis ou poser une bande fluorescente antidérapante sur les marches sont des précautions élémentaires qui permettent de limiter les risques de chute. Pourtant, les préoccupations sécuritaires des enfants leur font parfois perdre de vue ces détails très concrets pour privilégier un placement en maison de retraite, croyant ainsi parer à tous les dangers. Ils ignorent les risques autres, ceux de dépendance, que comporte la vie en institution.

Les familles attendent beaucoup des professionnels des institutions. Elles espèrent qu'ils ont réponse à tout. C'est un mythe. De leur côté, les professionnels voudraient avoir une solution à chaque problème et ils ont peur d'être soupçonnés d'incompétence. Ils sont certes là pour assurer la sécurité des résidents, mais il n'y a de risque zéro que s'il n'y a plus de vie. Il y a des situations où l'on ne peut que tâtonner et faire confiance. La vieille personne est le meilleur expert de ses possibilités. Si elle sait se donner des raisons de vivre, non pas de survivre, réjouissons-nous.

Et les aînés ne sont pas tous semblables. Certains sont ravis de se faire prendre en charge. D'autres s'adaptent à leur vieillissement et continuent à prendre des risques... calculés ! Le paradoxe, c'est que leurs enfants, auxquels ils donnent du fil à retordre, sont fiers d'eux !

20

Il a choisi une petite maison de retraite non médicalisée

Le père de Sophie, Jacques, a décidé de lui-même, à 81 ans, d'aller vivre en maison de retraite. C'est une maison de retraite, près de chez lui, dans son village natal de la Loire. Jacques est en bonne santé. Il a juste quelques problèmes d'hypertension qu'il soigne avec attention. Mais Sophie s'inquiète : « J'aurais préféré un établissement médicalisé. Là, c'est son ancienne école qui a été transformée en maison de retraite, mais elle n'est même pas fermée dans la journée et, la nuit, il y a seulement une garde de nuit. J'ai peur que cela ne puisse durer longtemps et qu'il ait des problèmes quand sa santé sera moins bonne. Il faut quand même penser à l'avenir ! »

Apprendre à les laisser vivre

Le discours général ambiant sur les personnes âgées souligne avec force la nécessité de préserver leur autonomie, de respecter leur mode de vie. Cela les aide à bien vieillir. Mais dans la réalité, notre attitude est plus complexe. Nous sommes prêts à tout faire « pour leur bien ». Pour les protéger, pour leur éviter des soucis, nous leur évitons tous les risques : celui de tomber, de prendre froid, de mourir... Résultat, inconsciemment, poussés par notre propre anxiété, nous tombons vite dans la surprotection. N'oublions pas que même très âgé et dépendant, notre parent demeure un être humain responsable de sa vie. Il ne s'agit pas bien sûr de s'en désintéresser, ce que malheureusement certains font effectivement, mais bien de leur laisser la responsabilité de leur propre vie. De les « laisser vivre », en quelque sorte.

Ils ont, toute leur vie, affronté des dangers et des risques. Si leurs choix nous effraient, parlons-en avec eux en leur faisant part de nos craintes. Mais laissons-les décider. Ne les infantilisons pas. Si la communication avec votre parent n'est pas aisée, un recours à une personne extérieure peut vous faciliter les choses : un professionnel peut quelquefois utilement servir d'arbitre.

C'est le regard que nous portons sur la personne âgée qui l'aide à vivre ; ce regard qui lui dit que nous savons ce qu'elle a été et ce qu'elle est encore. Par exemple il est difficile de respecter leur rythme. On a envie de les bousculer un peu ou, pire, d'agir à leur place. Mais eux, ils ont besoin d'agir parce qu'agir c'est vivre.

> Denise raconte : « Je suis allée voir l'une de mes anciens professeurs entrée récemment, à 82 ans, parfaitement lucide, dans une maison de retraite. Elle commençait à remplir sa feuille de Sécurité sociale quand la directrice arrive : "Tss... Tss... ici on ne remplit pas sa feuille, c'est trop difficile. Nous nous en chargeons." Et la voilà renvoyée aux pâtés de sable ! »

Les familles affichent des préoccupations « sécuritaires » qui parfois vont à l'encontre de la sécurité réelle. À la moindre chute, ils mettent leur parent en maison de retraite, ignorant délibérément les risques de dépendance que comporte la vie en institution. Ou ils l'attachent, alors qu'ils n'ont pas pris des mesures élémentaires comme retirer les tapis qui glissent...

Un directeur de maison de retraite raconte : « Après avoir mis sa mère de 90 ans chez nous, une dame me demande de lui épargner de monter et de descendre un étage pour les repas. Je lui réponds que c'est bon pour elle, et elle réplique : "Si elle se casse le col du fémur, vous en serez responsable !" Trois mois plus tard, elle vient voir sa mère et ne la trouve pas dans sa chambre. Je lui dis qu'elle est allée au marché avec quelqu'un ! Elle reconnaît alors qu'elle surprotégeait trop sa mère en l'empêchant de sortir. La peur de la chute finit par fabriquer des impotents.

Une maison de retraite à taille humaine

La maison de retraite du père de Sophie, dont nous avons parlé, accueille vingt résidents du village et des alentours. Auparavant, quand ils devenaient dépendants, ils devaient s'exiler. Une association a été créée pour réutiliser les locaux de l'ancienne école. Aujourd'hui la maison poursuit sa vie, une vraie vie de vraie maison paysanne, avec ses meubles cirés, sa cuisine chaleureuse, ses bacs à fleurs devant les fenêtres et son petit jardin. Jacques s'occupe du jardin et participe à l'épluchage des légumes, comme les autres résidents, sous la houlette chaleureuse de la « maîtresse de maison » et des deux aides-soignantes. Il y a un médecin et un kiné qui passent régulièrement.

Ce genre de petites maisons de retraite existe aussi ailleurs en Europe. Un exemple en Espagne, près de Tolède où la « vivienda de los mayores », la maison des aînés, accueille depuis plusieurs années des habitants de la région. Dix-huit résidents, y compris des

Maisons d'accueil en milieu rural pour les personnes âgées

La Mutualité sociale agricole est à l'initiative des Maisons d'accueil en milieu rural pour les personnes âgées. Le principe des MARPA est le suivant : l'établissement fonctionne selon les règles établies par la loi de 1901 sur les associations. Chaque établissement peut recevoir entre quinze et vingt personnes, une capacité d'accueil volontairement restreinte. La vocation de la structure est d'accueillir des personnes âgées valides ou en perte d'autonomie optimale, tout en conservant un maximum d'autonomie.

Les MARPA n'ont pas vocation à recevoir des personnes dépendantes, ni à être médicalisées. Toutefois, les résidents devenus dépendants au cours de leur séjour peuvent continuer à y demeurer grâce à l'intervention du personnel médical et paramédical existant sur le canton. Chaque résident dispose au sein de son logement d'un système de télé-alarme avec appel relié à un réseau de surveillance assuré nuit et jour, 7 jours sur 7. Chacun apporte ses meubles et installe son logement comme il le désire. Chaque habitation dispose d'une cuisine mais la plupart des locataires prennent leur repas dans la salle commune. Il est également possible d'avoir des invités. Les MARPA, lieux de vie ouverts sur la commune, sont situées à proximité du centre du bourg, des magasins, des lieux de promenade et des axes de circulation. Elles évitent les méfaits du déracinement.

personnes désorientées, cohabitent dans cette maison traditionnelle et participent à sa gestion quotidienne, avec l'aide d'un psychologue et d'une maîtresse de maison. La bonne marche de la maison est basée sur deux idées majeures : l'autogestion et le respect de la liberté et de l'individualité. Les résidents étant membres de l'association, propriétaire de la maison, ils sont statutairement responsables du bâtiment et de son organisation. Chacun a sa propre clef, rentre et sort quand il veut ; et chacun paie un loyer au prorata de ce que la communauté doit lui apporter comme soins et services. Ainsi les personnes désorientées paient plus cher.

Cherchons avec notre parent la solution qui lui convient, qui entre dans nos possibilités d'aidant naturel, et pas seulement la solution qui nous rassure. Sortons de cette relation de surprotection et d'assistance infantilisante, mais toujours avec tendresse et respect.

POUR EN SAVOIR PLUS

Pour vous procurer la liste des MARPA, ou pour tout renseignement, contactez la Fédération nationale des MARPA, Les Mercuriales, 40, rue Jean-Jaurès, 93 547 Bagnolet cedex. Tél. : 01 41 63 86 95 – Fax : 01 41 63 86 79.

21

Il refuse toute aide à domicile

Après avoir passé toute leur vie dans la ferme de leurs parents, Francis et Prosper, deux frères célibataires, ont obtenu, à leur retraite, un logement social. En dix ans, celui-ci est devenu quasi insalubre. Leur nièce, Geneviève, raconte : « Ils sont très réticents devant toute aide. L'aîné est incontinent. Le linge n'est pas lavé régulièrement. Les voisins se plaignent des odeurs. Après quatre mois de mise en confiance, un beau travail de la directrice du service de soutien à domicile, ils ont accepté une aide à domicile, mais la suivaient pour qu'elle ne dépense ni eau ni électricité et refusaient qu'elle change les draps souillés. Au moment où l'atmosphère semblait se détendre, voilà qu'ils ont mis leur aide à la porte, l'accusant de fouiner partout. Ils refusent à nouveau d'ouvrir leur porte. Par la force des choses, je les vois finir leur vie à l'hôpital, une institutionnalisation de force, un échec complet. Moi, leur seule famille, je me sens accusée par les gens de les abandonner. Je pleure. »

À plus de 70 ans, Mariette est à bout. Elle sent sa santé flageoler et voudrait bénéficier de quelques bonnes années avec son mari. Mais sa maman, Renée, 95 ans, revendique haut et fort de vivre à domicile, en dépit de handicaps nombreux, et compte sur sa fille. Mariette frappe à la porte d'une association de soutien à domicile. La directrice l'écoute : « J'ai aidé maman de bon cœur, mais je suis au bout du rouleau : les courses, le linge, les dimanches bloqués, les accompagnements et les appels de la centrale de télé-assistance la nuit. C'est de la vie volée ! J'aimerais me balader le dimanche, partir deux jours chez mes amis, dans le Calvados. Mais nous sommes complètement dépendants de maman. L'an dernier, nous nous sommes échappés un week-end, elle a fait de l'œdème. Au point où elle est arrivée, on ne se rend pas compte de la lourdeur pour la famille. Elle entend rester maîtresse chez elle et prétend n'avoir besoin de personne d'autre que nous. Faites quelque chose ! »

Des histoires comme celles-ci, il y en a plein les tiroirs des directeurs de services de soins et d'aide à domicile. Vieillir chez soi, dans son cadre familier, entouré de ses proches, c'est le souhait bien naturel de la plupart des gens. Une solution tout à fait envisageable... si l'aîné(e) ne met pas un point d'honneur à se débrouiller seul(e) ou avec l'aide de sa seule famille et refuse tout soutien de quelque professionnel que ce soit.

Pour faire accepter l'aide

Quand une vieille personne se voit imposer une aide à domicile contre son gré, elle est souvent désagréable. Pour l'aide qui pense faire de son mieux, c'est dur à accepter. Une solution consiste à demander à un centre de soins de prendre le relais car les infirmières n'ont pas le même rapport avec les personnes qu'une aide à domicile. Leur intervention est technique et prescrite par le médecin. Prendre prétexte du moindre bobo qui cicatrise mal pour emmener l'aîné chez le médecin (et, par la même occasion, lui demander un petit bilan de santé) est une formule douce qui joue sur une vraie confiance.

Augustin, allergique aux aides à domicile, s'en souvient : « J'avais une égratignure au pied qui s'infectait. Ma fille m'a traîné chez le médecin et, comme j'avais mal, j'ai accepté. Elle m'a beaucoup énervé en lui racontant que je ne pouvais plus m'occuper de ma maison et de mon linge. Le docteur n'a pas répondu. Il a examiné mon pied, diagnostiqué un ulcère et m'a affirmé que j'avais besoin de quelqu'un pour me soigner. J'ai d'abord refusé mais il m'a menacé de l'hôpital si je n'acceptais pas qu'une infirmière passe chez moi. Je me suis fâché, je ne voulais pas de femme dans ma maison. Il a clos la discussion en choisissant un infirmier et en me promettant que, s'il ne me convenait pas, il en trouverait un autre. Une fois mon pied guéri, l'infirmier m'a conseillé un aide-soignant pour m'aider à faire ma toilette une fois par semaine. De fil en aiguille, j'ai accepté une aide à domicile et je ne saurais plus me passer de mon Aimée qui me sert une succulente cuisine africaine, pas vraiment conforme à ce que m'a prescrit le médecin ! »

Nathalie, aide-soignante depuis deux ans, le confirme : « Les gens n'aiment pas trop être aidés mais ils se rendent compte que si nous ne venons pas chez eux, ils vont devoir quitter leur domicile ; alors, ils nous acceptent. On commence par leur proposer deux ou trois visites par semaine puis, l'habitude prise, on les augmente. »

Les professionnels savent gérer ce type de situation. Il ne faut pas hésiter à les consulter pour éviter de prendre, dans l'urgence, une décision contre le gré de l'aîné. En attendant mieux, ils proposeront à l'un un appareil de télé-assistance : ainsi, personne n'intervient chez lui mais, en cas d'urgence, en actionnant sa télécommande, il est relié à un central téléphonique qui évalue la situation et contacte qui de droit. À un autre, ils conseilleront un accueil temporaire, d'une semaine ou d'un mois. Un troisième bénéficiera d'un accueil de jour. Un système de portage de repas à domicile, municipal ou associatif, est aussi une bonne solution temporaire ou permanente pour décharger les proches sans envahir le domicile.

Le plus souvent, ce sont les femmes qui refusent l'aide d'étrangers. Elles déclarent qu'elles s'en tirent très bien toutes seules et qu'il en a toujours été ainsi. Mais elles parlent au présent d'un passé qui, parfois, date de plusieurs années. À ce moment-là, elles se débrouillaient, c'est vrai. Mais aujourd'hui, elles ont du mal à faire leur lit, leur repassage ou à enfiler leurs bas. Il faut du temps pour en prendre conscience. Si des professionnels leur expliquent qu'une aide, deux fois par semaine, rassure leurs enfants et leur permet de rester chez elles, il est bien rare qu'elles ne cèdent pas. Attention, des aides nécessaires à un moment donné peuvent devenir inutiles plus tard. Et n'oublions pas qu'il ne s'agit pas seulement de régler une situation, mais de donner du bonheur (voir chapitre 18 « Il refuse de quitter sa maison »).

Une histoire qui finit bien

Pour Francis et Prosper, la directrice du service de soutien à domicile a contacté le médecin généraliste, le service d'aide à domicile, l'infirmière libérale, l'assistante sociale, la directrice du foyer-logement, le kinésithérapeute, le centre régional de gériatrie... Car l'accompagnement à domicile requiert une concertation entre professionnels et avec les familles. Petit à petit, Francis et Prosper ont évolué dans leurs habitudes de vie. Le médecin a réussi à leur faire accepter un suivi médical et même un lit médicalisé. Ils se font livrer des repas trois fois par semaine. L'assistante sociale gère leurs papiers. Ils ont accepté deux douches par semaine. La coopération, la ténacité et la patience des professionnels ont porté leurs fruits. Francis apprécie d'être propre et de le rester. Il fait passer le message à son frère. Prosper a toujours peur de ne pas être libre. Mais tous ces intervenants lui ont prouvé qu'être libre n'est pas incompatible avec être aidé. Il s'est écoulé deux ans mais quel chemin parcouru !

Le mieux peut être l'ennemi du bien

Fatiguée, à plat, épuisée, claquée, lessivée, éreintée, exténuée, vidée... Lorsqu'on aide un parent âgé, mieux vaut prévenir que guérir et tout essayer pour ne pas en arriver là.

Mais la réalité est complexe. Écoutons-nous : « Papa, ne sors pas seul, tu pourrais tomber ! » « Maman, attends samedi, j'irai te chercher tes bouteilles d'eau. » « Ne grimpe pas sur cet escabeau, je vais venir te réparer le vasistas. » « Tu sais bien que tu n'as pas droit au pâté, je vais te lister des menus équilibrés que tu n'auras qu'à suivre. » « Une dame va venir t'aider tous les matins ! » « C'est pour ton bien. » Que ne ferions-nous pas pour leur bien ? Pour les protéger, pour les mettre à l'abri, nous organisons le mieux possible la vie de nos parents, du moins comme nous pensons que c'est bien pour eux. Mais eux, qu'en pensent-ils ? Sont-ils d'accord pour que des étrangers pénètrent chez eux, ouvrent leurs placards, lavent leur linge et nettoient leur intérieur, histoire de leur éviter de la fatigue ? Ont-ils vraiment envie d'avoir auprès d'eux une garde qui envahit leur espace vital ? Submergés par notre désir de bien faire et notre anxiété, c'est nous que nous écoutons, nous que nous protégeons.

Quant aux professionnels qui évaluent la dépendance des anciens pour vérifier s'ils ont droit à l'allocation personnalisée d'autonomie, ils prétextent souvent que les systèmes d'aide sont si complexes qu'il est impossible de leur faire passer l'information. Par souci d'efficacité, ils coordonnent des dispositifs pour mieux organiser les interventions auprès de la personne. Et l'on aboutit à tisser un maillage qui relève plus d'un treillage dans lequel l'intéressé se sent prisonnier que d'un filet de protection. Certaines personnes âgées ne s'autorisent plus à donner leur avis mais d'autres se révoltent, se trouvant, à leur âge, assez « grandes » pour savoir ce dont elles ont véritablement besoin. Laissons-leur la responsabilité de leur propre vie.

Comment ? En écoutant leurs envies, ce qu'elles ont à nous dire ou à nous faire comprendre ; en leur apportant l'aide qu'elles nous demandent et non celle que nous imaginons leur être nécessaire. Parlons-en ensemble, exprimons nos craintes, éventuellement notre désaccord, proposons-leur les aides justes et laissons-les choisir. Et, lorsque le conflit d'intérêt est trop important, le recours à un médecin, une directrice de services à domicile peut aider chaque partie à avoir une vision plus objective des problèmes.

Pour en savoir plus

Où se renseigner ?

– à la mairie
– au Centre local d'information et de coordination (CLIC)
– à l'Office des personnes âgées. 80 offices adhèrent à l'UNIORPA, Union nationale des instances de coordination, offices et réseaux de personnes âgées. Tél. : 03 26 88 40 86. E-mail : uniorpa.reims@wanadoo.fr.

Associations de soutien à domicile

En appelant ces fédérations, vous obtiendrez les coordonnées d'une antenne près de chez vous.
– L'Association du service à domicile (ADMR, 2 800 associations locales). Tél. : 01 44 65 55 55. Site Internet : www.admr.org.
– L'Union nationale des associations de soins et services à domicile (UNASSAD, 1 700 associations locales). Tél. : 01 49 23 82 52. Site Internet : www.unassad.net.
– Familles rurales (3 300 associations locales) Tél. 01 44 91 88 88. Site Internet : www.famillesrurales.org.
– Croix-Rouge française (1 200 comités locaux). Tél. : 01 44 43 11 00. Site Internet : www.croix-rouge.fr.
– La Fédération nationale des aides à domicile en activités regroupées, réseau des associations d'aide à domicile (FNADAR-ADESSA, 116 associations locales). Tél. : 01 44 52 82 82. Site Internet : www.fnadar.org.
– La Fédération nationale des associations de l'aide familiale (FNAAFP CSF, 600 associations locales, 72 services). Tél. : 01 44 89 86 86. Site Internet : www.csfriquet.org.
– La Fédération des associations de soins et services à domicile (FASSAD, 37 associations sur Paris et quelques-unes en régions). Tél. : 01 49 27 98 78. Site Internet : www.fassad75.org.

22

Elle n'a donné procuration qu'à mon frère

« Ma mère a 85 ans et sa retraite lui permet de subvenir à ses besoins. Elle n'a jamais aimé additionner et soustraire et confiait volontiers les comptes à notre père. Au décès de celui-ci, elle s'est fait assister de mon frère aîné qui habite près de chez elle pour gérer ses sous et ses déclarations d'impôts. Maintenant, elle commence à perdre la notion de la valeur de l'argent. Elle ouvre son porte-monnaie pour que les commerçants se paient. Je crains qu'un jour elle tombe sur quelqu'un de malhonnête ou fasse une grosse bêtise en signant un chèque. Mon frère, sans même nous en parler, lui a demandé procuration sur ses comptes, ses livrets de Caisse d'épargne, etc. J'avais décidé de me taire pour ne pas en arriver à une mise sous tutelle, mais ma sœur m'a fait remarquer que notre frère peut profiter des économies de maman comme il l'entend. Et maman a toujours été d'une générosité incroyable... »

Ah, l'argent de nos parents ! Parce que c'est un instrument de pouvoir dans des mains faibles, il inquiète. Outre des sentiments de jalousie inévitables, il soulève des questions sur son utilisation. Il permet de donner, de refuser, de recevoir, de dominer... Deux idées simples aident à éviter les embrouilles : nos parents ont le droit de faire ce qu'ils veulent de leur argent ; la transparence des comptes garantit la paix au sein des familles (voir chapitre 13 « Elle n'a pas vraiment de quoi vivre »).

La procuration

C'est un acte par lequel une personne appelée « mandant » donne pouvoir à une autre, le « mandataire », de la représenter pour accomplir à sa place certains actes. La procuration peut être générale ou donnée pour une occasion précise, d'une durée indéterminée ou limitée dans le temps. Si votre parent a donné librement une procuration sous seing privé à l'un de ses enfants, alors qu'il était en pleine possession de ses moyens, vous pouvez vous en contenter, à condition qu'il n'ait pas de patrimoine ni d'acte important à réaliser. Les complications surviennent lorsqu'on touche au patrimoine (pour vendre une maison, des actions...) ou en cas de mésentente familiale. Lorsque la famille se déchire, une mesure de protection juridique, mettant en place un contrôle judiciaire fait taire les défiances.

Attention, une procuration notariée (passée devant un notaire) tombe automatiquement si le mandant perd ses facultés mentales, car elle est insuffisante.

En revanche, seule l'altération des facultés mentales d'une personne autorise la mise en place d'une protection juridique. Vous ne pouvez pas ouvrir une procédure pour une dame âgée parce qu'elle s'estime incapable de tenir les comptes après le décès de son conjoint, ni même pour quelqu'un qui ferait montre de prodigalité sans conséquences néfastes sur son avenir.

Les différentes mesures de protection

N'attendez pas d'être dans l'urgence pour examiner les mesures de protection que la loi met à votre disposition. Et avertissez la personne à protéger dès le début, vous lui éviterez un trop grand choc. Quelqu'un qui adhère à la démarche en facilite le fonctionnement. Pour ouvrir la procédure, contactez le tribunal d'instance du domicile de la personne à protéger. Si elle réside en maison de retraite, adressez-vous au tribunal d'instance de son ancien domicile. L'ouverture d'un dossier nécessite un certificat médical du médecin traitant et une lettre détaillée qui signale le cas de votre parent au juge. On vous remettra un questionnaire sur la personne à protéger, sa famille, ses ressources, son patrimoine et une liste des médecins psychiatres agréés. Un dossier complet comprend : le certificat médical du médecin traitant, le questionnaire rempli très précisément, un extrait d'acte de naissance de la personne et une expertise d'un psychiatre agréé. Le juge reçoit la personne à protéger pour l'entendre avant de lui notifier le jugement.

Il existe trois régimes de protections

Toutes sont temporaires. Si l'état de santé psychique de la personne s'améliore, elle pourra bénéficier d'une mainlevée.

1. Lorsqu'une personne âgée commet de petits oublis ou souffre de pertes de mémoire ponctuelles, elle peut bénéficier d'une **sauvegarde de justice**. De toute façon, quand l'ouverture d'un dossier est justifiée, le juge place la personne sous sauvegarde de justice en attendant de prendre une mesure définitive. Cela lui permet d'annuler des actes contraires à ses intérêts que votre parent pourrait accomplir sous l'emprise d'un trouble mental (emprunt déraisonnable, donation). La personne sous sauvegarde de jus-

tice est assistée par un proche appelé mandataire et contrôlée par le juge des tutelles. Elle reste libre de tous ses actes : elle garde sa capacité de décider par elle-même, ainsi que tous ses droits civils et le droit de vote. La sauvegarde de justice, provisoire, est renouvelable au bout de six mois. Elle prend fin si le médecin juge qu'elle n'est plus utile, sur la demande de la personne elle-même ou de son représentant et dès la mise en place d'un régime plus protecteur.

2. À l'issue de l'instruction, le juge peut proposer une **curatelle**. Votre proche sera assisté par son curateur pour passer des actes juridiques importants : testament, vente d'un bien immobilier, donation. Dès qu'il fait sortir des éléments de son patrimoine, il faut la signature du curateur en plus de la sienne. La personne sous curatelle continue à effectuer les actes conservatoires et d'administration : percevoir ses revenus, payer assurances et impôts, faire ses achats courants. Elle conserve le droit de vote et celui de faire son testament. Mais, si elle se livre à des dépenses inconsidérées, le curateur peut les faire annuler ou les renégocier.

Le curateur peut être le conjoint, un membre de la famille, un tiers digne de confiance, un gérant de tutelle ou une association. Comme membre de la famille, vous avez priorité pour être curateur. Lors de votre nomination, vous devez établir un état du patrimoine de la personne protégée et signaler la nouvelle situation aux banques, aux organismes qui lui versent des ressources et à quiconque est en relation financière ou administrative avec elle. Pendant la durée de vos fonctions, indiquez au juge des tutelles vos changements d'adresse et ceux de la personne protégée. Vous pouvez demander que vos fonctions prennent fin si la mesure est transformée en tutelle. Entre curatelle et tutelle, la **curatelle renforcée** laisse à la personne protégée la décision et la signature des actes importants comme la vente de sa maison. Mais le curateur a la maîtrise du compte en banque. Il signale la situation à la poste pour recevoir les courriers administratifs et bancaires de l'intéressé. Il adresse un compte rendu de gestion au greffier en chef du tribunal d'instance chaque année à la date anniversaire du jugement. Il règle dépenses et dettes et perçoit les revenus. Il dépose l'excédent des revenus sur un compte ou un livret qu'il doit ouvrir au nom de la personne.

3. Si le juge choisit la **tutelle**, votre parent devient mineur, comme un enfant. Il ne peut plus voter, ni faire de testament, ni signer un chèque. Tous ses actes sont « nuls de droit ». Son tuteur le représente dans tous les actes de la vie civile.

Si vous n'aimez pas les comptes, si, pour des raisons de graves mésententes familiales, aucun membre de la famille ne peut être désigné, le juge des tutelles nomme un tuteur sur une liste établie par le Procureur de la République. Il peut s'agir d'une association ou d'un gérant de tutelle, soumis au contrôle du juge. Son travail est rémunéré (comme celui d'un curateur). Le barème dépend des ressources de la personne protégée et du temps passé à gérer ses biens.

En revanche, quand un membre de la famille exerce la charge, son service est gratuit. Il peut, éventuellement, se faire rembourser des frais. Si vous êtes tuteur, vous devez accomplir le même travail que celui du curateur (voir ci-dessus). Mais, en plus, vous devez, dès votre nomination, convertir les titres au porteur en titres nominatifs. Vous devez aussi établir annuellement un compte rendu de gestion pour la personne qui surveille votre gestion, appelée « subrogé tuteur ». Seul, vous pouvez conclure ou résilier un bail à condition qu'il ne se rapporte pas au domicile principal de la personne que vous représentez, défendre ses droits patrimoniaux en justice ou transférer ses comptes

Réflexion du directeur d'un service de tutelles

« Au-delà de la gestion des ressources et de la protection de leurs biens, nous devons accompagner les personnes les plus fragiles. Pour le commun des mortels, qui dit tutelle dit décider à la place de la personne et la remettre dans le droit chemin. Les gens pensent que si nous pouvons exercer une contrainte sur le plan financier, nous pouvons contraindre pour tout. Une dame a 90 ans, un état de santé qui la cloue à son domicile et aucune famille alentour. Elle a cessé de payer l'association d'aide à domicile et le portage de repas. Elle n'est plus livrée et ne mange plus. Tout le monde renonce. Conclusion, le juge décide une tutelle. Nous avons réglé les dettes de cette dame, mais je ne suis pas sûr qu'elle avait réellement besoin d'être sous tutelle. En revanche, une mesure de protection peut ouvrir une zone de liberté. Une dame vit en foyer-logement avec une amie. Sa santé s'aggrave, elle ne se déplace plus qu'avec un déambulateur. Le directeur du foyer décide qu'elle ne peut plus rester dans cette maison. Or, elle ne veut à aucun prix quitter son amie. Seule, elle aurait du mal à s'opposer à cette décision. Étant sous tutelle, elle voit sa décision respectée et reste au foyer. Nous sommes là pour protéger, pas pour diriger. Les personnes protégées doivent garder un pouvoir de décision. »

dans une autre agence bancaire sous réserve d'aucune modification. Pour tout autre acte touchant à son patrimoine (modifier des placements financiers, vendre un bien...), vous devez obtenir l'autorisation du conseil de famille ou du juge des tutelles. Un conseil : communiquez à vos frères et sœurs les photocopies de vos actes. Cela évite toute suspicion.

Une fois par an, le greffier en chef du tribunal contrôle lui aussi la bonne tenue comptable des opérations financières et leur conformité avec les décisions du juge des tutelles. S'il décèle une anomalie, il en réfère au juge. Mais il ne peut pas s'assurer de l'opportunité des placements ou des dépenses effectuées. C'est pourquoi vous pouvez demander que le tuteur agisse sous les ordres d'un conseil de famille. Pour les actes graves, « actes de disposition », le juge doit donner son accord.

Quand le tuteur est étranger à la famille, les proches n'ont normalement pas accès aux comptes. Si, pour une raison précise, vous avez besoin de renseignements sur la gestion, prenez rendez-vous avec lui. S'il refuse ou si vous avez des doutes, demandez par courrier un entretien au juge. Il acceptera de vous communiquer les comptes ou vous rassurera.

Enfin, il faut savoir que les organismes de tutelle et de curatelle sont très coûteux. Il vaut mieux avoir affaire à une association gérée par la loi de 1901 qui ne coûte rien à la famille. Vous pouvez en proposer une parmi la liste établie par le Procureur de la République.

Les mesures de protection juridique n'ont pas d'autre fondement légal que la protection du patrimoine d'une personne. Si vous estimez que votre papa a besoin de renouveler sa garde-robe et que le tuteur n'y porte pas assez d'attention, ou si vous considérez utile d'installer une douche à siphon dans sa salle de bains, avertissez le juge des tutelles. Il donnera une indication au tuteur, car on ne peut pas abandonner quelqu'un sous prétexte de protéger ses biens. S'il existe des discordes dans la famille, il essaiera d'obtenir l'avis d'un tiers qui tentera une médiation familiale ou diligentera une enquête sociale.

Le juge des tutelles, sur avis médical, peut dans tous les cas, autoriser votre parent à accomplir certains actes, par exemple, faire fonctionner son livret de Caisse d'épargne.

Attention : si votre parent comprend ce qu'il signe, s'il n'a jamais fait de dépenses inconsidérées, refusez la tutelle. Mais ne vous voilez pas la face : si votre vieille maman retire 300 euros trois fois de suite parce qu'elle perd la mémoire, si elle ne sait plus exprimer sa volonté, une tutelle facilitera la vie familiale.

Et, dans l'intérêt de la personne protégée, essayez à tout prix d'oublier les dissensions familiales.

Pour en savoir plus

En cas de problème

L'Union nationale des associations familiales (UNAF) peut être saisie en tant que médiateur. UNAF, 28, place Saint-Georges, 75009 Paris. Tél. : 01 49 95 36 00.

N'hésitez pas à consulter les associations de malades, telles France-Alzheimer, France-Parkinson...

Un conciliateur peut aussi débloquer une situation. Vous trouverez ses coordonnées à la mairie.

23

Il veut continuer à conduire

La fille de Jean-Paul, Martine, raconte : « Conduire sa voiture a toujours été pour papa quelque chose de capital. Au départ, c'était un instrument de travail. Chef d'une petite entreprise du bâtiment, il s'en servait continuellement pour aller visiter chantiers et clients, parcourant tout le département. Il n'a jamais été responsable d'un accident. Il en a subi un seul, dont il n'était pas responsable et qui l'a amené à l'hôpital. C'était il y a plus de trente ans. » Ce n'est même pas la peine d'effleurer le problème devant Paul. Il fait comme s'il n'entendait pas ou se fâche très fort. Il dit qu'il est très prudent et qu'il conduit bien mieux que les jeunes.

Comme beaucoup de personnes âgées, Paul a passé son permis de conduire d'une façon très différente d'aujourd'hui. Il aime rappeler qu'il a obtenu son permis de conduire en septembre 1930, à 18 ans : « Je conduis depuis 72 ans. Au moment de mon permis, il n'y avait pas de code de la route : c'est le maréchal-ferrant, aussi mécanicien, qui a été mon moniteur. Et on faisait démarrer les voitures à la manivelle. » Depuis que sa femme est morte, conduire est son seul plaisir, son indépendance aussi. Et pourtant, sa vue baisse beaucoup, il entend moins bien. Quand il va chercher à la gare sa petite-fille étudiante à Paris, venue passer le week-end, cette dernière s'effraye : « Grand-père monte quelquefois sur le trottoir dans les tournants. Il me donne l'impression de conduire "de mémoire". Je n'ai plus envie qu'il vienne me chercher. Quand j'en parle à papa, il hausse les épaules : "Comment veux-tu que j'interdise à ton grand-père de conduire. Et puis, il n'a jamais eu d'accident." N'empêche, si un jour il provoque quelque chose de grave, j'estime que nous serons tous coupables. »

À partir de 70 ans, prendre le volant présente de plus en plus de risques. L'attention a tendance à se relâcher et les mouvements se font lents, les risques d'endormissement sont plus grands. Mais cesser de conduire est bien souvent une solution difficile à accepter et l'entourage a un rôle délicat à jouer. À la campagne, par exemple, pouvoir conduire, c'est encore vivre. Beaucoup de personnes âgées vivent seules. Il faut bien qu'elles aillent faire leurs courses. Tous disent : « Je suis prudent et je connais le trajet par cœur. » Mais il y a toujours l'impondérable : le tracteur qui débouche d'un chemin, le piéton qui traverse sans regarder. Or le propre du grand âge, c'est la difficulté à réagir vite. La circulation est de plus en plus rapide, les conducteurs de plus en plus nerveux, le code de la route se modifie.

Les personnes âgées elles-mêmes se rendent compte de certaines faiblesses.

Comme Françoise qui est moins sûre d'elle qu'avant : « C'est incroyable comme la circulation a changé ces derniers temps, dit-elle. Il y a de plus en plus de véhicules, même sur ma petite départementale. En plus, la plupart des intersections sont transformées en ronds-points, ce dont j'ai horreur. Et je trouve que les gens vont de plus en plus vite. »

Ou Robert : « J'ai toujours conduit. Mais depuis quelque temps, je prends des médicaments qui émoussent vigilance et réflexe. Pour me décider à arrêter, il a fallu que j'aie un accrochage. Là, j'ai réalisé que mes enfants avaient raison d'insister pour que je laisse ma voiture au garage. »

Par rapport à leur nombre, les aînés ont plutôt moins d'accidents que les jeunes. En revanche, par rapport au nombre de kilomètres qu'ils font, ils en ont un peu plus.

Ce que dit la loi

En France, jusqu'à présent, on a le permis pour la vie. Les quelque 12 millions de conducteurs âgés ne sont pas soumis à des contrôles médicaux ou à des tests de connaissance du code de la route.

Cela devait changer. Un certificat médical d'aptitude à la conduite, notamment pour les conducteurs de plus de 75 ans, devait être mis en place. Ce certificat, établi par les médecins généralistes, devait être à la charge des conducteurs et être établi avant la délivrance du permis de conduire et, au-delà de 75 ans, avec une périodicité bisannuelle. Ce certificat devait être étendu à l'ensemble des conducteurs tout au long de la vie avec une périodicité de dix ans. Les médecins souhaitant être agréés par l'administration devaient bénéficier d'une formation spécifique. Pour l'instant tout est au point mort !

Il n'y a pas de politique commune en Europe. Il existe deux grands groupes de pays : ceux qui adoptent le permis à vie et ceux qui mettent en vigueur le permis à terme. La Belgique, l'Allemagne et l'Autriche font partie du premier groupe. La Norvège, seule dans son genre, accorde à ses conducteurs un permis pour cent ans... En Grande-Bretagne, le permis est accordé jusqu'à 70 ans, puis renouvelé pour des périodes de trois ans, les compagnies d'assurances pouvant exiger un contrôle médical. C'est en gros la même chose au

Portugal, en Finlande, en Grèce, au Danemark. L'Espagne est plus restrictive : pas question de passer son permis après 65 ans et il n'est valable que pour une durée de 10 ans jusqu'à 45 ans, puis de 5 ans entre 46 et 70 ans, puis de 2 ans ensuite, âge à partir duquel un contrôle médical est exigé. L'Italie, les Pays-Bas, l'Irlande et la Suède fonctionnent à peu près selon les mêmes règles.

L'exemple canadien

Au Québec, on essaie de répondre de la façon la plus adaptée possible aux problèmes des conducteurs âgés. Michèle a un mari, Georges, qui souffre de la maladie d'Alzheimer. Malgré son âge avancé (89 ans), elle continuait de prendre sa voiture pour aller lui rendre visite. Au cours de l'année dernière, elle a eu trois accrochages et sa compagnie d'assurances ne veut plus la prendre en charge. Sa mutuelle, en revanche, prend désormais en charge le coût du taxi qu'elle utilise pour continuer d'aller voir Georges.

Ce que disent les assureurs

Les personnes âgées ont généralement conscience de leur moindre résistance physique et savent bien que leurs réflexes sont plus lents. Elles roulent donc moins vite et sont peu impliquées dans des collisions frontales.

Passé 70 ans, le risque augmente, notamment en raison des défauts d'attention. On constate, par exemple, des accidents graves chez les plus de 70-75 ans qui brûlent un stop, tout simplement parce qu'ils ne l'ont pas vu. Ou bien ils s'engagent dans un carrefour et évaluent mal la distance et la vitesse des autres véhicules. Ces collisions latérales sont les plus meurtrières.

Les nouveaux assurés de plus de 70 ans n'ont pas les mêmes tarifs, tandis que les anciens assurés continuent à bénéficier de tarifs de faveur, sans limite d'âge. Mais s'ils ont des accidents à répétition, même bénins, les compagnies d'assurances se réservent le droit de résilier leur police, comme pour n'importe quel assuré.

Ce que disent les médecins

Conseiller à des personnes âgées de ne plus conduire, c'est très difficile, très délicat et toujours très mal reçu. C'est souligner leur âge. Un médecin généraliste précise : « Je suis pour un examen médical systématique, périodique, à partir de l'âge de la retraite. Il faut aussi rappeler aux personnes âgées que leur squelette est beaucoup plus vulnérable et que les os se minéralisent en fonction des sollicitations qu'ils reçoivent. Une personne qui garde l'habitude de la marche, qui préfère l'escalier à l'ascenseur, aura un squelette plus résistant, donc des os moins fragiles. La voiture ne dispense pas d'une activité physique. Par ailleurs, je suis pour que nous, médecins, prenions nos responsabilités : si la personne n'y voit plus bien, si elle a des problèmes cardiaques, c'est à nous de lui conseiller d'arrêter. La famille est toujours très mal placée pour le faire. Mais, en revanche, c'est à elle de trouver une solution au problème de l'isolement. Je le vois dans ma clientèle : ceux qui ont leurs enfants comme chauffeurs, renoncent facilement à conduire. »

Il arrive quand même un âge où on ne conduit plus par plaisir mais par nécessité.

Ce que disent les psys

Que sous-entend, en fait, le désir de continuer à conduire : est-ce un souhait de rester en relation avec son réseau familial, social, amical ? Dans ce cas que l'entourage s'attaque en priorité à ce problème. D'abord, il peut contacter un club ou une association dont la personne âgée fait partie. Ainsi une dame était trop « désorientée » pour conduire, mais souhaitait continuer à faire partie de son club de patchwork. Ses amies se sont organisées pour passer la chercher à tour de rôle.

« Renoncer à conduire, c'est aussi se reconnaître vieux et diminué, constate un psychologue. C'est donc difficile à accepter. L'entourage doit éviter d'accentuer cette blessure par des injonctions trop brutales. L'important est de banaliser la situation : avec l'âge, tout le monde voit et entend moins bien, a des réflexes plus lents, plus de difficulté à rester attentif... »

Une bonne manière de faire comprendre le problème est aussi de faire remarquer qu'on peut être un danger pour les autres. Le souci d'autrui est une préoccupation que comprennent la grande majorité de nos parents.

Pas de panique !

Toutes les personnes âgées ne sont pas potentiellement aussi dangereuses que Jean-Paul. Dans certains cas, de sages mesures de prudence suffisent :

- Quand on vieillit, on a non seulement la vue qui baisse, mais aussi une réduction de son champ de vision : il faut alors **rouler plus lentement**.
- On voit moins bien dans le noir, et l'éblouissement dû aux phares des voitures qui viennent en sens

inverse dure plus longtemps : donc, il vaut **mieux ne pas conduire la nuit**.

• Aujourd'hui, les voitures ont des directions assistées : tourner le volant ne nécessite pas une force particulière.

• Chez les personnes en bonne santé, le ralentissement des réflexes ne pose pas de difficultés majeures.

Quand il faut vraiment s'arrêter

Le Centre communal d'action sociale (CCAS) de votre commune renseigne sur les taxis collectifs, les transports spécifiques pour personnes âgées ou, à défaut, pour handicapés. Il peut être utile aussi de consulter les clubs des Aînés ruraux qui organisent des formations à la conduite. Enfin, faire appel à des étudiants que l'on rémunère comme chauffeurs occasionnels est aussi une solution envisageable.

24

Son chien couche dans son lit

Nicole est furieuse : Agate la chienne de Renée, sa mère, 83 ans, vient encore de souiller la moquette du salon. Elle se plante une nouvelle fois devant sa mère : « Ce n'est pas possible, cette chienne est vraiment très mal élevée. Et en plus elle dort avec toi dans ton lit ! Je ne peux vraiment plus la supporter. Je suis ravie de t'accueillir à la maison. Mais ta chienne, c'est trop. » Renée lui rétorque rageusement : « De toute façon, tu n'as jamais aimé cette chienne. pourtant, c'est la seule qui m'aime ! » Leurs disputes au sujet du petit caniche noir sont fréquentes, d'autant que Renée a de plus en plus de mal à se déplacer et demande donc souvent à sa fille de promener sa chienne.

Un animal peut devenir fréquemment un sujet de conflit entre une personne âgée et ses enfants. Et il est vrai que les contraintes liées à la présence d'un animal sont importantes. Promenades au moins biquotidiennes, achat de boîtes d'aliments et de litière, rendez-vous chez le vétérinaire, garderie en cas d'absence... « J'avais un chien, raconte André. J'ai dû m'en séparer et le confier à mes enfants lorsque j'ai été hospitalisé. » Quant à Suzanne, elle regrette de ne pas avoir repris de chat à la mort de Pompon, son siamois, « mais, dit-elle, il faut sortir pour acheter sa nourriture et je suis trop fatiguée ». « J'ai vu des personnes refuser une hospitalisation à cause de leur chien », confirme de son côté un médecin généraliste.

L'aspect financier est aussi à prendre en compte. Il faut tatouer l'animal, éventuellement le stériliser. Puis la nourriture et les soins coûtent cher, de même que les frais de garde éventuels.

Enfin, quand les propriétaires sont très malades, et même quelquefois avant, ils s'inquiètent de ce que leurs compagnons vont devenir lorsqu'ils ne seront plus là. Aux États-Unis, des centres spécialisés, des associations, des conseillers envisagent avec les personnes concernées le sort de l'animal qui peut, selon les cas, être euthanasié, confié à la famille ou recueilli dans un club.

Cependant, les médecins s'accordent pour dire que la présence d'un animal est bénéfique. Il stabilise, sécurise. On peut même observer chez les propriétaires une diminution de la pression artérielle, un ralentissement du rythme cardiaque.

L'exercice physique régulier dû à la promenade d'un chien fait que le sang circule, la respiration s'active, les articulations sont sollicitées. Les personnes qui possèdent un chien sont moins souvent victimes de fractures du col du fémur que les autres, et l'on constate chez elles un taux de cholestérol plus faible !

C'est vrai, il arrive parfois que l'animal isole son maître : celui-ci refuse des invitations à cause de lui. Mais cela peut être aussi une façon d'affirmer son autonomie, face à des proches qui ont l'air de penser que, s'ils l'invitent, il doit être obligatoirement heureux d'accourir aussitôt !

Les problèmes viennent d'un chien mal dressé

On peut demander conseil à un vétérinaire si une personne âgée laisse son chien manger avec elle, dormir dans son lit. Les animaux sentant la faiblesse de leur maître peuvent devenir dominants, voire agressifs. Il est nécessaire alors de faire changer le comportement du chien en consultant un vétérinaire spécialiste de ce type de rééducation.

Si l'animal dort dans le lit d'une personne malade, ce n'est pas vraiment hygiénique. Quand elle ne peut plus sortir son chien, émerge le problème de la saleté. La solution peut être alors de trouver un ami ou un jeune voisin qui se fera un plaisir de prendre le relais. Certaines associations d'aide à domicile ont mis en place un réseau de bénévoles qui promènent les chiens des personnes âgées quand elles ne peuvent plus le faire ou quand, tout simplement, il a neigé ou qu'il y a du verglas. De même, ces personnes peuvent s'occuper de l'animal en cas d'hospitalisation.

Et en maison de retraite ?

La présence d'animaux est révélatrice de l'ambiance générale d'un établissement. Si c'est d'abord un lieu de soins, certains directeurs trouvent mille bonnes raisons pour les interdire. Si c'est un lieu de vie avant tout, on les y accueille parce qu'ils sont essentiels à la vie de certaines personnes âgées qui ne veulent pas quitter leurs compagnons à quatre pattes.

Des expériences de chiens et de chats « collectifs » sont menées dans certains établissements. Ils introduisent un peu de désordre mais, pour tout monde, les bénéfices sont évidents. Autour d'eux naissent des conversations entre résidents, entre soignants et résidents. Les résidents s'entraînent à se rappeler les ordres auxquels obéit le chien : c'est bon pour la mémoire...

On trouve à l'hôpital des chiens « thérapeutiques », mais aussi dans les parcs ou les jardins des chats, des lapins, des chèvres...

La présence d'un chien est plutôt positive pour une personne âgée. Elle lui parle, le sort plusieurs fois par jour alors que, si elle était seule, elle resterait dans un fauteuil. Quand elle le promène, les occasions de parler avec d'autres personnes dans la rue sont multipliées. Depuis que Jacqueline a un chien, elle a fait la connaissance de plusieurs autres propriétaires de chien au cours de ses promenades. « Je parle même avec des enfants », se réjouit-elle. « Tous les jours je dois le sortir pour lui faire faire sa promenade, affirme Albert. Eh bien, cela me fait faire de l'exercice et cela m'ouvre l'appétit. »

Par ailleurs, le fait que l'animal aboie quand on s'approche de la maison ou de l'appartement donne à la personne âgée un sentiment de sécurité.

Un chien ou un chat ont aussi un rôle de soutien moral et peuvent être de vrais compagnons. « Oui j'aime la compagnie de Neige, ma chatte blanche, raconte Bernadette. Le matin et le soir, elle réclame des caresses et s'installe auprès de moi. Dans la journée, elle est très indépendante mais je sais qu'elle est là et elle me rassure. » C'est un lien affectif. Avec un animal, on peut donner et recevoir des marques de tendresse quand bon vous semble. Il arrive même à faire rire son propriétaire. Solange, qui a un remuant petit fox-terrier prétend : « Toutes mes pensées noires disparaissent quand il commence à faire le clown. Ses expressions me font toujours rire. »

On peut bien sûr rencontrer quelques misanthropes qui ont choisi leur animal comme unique

L'histoire de Pâris, « chien d'accompagnement social »

À l'hôpital Bretonneau, à Paris, tout le monde connaît Pâris. C'est un golden retriever crème. Sélectionné dès ses premiers mois pour son intelligence, sa docilité et sa sociabilité, il a d'abord été confié à une famille d'accueil qui l'a éduqué pendant un an et demi. Puis Pâris a poursuivi ses études à Lyon, dans une école spécialisée. Il sait exécuter cinquante-deux ordres, ouvrir une porte, allumer la lumière, apporter le téléphone ou un porte-monnaie, ramasser une pièce sur le sol...

Chaque matin, Pâris prend le train, son sac sur le dos, pour exercer son métier de « chien d'accompagnement social ». En arrivant à l'hôpital, il fait un tour dans les chambres. Sa visite matinale rassure une dame désorientée qui souffre d'angoisse. Une autre est agitée. Il entre, elle se calme. Pâris assiste les ergothérapeutes auprès des personnes hémiplégiques. Un homme fait travailler sa main malade, sans même y penser, en attrapant les objets que lui apporte Pâris. Pour inciter une dame à décoller son dos de son fauteuil, les soignants appellent le chien. Elle se penche pour le caresser. Une autre ne pouvait plus étendre le bras. Pâris lui a apporté un stylo qu'elle devait attraper dans sa gueule. Au moment où elle l'a saisi, Pâris a tourné la tête – était-ce malice ? –, elle a dû tendre le bras pour prendre le stylo. Un monsieur hésite à se déplacer. On lui propose de promener Pâris qui le « fait marcher » et lui donne un rôle utile. En soins palliatifs, Pâris avait l'habitude de poser chaque jour ses pattes avant sur le rebord du lit d'un monsieur qui l'adorait et qui avait demandé, sentant sa fin prochaine, de lui dire au revoir. Un matin, le chien s'est étendu sur le lit pour faire un câlin, tête contre tête, à ce monsieur. Celui-ci est décédé quelques heures plus tard. Un chien détecte des sécrétions d'adrénaline qui se déclenchent quand on souffre. Perçoit-il autre chose que les humains ignorent ?

interlocuteur et le préfèrent à toute autre compagnie, mais ce n'est pas la majorité.

Même si la présence d'un chat ou d'un chien complique parfois l'existence, très souvent, elle aide à **garder le goût de vivre**.

POUR EN SAVOIR PLUS

Le dressage des chiens pour handicapés
L'Association nationale pour l'éducation de chiens d'assistance pour handicapés (ANECAH), 115, rue Nationale, 75013 Paris. Tél. : 01 45 865 888. Site Internet : www.anecah.free.fr. Elle prend en charge l'éducation des chiens destinés à assister les personnes handicapées. Elle est la seule en France à éduquer et remettre gratuitement des chiens dressés à effectuer des tâches utiles aux grands handicapés moteurs : ramasser un objet au sol, ouvrir une porte, allumer un interrupteur.

25

Il fume comme un sapeur

Le petit appartement de Denis, en plein Paris, sent le tabac à plein nez. Il est vrai que Denis, 84 ans, est un fumeur invétéré et heureux, depuis presque soixante-dix ans. Les murs sont jaunis, les rideaux aussi et les cendriers débordent.

Sa fille, Amanda, raconte : « Mon père est un ancien militaire de carrière. Il a donc fumé des cigarettes brunes depuis qu'il est adolescent, des troupes, je crois qu'elles s'appellent comme cela. Ma mère a toujours été inquiète, elle a essayé de le faire arrêter en agitant l'épouvantail du cancer du poumon. Mais rien à faire. Elle est morte avant lui. » Denis confirme : « Il faut bien mourir de quelque chose et puis maintenant, le cancer ne me fait plus peur, à mon âge. » Amanda rétorque vivement : « Oui, mais tu pourrais mettre le feu à l'appartement ! Je sais que tu fumes au lit. L'auxiliaire de vie m'a dit qu'elle avait remarqué des brûlures de cigarettes sur tes draps. »

La génération des plus de 70 ans est une génération qui a découvert sur le tard les dangers du tabac. Il suffit de regarder les vieux films en noir et blanc, les actualités pour voir que nombre de leurs protagonistes ont la cigarette vissée au coin de la bouche. Les belles actrices utilisaient leur fume-cigarette comme une arme de séduction.

Est-il vraiment trop tard pour arrêter ?

De nos jours, dans leurs consultations antitabac, les médecins voient beaucoup de personnes âgées qui veulent s'arrêter de fumer. Des hommes en général, mais de plus en plus de femmes. Ils souffrent de bronchite chronique, toussent, crachent, sont essoufflés. En cas d'insuffisance respiratoire, les médecins sont formels : il y a toujours un bénéfice à s'arrêter, quel que soit l'âge.

Mais ce n'est pas facile, pour eux comme pour tous les fumeurs. Il faut toujours vérifier, en outre, que la personne très âgée ne souffre pas de dépression, ouverte ou larvée. La nicotine a un effet antidépresseur et la supprimer brutalement accentuera la maladie. Les médecins recommandent donc de soigner d'abord la dépression (voir chapitre 39 « Ma mère ne se remet pas de la mort de mon père »).

Et si vraiment, à cet âge-là, les gens n'ont pas envie de cesser, la plupart des spécialistes préconisent de les laisser tranquillement à leur habitude.

> « Mon petit plaisir, après le déjeuner, c'est d'aller fumer ma pipe sur la terrasse, confie Georges. Même l'hiver, bien emmitouflé. » Même son de cloche chez Edmée : « J'essaie de ne pas exagérer, surtout parce que mes petits-enfants, adversaires acharnés du tabac, me font la leçon. Mais je ne me vois pas renoncer à ma première cigarette de la journée, juste après mon petit déjeuner. » Sa fille, Geneviève, s'exclame, désabusée : « J'aimerais bien qu'elle s'arrête. Ses rideaux et ses murs sont complètement jaunis et il règne toujours une odeur de tabac froid chez elle. Mais c'est vrai que je l'ai toujours connue avec un paquet de cigarettes à portée de main. »

Prévenir et diminuer les risques

Mais en plus des risques concernant la santé, il y a des risques d'incendie, notamment quand l'intéressé fume au lit. En position allongée, fumer favorise la somnolence. Le fumeur ne se rend pas compte que sa main tombe, mettant la cigarette en contact avec le drap. Au moindre courant d'air, sous une porte ou sous une fenêtre, la combustion devient une flamme qui peut s'étendre très rapidement à la literie, aux vêtements, au fauteuil.

Le risque est moindre avec une pipe ou un cigare, parce qu'ils s'éteignent dès que l'on cesse d'aspirer la fumée. Le papier qui entoure la cigarette, lui, continue à brûler.

Selon les pompiers, des précautions peuvent diminuer le risque.

• D'abord, installer des détecteurs de fumée : très sensibles, ils donnent l'alerte en clignotant et en sonnant. Le mieux est d'installer un détecteur de fumée classique, relié directement à une centrale de télé-assistance, comme cela se passe en Grande-Bretagne. Et d'adopter une coutume suédoise : avant de jeter une allumette, on la saisit par les deux bouts et on la casse : il faut qu'elle soit bien éteinte.

• Puis, remplacer les corbeilles, poubelles et cendriers en plastique par des récipients métalliques. L'incendie provoqué par une allumette ou un mégot mal éteint a des chances de rester contenu à l'intérieur du récipient.

• De la même façon, bannir les textiles synthétiques et préférer les fibres naturelles. Les premières s'enflamment très vite, puis fondent en pénétrant très profondément dans l'épiderme. Les dégâts sont alors souvent irréversibles.

Comprendre les raisons et évaluer les risques

Il faut poser des limites, mais pas seulement. Les injonctions impératives ne suffiront pas. **Interdire à un adulte de fumer, c'est très complexe.** Si votre parent est responsable de ce qu'il fait, vous pouvez lui expliquer que fumer au lit est dangereux, quel que soit l'âge. A fortiori, quand on fait une sieste. La digestion pousse à la somnolence et on s'endort sans s'en apercevoir. Il faut donc que le fumeur choisisse une position, même avant de s'endormir, qui le maintienne en état de vigilance. Si votre parent est « confus », c'est une autre affaire. Les personnes atteintes de la maladie d'Alzheimer, par exemple, perdent tout de suite la notion de danger. Mais quel que soit le cas, interdire, subtiliser les cigarettes provoquera chez l'intéressé un sentiment de frustration et il finira bien par trouver des « munitions » à votre insu. Avec un risque accru.

Il faut aussi **comprendre la raison de cette envie** de fumer, notamment au lit. Les psychologues y voient un « rituel du coucher » qui aide à surmonter l'angoisse du passage de la veille au sommeil. Alors, il faut proposer quelque chose d'apaisant en remplacement : une présence au moment de l'endormissement, quelque chose à manger ou à boire...

En somme, après avoir expliqué les limites, il faut négocier avec votre parent fumeur des compensations.

Et dans une maison de retraite ?

Des conflits risquent d'y naître parce que les réactions des autres pensionnaires et de leur famille peuvent être assez violemment hostiles.

Une directrice de maison de retraite raconte son expérience : « Il y a une dizaine de fumeurs et fumeuses chez nous. Ils n'ont pas le droit de fumer dans les locaux communs. C'est interdit par la loi et, de toute façon, les fumeurs se feraient conspuer. Dans leur chambre, qui est leur domicile privé, ils font ce qu'ils veulent. Bien sûr, il y a un détecteur de fumée dans chaque chambre. C'est obligatoire. Le principal risque vient plutôt des personnes tout à fait lucides mais maladroites. Je me souviens d'un homme, atteint d'un début de Parkinson, qui avait laissé tomber quelques gouttes d'essence sur son lit en remplissant son briquet. Quand il a voulu allumer une cigarette, le lit s'est enflammé. Nous incitons aussi les résidents à fumer plutôt sur leur balcon que dans leur chambre. Mais si une garde de nuit me signale des résidents fumant au lit, je prends les grands moyens : cigarettes, allumettes et briquets sont confisqués. Nous les leur rendons avec un sermon. »

26

Elle a donné sa bague de diamants à la femme de ménage

Clotilde a 81 ans et habite un vaste appartement dans un vieux quartier de Marseille. Pour l'entretenir, elle fait appel depuis plus de quinze ans à une femme de ménage, Myriam. Au fil des années, les deux femmes ont tissé des relations d'amitié. Les trois enfants de Clotilde sont dispersés dans la France entière mais passent assez régulièrement la voir. Surtout Anne-Catherine, la fille aînée, qui est journaliste à Paris : « Lors de ma dernière visite à Marseille, j'ai remarqué que ma mère ne portait plus à sa main gauche une bague de diamants qui ne la quittait pourtant jamais. Quand je lui ai demandé pourquoi, elle m'a répondu qu'elle l'avait donnée à Myriam : "Elle en a bien plus besoin que moi !" » Dans le TGV du retour pour Paris, Anne-Catherine n'a cessé de penser à l'incident. « Je me sentais dépossédée, je ne comprenais pas pourquoi elle ne nous avait pas demandé notre avis. »

Une vieille dame offre à son auxiliaire de vie un livre de grande valeur. Un vieux monsieur fête l'anniversaire de son infirmière en lui offrant un bijou de famille. Certaines personnes âgées donnent volontiers ainsi, de la main à la main, une somme d'argent, un bijou, un objet de valeur à quelqu'un de leur entourage, de la famille ou non. Les psychologues parlent du « détachement » des parents âgés. Certaines personnes, très affectives, donnent de l'argent ou des objets aux gens qu'ils aiment bien, à ceux qu'ils estiment dans le besoin. Elles donnent sans compter parce qu'elles ne comptent plus de la même manière.

Une générosité inquiétante

Les enfants réagissent toujours avec affectivité.

Barbara raconte :

> « Nous avions dans notre famille une belle collection de statuettes en bronze. C'était un plaisir pour moi de les regarder, de les toucher. Je les avais toujours connues. Et puis ma mère s'est mise à les offrir petit à petit à mes neveux. Lesquels n'étaient pas particulièrement préoccupés par leur grand-mère. J'ai fait une véritable colère. Mais ma mère était fière d'avoir des petits-enfants qui s'intéressaient à la sculpture, même s'ils ne venaient que très rarement la voir. Et elle estimait être libre de donner. Je me suis rendu compte alors que ces statuettes appartenaient à ma mère et pas à mes frères et sœurs et à moi. »

Bien entendu les questions financières entrent aussi en jeu. Et pas seulement l'intérêt égoïste des héritiers. Certains enfants peuvent être inquiets pour l'avenir financier de leur parent. « Le coût du grand âge en soins et services est élevé, argumente un notaire. Toute donation risque de rendre la gestion des problèmes matériels plus difficile pour la famille, seule responsable des parents en fin de compte. Toute donation trop importante à une personne privée risque de léser ceux sur qui pèse l'obligation alimentaire ou le service public qui risque d'être mis à contribution. »

Des mesures de protection

Les personnes désorientées, « trop généreuses », peuvent bénéficier de mesures de protection : curatelle ou tutelle. On comprend que des membres de la famille soumis à l'obligation alimentaire voient avec inquiétude disparaître objets et valeurs. En plus, ils peuvent en avoir besoin pour régler des dettes éventuelles de leur parent.

Un juge des tutelles explique : « Nous veillons à concilier l'intérêt matériel de la personne et son intérêt affectif. Il est fréquent qu'un membre de la famille argue de fait que la personne âgée est “victime” d'une garde-malade ou d'un neveu intéressé qui se fait emmener au restaurant, offrir des cadeaux. Si ces libéralités excèdent les moyens de la personne, je dois intervenir, pour éviter la ruine. Mais si elle a de gros moyens, dois-je faire le vide autour d'elle au nom de la protection de son patrimoine, alors qu'elle est heureuse de se sentir entourée et d'exercer encore un pouvoir ? Cet argent est toujours le sien, contrairement à ce que semblent parfois croire ses héritiers. »

Le principe fondamental reste que, si les personnes âgées ont des biens, elles peuvent en disposer. Si nos parents sont sains d'esprit, nous immiscer dans leurs affaires financières ou leur décision, n'est-ce pas une atteinte à leur liberté ?

N'hésitez pas à rencontrer les responsables du service d'aide à domicile concerné si vous avez des inquiétudes concernant des relations trop proches de votre parent avec son auxiliaire de vie ou sa garde-malade. Les employeurs et les employés de ces services sont très sensibilisés à ces questions et sont toujours prêts à rencontrer les familles afin de dissiper les malentendus.

De nombreuses personnes âgées et handicapées se sentent redevables des soins et de l'intérêt qu'on leur témoigne et pensent pouvoir prouver leur reconnaissance avec des cadeaux de toute nature. Il faut essayer de les convaincre qu'un simple sourire est déjà un beau cadeau.

Quand ils croient qu'on les vole

À l'inverse, certaines personnes âgées croient qu'on les vole. Lorsqu'une vieille personne porte des accusations de vol injustifiées, celles-ci sont presque toujours la manifestation d'une véritable angoisse. L'attitude juste est alors de chercher la cause profonde de cette plainte.
« Accuser de vol, explique un psychiatre, c'est tenter de trouver une raison logique aux pertes : la personne égare des objets, et dit alors qu'on les lui a volés. C'est la maladie sous-jacente qu'il faut traiter : démence vasculaire, maladie d'Alzheimer... »
L'entourage peut rassurer la personne âgée en lui montrant que tout se retrouve. Il faut aussi être vigilant, ne pas vider une poubelle sans regarder son contenu pour vérifier qu'elle n'y a pas jeté un objet de valeur par mégarde.
Les responsables de services d'aide à domicile ont l'habitude de se trouver confrontés à ce problème : « Nous insistons sur les règles à suivre pour ne pas donner prise aux soupçons : rapporter les tickets de caisse des courses ; lorsqu'on reçoit un chèque en blanc, inscrire tout de suite le nom du destinataire et remplir le talon ; ne pas accepter de procuration ni de cadeaux, à l'exception de petits présents au moment des fêtes » (voir chapitre 16 « Comment la préserver des escroqueries ? »).

27

Il est amoureux

Annie, fille de Camille : « Ma mère, veuve de 78 ans, a fait la connaissance d'un homme seul de 84 ans et ils vivent ensemble. J'ai l'impression que ma mère trahit mon père et j'en souffre. Je suis gênée qu'à leur âge ils aient une relation amoureuse. Je sais que j'ai probablement tort, d'autant que mon frère, de 7 ans mon cadet, trouve cette idylle belle et bonne. Cela provoque des dissensions entre nous, pour ne pas dire plus. Ce qui signifie, en clair, que l'amour d'un côté entraîne la mésentente de l'autre. »

Et voici ce qu'en dit Camille : « Je suis née en 1925. Mon mari est parti de l'autre côté en 1999. Je l'avais soigné dix ans. J'ai alors beaucoup souffert du manque de tendresse. Finis gestes affectueux, regards aimants, tendres baisers. Rares sont les gens capables de nous témoigner ce petit rien de sollicitude qui réchauffe le cœur privé d'affection. Et nos enfants, aussi aimants qu'ils soient, ne peuvent pas combler ce vide ni le comprendre. J'avais l'impression de devenir transparente au regard des autres. Et voilà qu'une aventure est venue fleurir le désert qui me dévorait. Au cours d'un voyage aux Baléares, organisé par le club des aînés, j'ai rencontré Guillaume. Il était seul, comme moi, et je lui ai adressé la parole tout bêtement à cause d'un bouton perdu. Je lui ai proposé de le recoudre et, de fil en aiguille, nous avons fait connaissance. Puis nous avons échangé des livres. À la fin du séjour, je n'avais pas terminé celui qu'il m'avait prêté. Je l'ai donc invité chez moi pour le lui rendre. Par la suite, nous sommes allés au restaurant, au cinéma, puis de nouveau en voyage. C'est au château de Montségur que, pour la première fois, il m'a serrée contre lui. Je n'ai pas résisté. Depuis, nous ne savons plus nous séparer. Nos vies de veufs ont retrouvé une certaine joie. Lorsque je m'habille pour un thé dansant, j'appelle mon aide à domicile à la rescousse au moment d'enfiler un collant. Je ne peux donc pas oublier mon âge. N'empêche, quand je tourne et que je virevolte du mieux que je peux, tout s'efface, je vois la joie de vivre briller dans les yeux de mon ami et je suis heureuse. Sentir son cœur battre parce qu'on attire un regard, être envahie de douceur parce qu'une main vous caresse, éprouver le plaisir d'émois amoureux, qui a envie de s'en passer ? Être convaincue qu'on est appréciée et entretenir son corps pour séduire donne de l'intérêt à une vieille vie. Nos enfants ne voient pas tous cette histoire d'un bon œil. Je suis assez vieille pour savoir ce que j'estime bon pour mon équilibre. Mais parfois, je me demande quand même si une telle aventure est bien de notre âge. »

Lorsqu'un lien de tendre amitié unit deux personnes âgées, nous sommes, la plupart du temps, prêts à le reconnaître. Mais quand intimité signifie sexualité, nous sommes gênés et nous montrons parfois même pudibonds. Les personnes âgées sont considérées comme asexuées ou leur sexualité est réduite à de bons souvenirs. Pourtant, avec une population qui vieillit en meilleure santé de plus en plus longtemps, il est normal que de nombreuses têtes blanches, grises ou coquettement colorées fassent des rencontres et éprouvent de l'amour pour une personne du sexe opposé.

Tout récemment encore, l'existence d'une vie amoureuse après un certain âge était inconcevable. Et de toute façon, la règle était de se taire. Aujourd'hui, l'air du temps semble favorable au développement des couples âgés... à condition qu'ils ne le soient pas trop !

Les remariages ou les unions libres après 60 ans se multiplient. Environ 2 000 couples dont les époux ont plus de 60 ans convolent chaque année en justes noces. Davantage recommencent une vie de couple sans passer devant monsieur le maire, les principaux motifs avancés étant la crainte des frictions avec les enfants et l'aspect financier, en particulier, pour les veuves, la perte de la pension de réversion.

Quelques chiffres

Sur 60 couples formés après l'âge de 60 ans, 16 sont mariés et vivent ensemble, 24 partagent le même toit sans être mariés, 8 habitent ensemble mais alternativement chez lui ou chez elle et 12 vivent tantôt ensemble, tantôt séparément. Chez les femmes, en particulier, un certain désir d'indépendance fait souvent préférer cette solution.

Dans l'échelle du plaisir, 45 % des personnes âgées citent en premier le plaisir d'être ensemble. Les femmes privilégient la tendresse puis la fidélité et la pudeur, les hommes l'amour, l'orgasme et l'érotisme.

Sexualité, biologie et santé physique

L'âge venant, il faut naturellement composer avec des limites physiques.

Toutefois, un homme en bonne santé physique et

mentale est capable d'avoir une activité sexuelle jusqu'à plus de 80 ans, même si l'érection est plus lente, l'éjaculation diminuée et le temps entre deux érections plus long. La diminution du taux de l'hormone mâle affecte peu le désir sexuel. Entre 80 et 90 ans, 50 % des hommes ressentent des désirs et 20 % sont encore actifs. L'impuissance n'est pas due au vieillissement mais à la maladie : problèmes vasculaires, diabète, troubles endocriniens, sclérose en plaques, maladie de Parkinson, effets secondaires de médicaments.

Pour les femmes, les changements hormonaux qui suivent la ménopause rendent moins intenses les réactions sexuelles. Le désir persiste et le traitement substitutif améliore l'état des organes génitaux. L'ablation de l'utérus, bien qu'elle pèse parfois lourdement (« On m'a enlevé la totale, je ne suis plus une femme »), n'a pas de conséquence sur le fonctionnement sexuel. Les maladies artérielles, le diabète et certains médicaments sont beaucoup plus handicapants.

Pour atteindre l'excitation, l'homme jeune a besoin de moins de temps que la femme. Plus âgés, ils se trouvent à égalité au moment où ils bénéficient d'un rythme de vie plus doux et de temps disponible.

Vivre un nouvel amour est une preuve de vitalité

Nos aînés parlent volontiers de leurs souvenirs amoureux et de leur vie de couple. La nostalgie que les femmes expriment à propos de leur chevelure, de leur taille, de leur teint, leur vigueur d'autrefois, est un appel. Elles souhaitent évoquer le conjoint disparu qui les aimait. Elles ont besoin de réanimer cet amour en écoutant l'entourage dire combien leur tenue, leur allure, leur corps ont été appréciés. Mais les gens âgés s'expriment beaucoup moins facilement sur le présent alors qu'ils ont tout autant besoin d'être aimés maintenant. Les compliments portant sur la coiffure, le maintien, le regard, le sourire, les aident à garder leur identité. L'intérêt témoigné par l'entourage leur permet d'accepter leur reflet actuel dans le miroir. Car ce n'est pas simple, en dépit de toutes les « misères » de la vieillesse, d'être le mieux possible pour plaire et se plaire.

Tant que le corps offre la possibilité d'éprouver du plaisir, on existe, homme ou femme, avec, ancré en nous, le désir de l'autre. Les sentiments vont de l'entraide à l'amour, l'amitié amoureuse étant dominante. Former un couple, c'est avoir une relation privilégiée qui arrache à la solitude. Vivre un nouvel amour à un âge avancé est une preuve de vitalité. Cela devrait même rassurer les plus jeunes en leur montrant qu'il est possible de vivre jusqu'au bout une vie pleinement humaine.

Or nous sommes gênés. Les enfants ont du mal à accepter la sexualité de leurs parents. S'y ajoute une espèce de jalousie car cette relation montre qu'ils ne sont pas au centre des préoccupations. Certains pensent que le défunt a été bien vite oublié, comme si le nouveau lien désavouait le passé. C'est faux. Une relation approfondie laisse des traces qu'aucune autre ne peut annuler. Les couples tardifs suscitent aussi une sorte de scandale intérieur. On voudrait croire les personnes âgées sereines, se détachant progressivement de la vie. Or la passion qui se réveille en elles est la preuve du contraire. De plus, la sexualité a longtemps été liée à la reproduction. Même si les choses ont évolué avec la contraception et la libération sexuelle, il reste que la sexualité, lorsqu'on n'est plus capable de se reproduire, est exclusivement liée au plaisir. Et le plaisir reste suspect à tout âge, encore plus à un âge avancé.

Leur conseiller de mettre leurs affaires en ordre

On entend parfois dire : « Mon père donne tout son argent à une intrigante, comment l'en empêcher ? » Il n'y a rien à faire. Chacun fait ce qu'il veut de ses biens. C'est pourquoi, pour éviter les heurts familiaux, il est conseillé aux vieilles personnes qui forment un nouveau couple de commencer par mettre leurs affaires en ordre. Le cas le plus fréquent est celui du couple marié sous le régime de la communauté dont l'un des époux est décédé. La moitié des biens communs revient aux enfants. Ceux-ci laissent généralement tout à la disposition du parent survivant. Si celui-ci ne peut pas vendre son logement sans le consentement de ses enfants, en revanche, il a le pouvoir de faire fonctionner seul et donc de vider le compte en banque, le livret d'épargne et tout ce dont il est titulaire. Les enfants n'auront aucun recours alors qu'ils étaient propriétaires de la moitié. Pour prévenir une telle situation, il est bon de déposer la part des enfants sur un compte à leur nom. Le ou la nouvelle venu(e) ne sera plus considéré(e) comme concurrent(e).

Les petits-enfants, eux, sont plus ouverts aux manifestations de tendresse entre vieilles personnes, cela leur donne confiance en l'avenir. Ils apprennent ainsi qu'aimer n'est pas réservé aux jeunes et que l'équation « amour = beauté = jeunesse » est fausse.

Les résidents des établissements sont aussi des êtres sexués

Pour beaucoup d'aînés, la vie en institution marque la fin de la liberté sexuelle, ne serait-ce que par autocensure. Il y a effectivement peu de place pour le couple. D'une part, le nombre restreint d'hommes raréfie les possibilités de relations amoureuses. D'autre part, l'organisation collective (lits à une place, portes sans verrous...), les problèmes de validité ne favorisent pas la vie sexuelle des résidents. Et il est rare qu'il y ait une politique claire concernant la sexualité.

Or bien des soignants ont surpris, en ouvrant la porte d'une chambre, une personne se livrant à quelque activité sexuelle solitaire ou même en couple. (Car tout le monde ne frappe pas avant d'entrer et lorsqu'ils frappent, beaucoup entrent sans attendre la réponse !) Les professionnels, alors même qu'ils doivent faire face à des tensions sexuelles lors des toilettes ou à des mains baladeuses, sont trop souvent encore abandonnés à leurs réactions viscérales et bloqués lorsque les résidents leur parlent de leurs désirs. Alors, des équipes refusent la sexualité des personnes âgées en la trouvant sale, malsaine, voire vicieuse. D'autres adoptent une attitude condescendante : les gens âgés qui se manifestent de l'affection sont considérés comme « mignons ».

Pourtant, il existe des professionnels à la fois tolérants et exigeants.

> Tel ce directeur : « Une aide-soignante est venue me dire que Monsieur X avait passé la nuit chez Madame Y, ce qu'elle considérait comme "assez dégoûtant". D'autres membres du personnel ont réagi comme elle. Ils m'ont demandé d'intervenir et ont prévenu les deux familles. J'ai trouvé cela grave. J'ai donc réuni le personnel pour en discuter : ces résidents gênent-ils la vie de la maison ? Non ? Dans ce cas, ce qu'ils font dans leur chambre ne nous regarde pas. Nous sommes des soignants, des accompagnateurs, pas des censeurs. J'ai proposé au couple de partager une chambre, ce qu'ils ont fait. Les familles étaient d'abord réservées, puis elles se sont rendu compte que leurs parents étaient heureux et ont admis que ce n'était pas à leur entourage de les rendre malheureux. »

En collectivité, la relation privilégiée avec un partenaire atténue l'effet d'anonymat. Lorsque le couple réussit, il prouve que l'établissement est vraiment un « lieu de vie », ce que tous prétendent être. Il arrive cependant qu'un « jeune » couple préfère s'éloigner et louer un nouveau domicile.

Discrétion et pudeur

Nos parents ont vécu, aimé et fait l'amour avant nous. Avec l'âge, beaucoup de choses ont changé en eux, mais pas le cœur qui garde sa sensibilité. Il arrive que des gens pointent un index réprobateur vers ces têtes blanches qui osent montrer sans gêne ni honte leur bonheur de partager à deux les élans du cœur. D'autres se gaussent de ce qui devrait attendrir et émouvoir chacun d'entre nous. Car nos aînés ne salissent pas le mot amour.

Mais on peut comprendre qu'il faille aborder ce sujet avec une infinie délicatesse et que ce soit difficile. À cela plusieurs raisons. Il appartient à chacun de définir ce qu'il estime bon pour son équilibre personnel. Les gens âgés sont plus pudiques que des plus jeunes. Éprouvant des désirs sexuels, certains en ont un sentiment de culpabilité et de honte car ils croient que la vieillesse est une période asexuée.

Et il est possible de mener une vie satisfaisante sans exercer sa sexualité si cela est choisi délibérément, parfois avec humour.

Ainsi Geneviève : « Ma meilleure amie, veuve comme moi, a trouvé, depuis un an, un nouveau compagnon. Elle a retrouvé sa joie de vivre. Cela dit, je ne me vois pas du tout dans la même situation. Seule depuis dix ans, je fais partie de ces vieilles dames qui effraient les messieurs en leur montrant qu'entre bonnes amies, on passe de très joyeux moments sans qu'il y ait un seul homme parmi nous. Je les entends dire : “Et voilà, elles nous enterrent, pleurent puis se retrouvent entre copines autour de gâteaux à la crème ou d'une bonne bouteille.” Moi, je ne m'imagine plus vivre avec quelqu'un, j'apprécie trop ma liberté ! »

Les époux qui passent les noces d'or goûtent souvent, dit-on, l'amour-amitié, ce qui n'exclut pas un sain exercice de la sexualité. Pourquoi un nouveau couple du même âge ne saurait-il pas l'apprécier ? Et comment ne pas le lui souhaiter ?

La sexualité révèle notre grand besoin d'amour.

28

Elle est partisane de l'euthanasie

« Maman a une amie depuis l'enfance. Or, voici un an, cette femme a été hospitalisée d'urgence pour un cancer généralisé. Un médecin avait averti qu'une opération s'imposait pour la sauver mais qu'elle pouvait ne pas survivre. Et il avait fait comprendre à la famille qu'elle n'avait pas à donner son avis. Quand ma mère a visité son amie à l'hôpital, un interne à qui elle demandait des nouvelles l'a informée de l'ampleur du désastre : ils avaient ouvert, prélevé des tissus et refermé, il n'y avait plus rien à faire. La dame est morte un mois plus tard, folle de douleur. Elle a souffert au-delà du seuil qu'elle pouvait supporter. Maman, qui est restée beaucoup auprès d'elle, a trouvé cela inadmissible et a juré que ça ne lui arriverait pas. Il y a quelques jours, elle m'a confié avoir rédigé un "testament de vie". C'est un papier réclamant, en cas de déchéance ou de grandes douleurs, le droit d'obtenir une aide pour "mourir dans la dignité".

Je suis restée sans voix et surtout sans vraiment savoir quoi penser. Certes la douleur est insupportable et je ne souhaite à personne de finir, un jour, bardé de tuyaux. Mais je suis très mal à l'aise devant cet acte que j'appelle euthanasie car il ne correspond ni à l'éduca-

tion que nos parents nous ont donnée, ni à mes idées sur la fin de la vie. Sans compter que c'est interdit. »

Voilà une question difficile et douloureuse. Car elle touche notre relation avec la souffrance et la mort et oblige à se demander ce qu'est une bonne mort. Cette dame est loin d'être seule à revendiquer le droit de décider comment et quand mourir : 79 % des Français déclarent souhaiter qu'on les aide à mourir « s'ils étaient atteints d'une maladie incurable et en proie à des souffrances extrêmes » et 61 % aideraient un proche dans ce cas à mourir[1]. Ces dernières années, mises en examen, procès et signatures de pétitions se sont multipliés, qui posaient la question : pour ou contre l'euthanasie ? Et le cinéma l'a mise en images avec le film *Les Invasions barbares*.

La difficulté tient aussi à la confusion dans le vocabulaire (voir encadré « Quelques définitions »).

L'euthanasie est hors la loi

Hippocrate, cinq siècles avant Jésus-Christ, faisait prêter ce serment à ses élèves : « Je ne remettrai à personne du poison, si on m'en demande, ni ne prendrai l'initiative d'une pareille suggestion. » Aujourd'hui, le code de déontologie médicale dit : « En toutes circonstances, le médecin doit s'efforcer de soulager les souffrances de son malade, de l'assister moralement. Il doit accompagner le mourant jusqu'à ses derniers moments, assurer par des soins et mesures appropriés la qualité d'une vie qui prend fin, sauvegarder la dignité du malade et réconforter son entourage. Il n'a pas le droit de provoquer délibérément la mort. »

1. Selon un sondage Ipsos réalisé en 1998 pour le magazine de télévision « La Marche du siècle ».

Actuellement, l'euthanasie est donc théoriquement incompatible avec le rôle du médecin. Cela peut changer. Mais un changement aussi fondamental ne peut pas être considéré comme une affaire privée entre un médecin et son patient. C'est un choix de société.

L'euthanasie est illégale dans la majorité des pays, mais fait l'objet d'une longue bataille juridique.

• Aux Pays-Bas, depuis avril 2001, les sénateurs ont adopté un projet de loi sur l'euthanasie volontaire et l'assistance au suicide. L'euthanasie est autorisée sous certaines conditions et dans certaines circonstances. Les demandes d'euthanasie doivent être volontaires, mûrement réfléchies, multiples et exprimées par des malades dont la souffrance est intolérable et sans espoir d'amélioration. Le médecin du patient doit juger ce choix raisonnable et se concerter avec plusieurs collègues d'abord. Tous les cas d'euthanasie doivent être déclarés à un comité régional composé d'un juriste, d'un médecin, d'un moraliste et d'un député.

• La Belgique a été le deuxième pays au monde à légaliser l'euthanasie sous conditions.

• Le Danemark a légalisé l'arrêt ou l'abstention de soins de même que l'administration de fortes doses d'antalgiques, de calmants ou de produits analogues pour soulager le patient, même si une telle action conduit à abréger sa vie en phase terminale.

• En France, cette pratique demeure interdite. Sont applicables les articles 221-1 du nouveau code pénal réprimant le meurtre, l'article 221-3, l'assassinat, faisant encourir des peines maximales respectivement de trente ans de réclusion criminelle et la réclusion à perpétuité. L'abstention de soins relève de la non-assistance à une personne en péril (article 223-6 du nouveau code pénal) qui prévoit une peine maximale de cinq ans d'emprisonnement. Mais le débat est très vif. L'Association pour le droit de mourir dans la dignité (ADMD) se bat pour dépénaliser l'euthanasie. Et, de leur côté, les soignants ont engagé une réflexion éthique très fine sur leurs pratiques. Une demande d'euthanasie faite à l'avance sous la forme d'un « testament de vie » pour le cas où la personne, malade, deviendrait mentalement incapable de s'exprimer, n'implique pas qu'un médecin ait le devoir de s'y conformer. S'il juge juste d'y procéder, il est supposé rester en conformité avec la législation de son pays.

La lutte contre la douleur s'améliore

La douleur, lorsqu'elle devient habituelle, concerne l'être humain tout entier. Ce n'est pas seulement le corps qui souffre, c'est le caractère qui est affecté, l'esprit qui s'angoisse. Et la même douleur n'est pas ressentie de la même façon lorsqu'un malade est dans son propre lit, entouré de ses proches, ou lorsqu'il se trouve dans un lit d'hôpital, seul, la nuit.

De très vieilles gens hésitent souvent à avouer qu'ils souffrent, par peur de devenir une charge pour leur entourage ou à cause d'un sentiment de culpabilité. Il est important de les écouter. Questionner le malade, écouter ses plaintes, observer attentivement son expression, aide à comprendre l'intensité de la douleur. Un visage tendu, des lèvres serrées, des gémissements, un agrippement au drap ou des serrements de poings, constituent des indicateurs.

Différents outils ont été mis au point pour évaluer la douleur. Ils partent tous du principe que c'est le malade le meilleur expert de sa douleur. Le plus utilisé est « l'échelle visuelle analogique », une réglette avec curseur qui lui permet de quantifier l'intensité de sa douleur. On peut aussi demander à la personne : « Avez-vous mal ? pas du tout ? un peu ? moyennement ? beaucoup ? »

Une douleur insuffisamment traitée aggrave le sentiment d'impuissance des soignants. Dans la famille, elle génère angoisse, tourments, agressivité à l'égard du parent et peut même pousser à une demande d'euthanasie. Chez le malade lui-même, elle amplifie la souffrance morale, l'angoisse, la honte aussi de ne pas se maîtriser.

À chaque douleur son médicament

L'Organisation mondiale de la santé (OMS) définit trois paliers de médicaments, qui correspondent à trois intensités de douleurs : tout d'abord le paracétamol (Doliprane, Efferalgan, Dafalgan), ensuite la codéine seule (Dicodin) ou associée au paracétamol (Efferalgan codéine) ou encore au dextropropoxyphène (Diantalvic), enfin la morphine. Celle-ci a encore mauvaise presse dans l'opinion publique qui l'associe à une toxicomanie et chez les personnes âgées qui redoutent qu'elle efface toute vie consciente. Dans les centres antidouleur, encore trop rares, les soignants ont assez de recul pour observer les effets à long terme de la morphine. Bien dosée, elle ne provoque que des nausées au début, ou de rares endormissements. Son seul véritable inconvénient est la constipation, systématiquement traitée. La morphine peut être administrée, en sirop, par piqûre mais bien des médecins préfèrent les comprimés retard, pris toutes les douze heures. Ils proposent aussi des pompes à morphine.

Malheureusement, certaines douleurs aiguës résistent, ou certains états, comme la détresse respiratoire, qui engendre de l'angoisse. Cela conduit parfois les soignants, dans certains services, à donner des sédatifs qui conduisent le patient jusqu'au sommeil et même à une quasi-inconscience. Ils veulent aider à passer un cap et non plonger définitivement le malade dans un état d'inconscience. Le médecin tente d'utiliser la plus faible dose efficace et la diminue dès l'amélioration. Il arrive que la mort survienne sans que personne l'ait voulue. Pour l'entourage, il y a parfois confusion car la vie du malade sous sédatifs puissants semble perdre son sens puisque celui-ci ne communique pratiquement plus. Son endormissement évoque naturellement sa mort. Il ne faut pas hésiter à discuter avec le médecin. Mettre quelqu'un sous sédatifs est un soin. Pratiquer l'euthanasie n'est pas un soin.

La douleur est inhumaine. Ne nous laissons pas déshumaniser, soignons-la ; sans oublier qu'une fois les problèmes de la douleur réglés, il reste la souffrance morale.

Les soins palliatifs connaissent un développement important

La fin de vie est un moment difficile. Les soins palliatifs sont faits pour qu'elle demeure un temps de vie intense pour le malade et son entourage. Conçus pour prendre soin des malades en fin de vie, soulager leurs douleurs et leur assurer une qualité de relation, ils excluent l'euthanasie.

« Notre devoir est de faire tout ce que l'on peut pour respecter la vie et savoir s'effacer quand la mort approche. La mort d'un patient lui appartient. Nous n'avons pas à intervenir pour la provoquer », confie Renée Sebag-Lanoë, chef de service de gérontologie et d'une unité de soins palliatifs. Les équipes consolent, réconfortent le malade et accompagnent les familles, car la qualité de la fin de vie est importante aussi pour ceux qui restent. Une mort paisible est alors possible. « Il y a, à un moment donné, une sorte d'acquiescement à la mort. Le malade peut parler à son entourage. Ces derniers instants ont une valeur inestimable et nous n'avons pas le droit de les en priver », déclare encore Renée Sebag-Lanoë.

Depuis 1999, des crédits spéciaux ont été débloqués pour multiplier les lits dans des unités spécifiques de soins palliatifs, mais aussi les équipes mobiles qui se déplacent dans les services hospitaliers ordinaires et à domicile. Par ailleurs, il existe un congé de solidarité familiale qui autorise les proches d'un malade à être présents à son chevet pour ses derniers moments[1].

Une mort sans douleur, apaisée et entourée, est possible. Elle reste la meilleure alternative à l'euthanasie et une très grande preuve de la dignité humaine.

Quelques définitions

Euthanasie

L'euthanasie est un geste volontaire destiné à provoquer sciemment la mort d'un malade parvenu à la fin de sa vie et qui en a exprimé le désir pour que cessent ses souffrances.

Le mot est attribué au philosophe britannique Francis Bacon qui, en 1623, écrivait : « L'office du médecin n'est pas seulement de rétablir la santé, mais aussi d'adoucir les douleurs et souffrances attachées aux maladies [...] afin de procurer au malade, lorsqu'il n'y a plus d'espérance, une mort douce et paisible car ce n'est pas la moindre partie du bonheur que cette euthanasie[2]. »

1. Tout salarié dont un ascendant, un descendant ou une personne partageant son domicile souffre d'une pathologie mettant en jeu le pronostic vital, a le droit de bénéficier d'un congé non rémunéré de trois mois au maximum, renouvelable une fois.

2. Cité par le docteur Maurice Abiven dans son livre *Une éthique pour la mort*, Desclée de Brouwer, 1995.

Testament de vie
Dans un « testament de vie », une personne exprime par avance son refus d'un traitement médical visant à prolonger sa survie sans perspective de guérison ou, carrément, son souhait d'euthanasie si elle se trouve dans une situation où il lui est impossible d'exprimer sa volonté.

Refus de l'acharnement thérapeutique
Face à une personne dont la mort est très proche et certaine, il s'agit de ne pas accepter des soins disproportionnés qui rendraient ses derniers jours plus inconfortables, sans lui apporter de véritable répit.

Soins palliatifs
Est palliatif un soin qui évite ou diminue les conséquences pénibles d'une maladie sans agir sur sa cause. Lorsqu'il n'est plus possible de guérir quelqu'un, il est encore possible d'en prendre soin. Les soins palliatifs assurent aux mourants un accompagnement, qui fait du temps qu'il leur reste un moment de vie, sans hâter ni retarder la mort. Lutte contre la douleur, massages, bains, alimentation de qualité, accompagnement psychologique, présence et dialogue assurent un bien-être jusqu'à la dernière minute.

L'euthanasie et l'entourage

Force est de reconnaître que des familles souhaitent accélérer la fin dans le cas d'agonies qui n'en finissent pas et qui épuisent tout le monde. Certaines aussi demandent qu'il soit mis fin à la vie d'un parent grabataire et gâteux dont la présence dérange. Ces requêtes cachent en général de lourds chagrins. Leurs auteurs attendent des soignants de la compréhension. Ils veulent que soit entendue leur souffrance de voir se détériorer un parent qu'ils aiment et leur épuisement. Répondre positivement aggraverait leur culpabilité par la suite.

Mais l'euthanasie est parfois aussi une violence faite aux proches du mourant. La demande de ce dernier heurte leurs valeurs. Jusqu'où, alors, l'écouter et entrer dans son désir ? Une fin de non-recevoir risque fort de tirer un trait définitif sur tout échange. Une acceptation sans discussion est inquiétante pour le malade. Prêter une oreille attentive à sa façon de transmettre son désir, à sa tentative de nous convaincre, accueillir sa demande, ne fût-ce que pour lui dire ce que ses décisions provoquent sur nous, les modifier, voire les refuser, en débattre ensemble, c'est précisément montrer au malade que l'on croit en sa dignité. Nous n'avons pas à lui dire ce qu'il faut faire. En revanche, on peut dialoguer : pourquoi veux-tu cela ? Que te manque-t-il ? Qu'est-ce qui pourrait t'aider ? Lorsqu'un malade approche de la mort, il nous précède. Nous découvrons avec lui ce qu'est notre fin, mais moins que lui. Il doit sentir que nous respectons sa position.

Les demandes sont d'abord formulées à cause de douleurs. Elles disparaissent souvent quand le malade est soulagé. Pour les plus vieux s'y ajoute un sentiment d'inutilité, parfois même d'abandon. La demande de mettre fin à leur vie vient de l'ennui de ne plus servir à rien ni à personne et de n'être plus qu'une charge. Ils veulent donc en finir avec une vie qui n'a plus de sens. Derrière la demande d'euthanasie, il y a aussi une volonté de maîtriser sa fin de vie, alors que la mort est perte de maîtrise. Comme s'il fallait se maîtriser pour être acceptable. Le malade souhaite contrôler son apparence et « sauver la face », ne pas offrir aux autres un spectacle jugé peu flatteur. On peut comprendre cette peur de la « déchéance », la souffrance qu'éprouve quelqu'un qui a toujours été entouré de considération et qui se trouve dépendant d'autrui pour vivre. Mais la perte de ses fonctions physiques ou psychiques serait-elle inconvenante ? L'apparence rendrait-elle indigne d'être regardé ? Est-il indécent d'être vieux et malade ? Un être défiguré est-il déchu ? Un malade d'Alzheimer perdu dans son monde et portant des couches serait-il un sous-homme, une non-personne ?

On peut penser que la revendication d'euthanasie est le cri désespéré d'individus qui savent que notre société est sans pitié pour eux. Le corps s'use, se défait, meurt, cela fait partie de la vie humaine. C'est nous qui manquons de dignité si nous ne pouvons pas assurer à chacun du respect, quel que soit son âge, son état de santé, son sexe, son aspect physique.

Pour en savoir plus

– Association Jusqu'à la mort accompagner la vie (JALMALV), 132, rue du Faubourg-Saint-Denis, 75010 Paris. Tél. : 01 40 35 17 42. Sur le site : www.jalmalv.org, vous trouverez l'association locale la plus proche de chez vous (une soixantaine en France). JALMALV fait partie de la SFAP (voir ci-dessous).
– Société française d'accompagnement et de soins palliatifs (SFAP), 106, avenue Émile-Zola, 75015 Paris. Tél. : 01 45 75 43 86. Site Internet : www.sfap.org.
– Association pour le développement des soins palliatifs (ASP), 37/39, avenue de Clichy, 75017 Paris. Tél. : 01 53 42 31 31 – Fax : 01 53 42 31 30. Site Internet : www.aspfondatrice.org.
– Association pour le droit à mourir dans la dignité (ADMD), 50, rue de Chabrol, 75010 Paris. Tél. : 01 48 00 04 92 – Fax : 01 48 00 05 72. E-mail : admd@club-internet.fr. Depuis 1935, on a vu se développer, en Europe et en Amérique, des associations revendiquant un droit sur la fin de vie. En France, l'ADMD regroupe ces associations.

TROISIÈME PARTIE

MALGRÉ LA SOUFFRANCE, PARTAGER ENCORE DES JOURS HEUREUX

La grande angoisse, c'est la maladie d'Alzheimer, que l'on soit âgé ou « entourant ». Et il est vrai que l'irruption de cette maladie dans une famille est source de beaucoup de souffrances. Ce n'est pas le seul facteur d'angoisse. Au fil des années, nos parents âgés subissent des deuils, sont frappés par la maladie, le handicap. Nous-mêmes nous sentons démunis, malheureux et souvent bien las. Un sentiment de culpabilité nous envahit. Quelquefois, c'est la colère.

Pourtant ces années peuvent ne pas être dépourvues non plus de chaleur, de contact, de compréhension mutuelle. Au-delà des peurs et des découragements, on peut trouver avec eux des moments privilégiés, des pépites de bonheur.

29

Elle perd la mémoire, est-ce le début d'une maladie d'Alzheimer ?

Solange se souvient qu'elle n'a pas compris ce qui arrivait à sa mère Jeanne, 78 ans. « Elle avait des trous de mémoire, mais personne de la famille n'y a fait attention, car elle nous avait habitués à beaucoup de fantaisie. De tout temps, elle a oublié ses papiers dans les hôtels, cherché sa voiture dans les parkings. Pour finalement les retrouver, dans un grand éclat de rire. Et puis, un jour, nous nous sommes rendu compte quand même que cela devenait de plus en plus fréquent et surtout qu'elle ne se situait plus dans le temps. Je l'ai convaincue de consulter son médecin qui l'a envoyée faire un bilan complet dans un hôpital. Le diagnostic est arrivé, clair, rude et sans appel : elle était au début d'une maladie d'Alzheimer. »

La maladie d'Alzheimer a été découverte par un neurologue allemand, le docteur Alois Alzheimer, en 1906. Il a effectué des recherches sur une femme âgée de 51 ans, Augusta D., atteinte d'une maladie mentale, qui avait été admise à l'asile où travaillait le Dr Alzheimer. Il a étudié le comportement de cette femme et, après le décès de celle-ci, il a fait une autopsie approfondie pour en apprendre davantage au sujet des changements qui étaient survenus dans son cerveau.

Les troubles de la mémoire représentent le plus précoce et le plus fréquent des signes faisant penser à la maladie d'Alzheimer. Au début, ces troubles portent surtout sur des faits récents. Ce ne sont pas vraiment des oublis, mais ce que l'on pourrait appeler des défauts d'encodage : la personne n'enregistre pas les informations qu'on lui donne et demande ainsi trois fois dans la même matinée : « Qu'est ce qu'on va manger au déjeuner ? »

Les signes précurseurs de la maladie d'Alzheimer

Ce sont, bien sûr, les troubles de la mémoire, mais aussi les troubles spatio-temporels, les troubles du langage et des changements d'humeur accompagnés d'une instabilité émotive.

• La personne connaît souvent une **difficulté à se situer dans le temps**. Bien sûr pour une personne âgée dont l'agenda varie peu d'un jour à l'autre, il est normal qu'elle ne sache plus très bien si on est lundi ou mardi. Maria habite une petite ville bretonne : elle va tous les jours à la même heure à la supérette à côté de chez elle. C'est avec la même caissière qu'elle bavarde depuis dix ans. L'après-midi, elle regarde Derrick à la télé. Les jours se ressemblent beaucoup. Mais, si elle ne savait plus dans quel mois ou dans quelle année elle évolue, ce serait plus inquiétant.

• La **difficulté à s'orienter dans l'espace** est un autre signal d'alerte. Les signes se manifestent discrètement au stade précoce de la maladie. Jacques habite depuis quarante ans le quartier des Brotteaux à Lyon. Quand il a commencé de se perdre dans les rues proches de son domicile, sa femme Odette s'est inquiétée. Elle avait raison.

• Claudette, elle, a de plus en plus de mal à **trouver le mot juste**. Ses phrases sont parsemées de « truc » ou de « machin ». Ne retrouvant plus le mot « panier », elle dit : « le truc pour faire les courses », par exemple. Elle n'arrive plus à retrouver le prénom d'un de ses fils et parle de son « fils qui est dans le Midi ». Quelquefois cela commence par l'écrit, et l'orthographe que l'on maîtrisait parfaitement auparavant devient une science obscure.

• Des **changements d'humeur** doivent également alerter. Il nous arrive à tous d'être triste et maussade. Mais si quelqu'un change d'humeur très rapidement (du calme aux pleurs ou à la colère) sans raison apparente ou s'il a des comportements bizarres, des peurs inexpliquées, s'il devient apathique, il vaut mieux consulter un médecin.

Quatre signaux particulièrement révélateurs

• la difficulté à gérer ses finances, qui se traduit souvent par une incompréhension des relevés bancaires. Une personne atteinte de la maladie d'Alzheimer oublie complètement ce que représentent les chiffres et ce qu'elle doit en faire ;
• la difficulté à utiliser le téléphone (confusion dans les numéros) ;
• la mauvaise gestion des médicaments (mélange des gouttes et des gélules) ;
• le jugement amoindri : une personne atteinte de la maladie d'Alzheimer peut s'habiller de façon peu appropriée, par exemple, porter des vêtements chauds en pleine canicule.

Tous ces troubles doivent se mesurer selon la personnalité de chacun. Si toute sa vie votre parent a été à la recherche de ses clefs, c'est normal qu'il le fasse encore à 75 ans. Mais s'il range un fer à repasser dans le congélateur ou une montre dans le sucrier, alors que, jusqu'à présent, il était extrêmement méticuleux, il faut s'en alarmer.

S'il y a un doute

La première démarche à faire est de faire les tests d'une classique « consultation mémoire » (voir chapitre 10 « Elle souffre de trous de mémoire »).

Si les tests de la « consultation mémoire » sont normaux, il est inutile de poursuivre dans l'immédiat. Rendez-vous sera pris pour l'année suivante et on conseillera de faire des exercices stimulant la mémoire.

Si les tests révèlent des anomalies, des examens complémentaires seront prescrits. Ils serviront à examiner les troubles de mémoire, de raisonnement, de langage et de jugement et à analyser de quelle façon ces troubles affectent sa vie quotidienne.

Il n'existe aucun examen sanguin, aucune technique d'imagerie médicale permettant d'établir avec certitude le diagnostic de la maladie d'Alzheimer. Seule une succession d'examens et de consultations peut permettre d'évaluer les troubles. Il n'existe pas actuellement de test unique permettant de déterminer si une personne est atteinte de la maladie d'Alzheimer. En faisant une évaluation systématique, on établit un diagnostic en éliminant les autres causes possibles des symptômes.

Parmi les maladies pouvant occasionner des symptômes semblables on trouve : la dépression ; les troubles de la glande thyroïde ou du cœur ; une incompatibilité entre certains médicaments ; l'abus d'alcool ; manger ou boire en quantités insuffisantes ; des infections.

Les différents examens

Le processus des examens comprend en général différentes étapes.

• **L'histoire médicale** de la personne est passée en revue. Elle répond à des questionnaires sur les symptômes actuels et antérieurs, les membres de sa famille aussi. Certaines questions concernent les antécédents familiaux, médicaux et psychiatriques.
• **Un examen de l'état mental** est effectué. Il vérifie la capacité de la personne à se situer dans le temps et dans l'espace ainsi que sa capacité à se souvenir, s'exprimer et faire des calculs simples. Cet examen peut comporter des exercices de mémoire : mémoriser des mots et des objets ; dessiner, épeler et répondre à des questions du genre : « En quelle année sommes-nous ? » ou d'autres en apparence anodines, faisant appel à un raisonnement simple : « Si mon pantalon est trop petit, puis-je l'enfiler par la tête ? »
• **Un examen médical** est effectué afin d'éliminer les autres maladies possibles dont les symptômes s'apparentent à la maladie d'Alzheimer. Par exemple, pour identifier des troubles éventuels du système nerveux, le médecin examine le tonus et la force musculaire, la coordination, le mouvement des yeux, la parole et les réflexes.
• **Des examens de laboratoire.** Un certain nombre d'analyses sont indispensables. Des analyses sanguines complètes aident à repérer des maladies comme le diabète ou l'anémie, ou des troubles de la glande thyroïde ou encore une infection qui pourrait causer les mêmes symptômes.
• **D'autres tests** comme les radiographies et l'électroencéphalogramme servent à déterminer la source du problème.

On peut aussi être amené à effectuer des scanographies. La tacographie (TDM) ou l'imagerie par résonance magnétique (IRM) permettent d'obtenir des images du cerveau. La tomographie d'émission monophotonique (TESP) permet de voir comment le sang circule dans le cerveau. Enfin, la tomographie d'émission de positons (TEP) montre comment les diverses zones du cerveau réagissent lors de certaines situations comme la lecture et la conversation.

Des précautions élémentaires

Au moindre doute, il faut prendre rendez-vous chez un médecin généraliste, lequel orientera vers une consultation spécialisée. Si votre parent hésite à voir son médecin, la situation peut s'avérer délicate. Vous pouvez essayer une des stratégies suivantes :

• Suggérez-lui de subir un **examen annuel** : il sera peut-être plus à l'aise d'aller voir le médecin pour un examen médical complet que d'y aller pour des troubles de mémoire. De nombreux symptômes attribués à la maladie d'Alzheimer peuvent être causés par d'autres maladies que l'on peut soigner. Il est donc important d'obtenir une évaluation complète.

• **Communiquez avec le médecin** directement : expliquez vos inquiétudes et demandez si le médecin peut inviter votre parent à se présenter pour un examen médical annuel. Il sera peut-être plus motivé si c'est le médecin qui suggère le rendez-vous.

• **Les membres de l'entourage jouent un rôle primordial** pendant cette période qui est très inquiétante pour la personne concernée. Il faut parfois beaucoup de temps pour établir un diagnostic. Il faut donc faire preuve de patience, offrir d'accompagner votre parent à ses rendez-vous et à ses examens, l'aider à préparer les informations requises pour le premier rendez-vous en anticipant les questions sur l'histoire médicale et les symptômes et en l'aidant à réunir ses ordonnances, les résultats de ses précédents examens, etc.

Les 10 signes précurseurs de la maladie d'Alzheimer

- Pertes de mémoire pouvant nuire aux activités quotidiennes
- Difficultés à exécuter les tâches familières
- Problèmes de langage
- Désorientation dans l'espace et dans le temps
- Jugement affaibli
- Difficultés face aux notions abstraites
- Objets égarés
- Changements d'humeur ou de comportement
- Changements de personnalité
- Manque d'enthousiasme

(source : association France-Alzheimer)

POUR EN SAVOIR PLUS

Association France-Alzheimer : siège national, 21, bd Montmartre, 75002 Paris. Tél. : 01 42 97 52 41. Site Internet : www.francealzheimer.org. Vous y trouverez les coordonnées des associations locales.

30

On vient de diagnostiquer une maladie d'Alzheimer à ma femme

Frédéric, 73 ans, a eu l'impression que le ciel lui tombait sur la tête ! Au terme de toute une série d'examens et d'entretiens, le médecin de l'hôpital de jour d'un grand établissement parisien spécialisé en gérontologie vient de poser son diagnostic : Irma, sa femme, 65 ans, est atteinte de la maladie d'Alzheimer. « On s'en doutait tous les deux. Cela faisait deux ans que les troubles avaient commencé, mais nous espérions nous tromper. Heureusement, le médecin nous a pris en main, a tout de suite organisé une série de rendez-vous et a commencé à nous expliquer les traitements à suivre, les principales évolutions de la maladie, etc. Nous nous posons encore beaucoup de questions, bien sûr, mais nous ne nous se sentons pas abandonnés. »

Même lorsqu'il n'est pas asséné brutalement, le diagnostic de la maladie est toujours bouleversant. Malades et familles se sentent inquiets et angoissés pour l'avenir. C'est ensemble qu'ils devront affronter la situation, organiser la vie autrement.

La première réaction est souvent le déni : ce ne peut être, ce n'est pas possible ! La réalité leur est tellement insupportable qu'ils préfèrent ne pas l'admettre. D'autres réactions, révolte ou agressivité, par exemple, sont aussi fréquentes. Cela peut provoquer des dissensions graves dans la famille entre ceux qui acceptent le diagnostic et ceux qui le refusent. Admettre la maladie ne peut souvent se faire que plus tard, après une série d'étapes et d'organisations en commun.

Qu'est-ce que la maladie d'Alzheimer ?

La maladie d'Alzheimer est une maladie dégénérative qui détruit progressivement les cellules vitales du cerveau. Au fur et à mesure que des zones sont touchées, la personne perd certaines fonctions ou capacités. Cette dégénérescence affecte les facultés mentales comme le raisonnement, la mémoire, le jugement et les prises de décision, de même que l'humeur et les émotions de la personne. La maladie entraîne aussi des changements dans le comportement. Graduellement, la personne perd son autonomie.

Des millions de personnes dans le monde souffrent de cette maladie. En 2002, la France comptait 435 000 malades et le chiffre serait aujourd'hui de 600 000 personnes. On estime qu'en 2020, ce chiffre aura doublé. La maladie d'Alzheimer touche le plus souvent les gens âgés. L'âge moyen de déclaration de la maladie se situe autour de 81 ans (une tranche d'âge en forte augmentation dans la population française). Mais des plus jeunes peuvent également être touchés. Cette maladie atteint toutes les classes de la société. Elle n'est liée ni au sexe, ni à l'appartenance ethnique, ni à la situation géographique.

La prise en charge familiale et sociale est souvent lourde

> Ronald Reagan, ancien président des États-Unis, atteint par la maladie, écrivait dans une poignante lettre ouverte : « Je sais malheureusement que la maladie d'Alzheimer se transforme souvent en fardeau trop lourd pour les familles. Je voudrais tant pouvoir trouver le moyen d'épargner à Nancy ce calvaire ! »

L'environnement physique et social dans lequel vit une personne atteinte de la maladie d'Alzheimer peut influencer les symptômes de la maladie et la qualité de vie. Un environnement positif peut aider la personne à mieux vivre, malgré la détérioration de ses capacités, voire même l'aider à maintenir son indépendance. La meilleure façon pour l'entourage d'affronter les comportements difficiles est de bien comprendre la progression de la maladie. En étant sensible aux émotions et aux sentiments de la personne et en apprenant à communiquer avec elle à l'aide de diverses méthodes.

Le drame de la maladie d'Alzheimer, c'est qu'elle est essentiellement une maladie de la communication. Un vide se crée très rapidement : on n'ose plus inviter la famille et les amis, on n'ose plus aller chez eux.

Quels sont les traitements ?

À ce jour, malheureusement, il n'existe pas de traitement préventif ou curatif contre la maladie d'Alzheimer. Mais les médecins disposent aujourd'hui de médicaments qui ont une action sur les symptômes (comme l'agitation, l'anxiété, la dépression, les hallucinations, la confusion et l'insomnie). Ils ne sont efficaces que chez un nombre limité de patients, pour une courte durée, et peuvent provoquer des effets secondaires.

Certains médicaments, qui visent à corriger le déficit en acétylcholine (caractéristique de cette affection), permettent de ralentir l'évolution de la maladie et ce d'autant plus efficacement qu'elle est détectée rapidement. Ils sont réservés aux formes les plus légères de la maladie. À l'exception des troubles du rythme cardiaque, les contre-indications sont rares.

Parallèlement, différentes stratégies de stimulation des capacités cognitives retardent la perte d'autonomie. La recherche offre néanmoins des perspectives encourageantes parmi lesquelles la mise au point d'un vaccin curatif.

Quelle est la durée de la maladie ?

L'évolution de la maladie d'Alzheimer varie d'une personne à l'autre et peut s'échelonner sur 3 à 20 ans (la durée moyenne de survie est de 8 à 12 ans). On peut décrire l'évolution de la maladie par une série de phases qui servent de guides, mesurant l'aggravation de la maladie et susceptibles d'aider à prendre des décisions concernant les soins à dispenser.

Une des échelles pratiquées décompose la maladie en trois phases : initiale, intermédiaire et avancée (voir ci-dessous). Une autre échelle, souvent utilisée par les professionnels des soins de la santé, est l'Échelle de détérioration globale (également connue sous le nom d'Échelle Reisberg). Cette méthode divise la maladie en sept stades.

Peu importe la méthode utilisée, ou même si aucune méthode n'est utilisée, il est important de se rappeler que la maladie affecte chaque personne différemment. L'ordre d'apparition des symptômes et la durée de chaque phase varient d'une personne à l'autre. Il n'y a pas de moment précis qui indique qu'une phase est terminée et qu'une autre commence. Dans bien des cas, elles se chevauchent. Certaines personnes vivent un grand nombre de symptômes durant chaque stade, tandis que d'autres n'en vivent que quelques-uns. L'état du malade peut également varier d'une journée à l'autre. Par exemple, il peut sembler confus un certain jour et beaucoup moins le lendemain.

Les trois phases principales de la maladie

La phase initiale

À cette phase, la personne est généralement consciente du diagnostic (si médecins et famille en ont parlé avec elle) et est capable de participer à des décisions concernant les soins futurs. Parmi les symptômes courants, on note des oublis bénins et des problèmes de communication comme trouver le mot juste ou suivre une conversation. Certaines personnes poursuivent leurs activités, tandis que d'autres ont tendance à devenir passives et à se replier sur elles-mêmes. La personne atteinte peut également être frustrée par ses pertes de capacités. Elle deviendra peut-être anxieuse ou déprimée. Il est donc important de surveiller son bien-être affectif.

Principaux symptômes à ce stade :

– Oublis bénins.
– Difficulté à assimiler de nouvelles informations et à suivre des conversations.
– Difficulté à se concentrer ou attention limitée.
– Problèmes d'orientation, comme perdre son chemin ou ne pas suivre la bonne direction.
– Difficulté à communiquer comme, par exemple, trouver le mot juste.

– Sautes d'humeur.
– Dépression.
– Passivité.
– Retrait des activités habituelles.
– Agitation.
– Légers problèmes de coordination.

La phase intermédiaire

Au cours de cette phase, on note une détérioration plus grande des capacités mentales et physiques de la personne atteinte. Les pertes de mémoire s'aggravent et elle en vient à ne plus se souvenir de son histoire personnelle et à ne plus reconnaître sa famille et ses amis. La plus grande confusion et la perte du sens de l'orientation dans l'espace et dans le temps exigeront qu'on l'aide pour de nombreuses tâches quotidiennes comme s'habiller, se laver, aller aux toilettes.

Durant cette phase, certaines personnes deviennent agitées et font les cent pas, ou fuguent. La personne atteinte de la maladie peut réagir de nombreuses façons. Par exemple, elle peut réduire sa participation aux activités ou répéter continuellement les mêmes gestes ou mots.

Symptômes principaux à ce stade :
– Les pertes de mémoire continuent.
– La personne oublie progressivement son passé.
– Elle ne reconnaît plus ses amis et sa famille.
– Elle perd l'orientation dans le temps et l'espace.
– On observe des changements de personnalité, de la confusion, des réactions de méfiance, de colère, d'hostilité, des sautes d'humeur.
– La personne est triste, déprimée, anxieuse.
– Elle est de moins en moins capable de se concentrer.
– Elle est agitée, fait les cent pas, fugue.
– Elle se répète, a des hallucinations.
– Elle est agressive ou passive.

– Elle a des comportements sans inhibition.
– Elle a besoin d'aide pour les tâches quotidiennes (par exemple, s'habiller, se laver, aller aux toilettes).
– Elle éprouve des difficultés à dormir, des fluctuations de l'appétit, des difficultés de langage.
– Elle a de plus en plus de mal à se situer dans l'espace.

La phase avancée

Dans cette phase, la personne n'est plus en mesure de se souvenir, de communiquer ou de prendre soin d'elle-même. Elle aura besoin de soins jour et nuit. Éventuellement, elle sera alitée, elle aura de la difficulté à manger et à avaler, et elle perdra la maîtrise de ses fonctions corporelles. Cette phase se termine par le décès de la personne, souvent à la suite de complications secondaires comme une pneumonie.

Principaux symptômes à ce stade :

– La personne perd la capacité de se souvenir, de communiquer.
– Elle est incapable de traiter l'information reçue.
– Elle a beaucoup de difficulté à parler.
– Elle perd complètement l'orientation dans le temps et l'espace et devient très confuse.
– Il est possible qu'elle se replie sur elle-même.
– Elle communique de façon non verbale (elle regarde dans les yeux, pleure, gémit).
– Elle dort plus longtemps et plus souvent.
– Elle devient immobile, voire reste alitée.
– Elle perd la capacité de parler.
– Elle perd la maîtrise de sa vessie et de ses intestins.
– Elle a de la difficulté à manger et elle a du mal à avaler.
– Elle est incapable de s'habiller et de se laver.
– Elle peut perdre du poids.

Quand votre parent, conjoint ou père ou mère est

atteint, certaines mesures peuvent, dès l'annonce du diagnostic, faciliter – un peu – la vie

Apprendre le plus possible sur la maladie

Regarder en face l'adversité permet de mieux y répondre. Si l'on sait comment la maladie évolue, on peut mieux aider à maintenir la qualité de la vie et l'autonomie de la personne. Discutez le plus possible avec le médecin, consultez le site Internet de l'Association France-Alzheimer, dialoguez avec d'autres familles qui connaissent la même situation.

Partager cette information avec les proches (familles et amis) les aidera à comprendre et vous évitera de vous replier sur vous-même. Les familles hésitent parfois à parler de la maladie de leur parent. Elles se privent alors d'une aide psychologique importante.

Est-ce une maladie héréditaire ?

La maladie d'Alzheimer existe sous deux formes. D'une part, il y a la forme familiale (caractère autosomique dominant) qui représente cinq pour cent des cas. Elle est définitivement transmise d'une génération à l'autre. Pour pouvoir parler de « forme familiale », on doit retrouver la maladie dans plusieurs générations d'une même famille. D'autre part, la forme sporadique de la maladie d'Alzheimer, qui est la plus répandue (90 à 95 pour cent des cas), les personnes atteintes de cette forme peuvent – ou non – avoir une histoire familiale de la maladie.

Savoir reconnaître les effets de la maladie

La maladie progresse avec le temps. Observer ce que la personne peut ou ne pas faire au cours de cette évolution permet d'avoir des attentes réalistes face à ses capacités. L'important est de se centrer sur ce qu'elle peut faire plutôt que ce qu'elle ne peut pas faire. Nous savons tous que cela demande beaucoup de patience. Même si votre parent perd de nombreuses capacités avec l'évolution de la maladie, concentrez-vous sur ses capacités restées intactes, comme les sens du toucher et de l'ouïe, et sa capacité de réagir aux émotions.

Respecter la personne

Quelle que soit la façon dont la maladie affecte votre parent, il est important de le traiter avec dignité et respect. Il continue d'avoir des émotions et des sentiments comme il continue à avoir besoin de compagnie. Proposez-lui des activités divertissantes et gaies. Cela améliorera sa vie et l'aidera à avoir le sentiment de continuer d'exister en tant que personne.

Prendre soin de vous-même

L'annonce du diagnostic, puis les évolutions de la maladie provoquent chez ceux qui entourent de près les malades des réactions et des émotions très vives, allant du déni à la tristesse, en passant par la honte ou la frustration. Sans oublier un sentiment intense de culpabilité. Une dépression survient parfois. Parlez-en à votre médecin.

« En règle générale, la maladie commence progressivement », constate Huguette Drera, présidente de l'Union des associations France-Alzheimer. « Le malade, encore conscient de ses erreurs, devient agressif, irritable, se replie sur lui-même. La famille baigne dans une espèce d'ambiance lourde, sans trop savoir comment tout cela va finir. C'est à ce stade que famille et malades auraient le plus besoin d'être aidés. Mais les familles n'appellent à l'aide que lorsque, vraiment, elles n'en peuvent plus et craquent, littéralement. »

C'est épuisant d'aider une personne atteinte d'Alzheimer. Il faut en être conscient et ne pas hésiter à faire très attention à sa santé. L'association France-Alzheimer prodigue quelques conseils de bon sens et éprouvés au fil des années.

• Vous êtes **la personne la plus importante** dans la vie du malade Alzheimer. Il compte sur vous pour prendre soin de lui. Vos réactions l'aident à comprendre ce qui se passe ou, au contraire, augmentent son inquiétude.

• Prendre soin d'une personne atteinte de la maladie d'Alzheimer est un **travail exigeant**, qui demande beaucoup de temps, d'énergie morale et physique, surtout si vous vous occupez d'un proche. Vous pouvez être jeune, en pleine forme et trouver cela difficile quand même. Si vous voulez continuer à prendre soin du malade, il est essentiel que vous preniez d'abord soin de vous-même, compte tenu de la longueur de la maladie, en moyenne 8-10 ans, mais parfois 20 ans.

• **Soyez réaliste** et ne surestimez pas vos possibilités. Il y a des limites à ce que vous pouvez faire. Il faut donc décider des choses qui, à votre avis, sont les plus importantes. Qu'est-ce qui compte le plus à vos yeux : une promenade avec la personne dont vous prenez soin ou un peu de temps pour vous-même ou encore une maison propre et ordonnée ? Il n'y a pas de « bonne » réponse à cette question. Vous êtes la seule personne qui peut décider de ce qui est important pour vous à ce moment bien précis.

• **Acceptez ce que vous ressentez**. Lorsque vous prenez soin d'une personne atteinte de la maladie d'Alzheimer, vous passez inévitablement par toute une gamme d'émotions. Vous pouvez, la même journée, vous sentir tour à tour satisfait, en colère, frustré, coupable, heureux, triste, affectueux, embarrassé, effrayé, amer, rempli d'espoir et complètement désespéré. Toutes ces émotions sont difficiles à vivre en même temps. Sachez toutefois qu'elles ne sont ni bonnes, ni mauvaises, mais simplement normales. S'occuper d'un malade d'Alzheimer est une tâche immense. Il ne faut pas se culpabiliser, quoi qu'on fasse ou ne fasse pas.

• **Prenez soin de vous**. Votre propre santé est importante. Ne la négligez pas. Mangez bien et faites de l'exercice régulièrement. Cherchez des moyens de vous détendre. Assurez-vous de prendre tout le repos dont vous avez besoin. Consultez régulièrement le médecin pour un examen. Toutes ces démarches vous aideront à faire face au stress et à continuer à prendre soin de votre malade.

• **Pensez à vous**. Vous avez besoin de pauses à intervalles réguliers. Vous devez vous accorder du temps pour faire d'autres choses. N'attendez pas d'être à bout pour y penser. Pensez à vous et tenez-vous au courant des choses qui vous tiennent à cœur. En plus de vous donner la force de continuer, le temps que vous prenez pour vous-même vous permet de vous sortir de l'isolement provoqué par la maladie.

• N'hésitez pas non plus à **demander de l'aide**. Réfléchissez à ce que vous pouvez prendre en charge et à ce que vous ne pouvez pas accomplir et adressez-vous dans ce dernier cas à des services spécialisés ou à de la famille ou des amis.

• Il est capital de **rester en relation avec l'extérieur**,

le grand danger étant de s'isoler et de se sentir seul. Le soutien psychologique peut prendre deux formes :
– Des réunions d'échanges qui regroupent familles et professionnels.
– Des groupes de parole pour les familles, qui permettent de rencontrer des personnes confrontées au même problème, de partager des angoisses et de voir comment les autres réagissent.

Des relais entre domicile et institution pour souffler un peu

• **L'accueil de jour**. Ce type d'accueil est en train de se développer. Ateliers de vie communautaire ou maisons d'accueil à la journée, ils proposent un mode de vie participatif et accueillent une quinzaine de personnes. Il existe environ une centaine de lieux de ce type en France.
• **L'hôpital de jour**. Le premier est né en 1971 à l'hôpital Charles-Foix d'Ivry. En général, c'est une solution d'accueil qui fait partie d'un service de gériatrie ou de psychogériatrie.
• **L'accueil temporaire**. Les résidences d'hébergement temporaire permettent de soulager momentanément les familles (week-end, vacances ou indisponibilité temporaire).

POUR EN SAVOIR PLUS

Sites Internet utiles
Un site canadien très bien documenté : www.alzheimer.ca.
Et, bien sûr, celui de l'association France-Alzheimer : www.francealzheimer.org.

31

Mon père fugue et se perd

Colette vient de passer un dur moment. Marc, son père, 83 ans, a disparu pendant deux jours. Atteint de la maladie d'Alzheimer, il a profité d'un moment d'inattention de sa fille, a enfilé un imperméable et a quitté leur appartement lillois. « J'étais pétrifiée d'angoisse, raconte Colette. J'ai parcouru le quartier, téléphoné à toute sa famille et à ses connaissances. On a retrouvé mon père, très affaibli, deux jours après, dans un hôpital de la banlieue proche. » Colette se refuse à retenir Marc par la force : « Je ne peux pas l'attacher quand même, ce n'est pas un chien ! »

Une personne désorientée peut perdre son chemin, oublier le temps. Il arrive que les endroits familiers lui paraissent soudainement inconnus. Elle sent sa vie lui échapper et sa famille craint qu'elle ne s'échappe. Il est important d'oser en parler, de veiller sur elle ou de l'accompagner.

Considérées comme un trouble du comportement lié à la maladie d'Alzheimer ou à certaines pathologies apparentées, la déambulation, l'errance ou la fugue sont souvent mal tolérées par l'entourage. Les allées et venues incessantes d'un malade désorienté sont à l'origine de bon nombre de sueurs froides : chutes, fugues, disparitions... Ce qu'on appelle le syndrome de déambulation concerne 65 % des malades hébergés en institution et 36 % des patients vivant à leur domicile.

La perte des fonctions cognitives est responsable d'une multitude de dysfonctionnements. Le sens de l'orientation dans le temps et dans l'espace est touché immanquablement au fur et à mesure que la maladie progresse : la « boussole » personnelle ne fonctionne plus. L'ennui, c'est que le poste de pilotage, le cerveau, est très perturbé lui aussi. Le désir de se déplacer est alors motivé par des impulsions (rendre visite à un proche, sentiment d'insécurité, ennui...) souvent inconnues de l'entourage et régulièrement oubliées par le malade lui-même.

Le principal risque est alors que votre parent s'égare (parfois à deux pas de sa maison), ou qu'il se retrouve en situation impossible : sorti sans être vêtu correctement, désirant faire ses courses à minuit, etc. Chutes et fugues risquent alors de jalonner la vie du malade. Probables dans un environnement habituel, elles deviennent presque incontournables quand quelqu'un perd ses repères familiers. C'est pourquoi des vacances ou une hospitalisation perturbent et surtout angoissent. Et plus on est angoissé, plus le risque de déambulation s'accroît.

Ces risques encourus par les malades sont vécus avec énormément de stress par les familles ou les soignants. De plus, le fait de voir la personne ne pas tenir en place, monter et descendre les escaliers, aller et venir, rester debout près de soi ou vous suivre dans tous les déplacements est rapidement épuisant.

Il y a plusieurs sortes de fugueurs. Ceux qui ont besoin de déambuler sont souvent les plus désorientés dans l'espace. D'autres s'en vont pour retrouver la maison de leur enfance ou une personne aimée : un frère, un enfant. Certaines personnes âgées veulent s'échapper parce qu'elles ont des idées de persécution délirantes : « Quelqu'un est caché sous mon lit », « Ma vie est en danger ». D'autres ont une idée fixe : « Ma mère m'attend. »

Attacher le fugueur ? L'enfermer dans sa chambre ? On n'en a pas le droit, rappelle un gérontologue exerçant en établissement : la liberté de mouvement est inscrite dans la Constitution.

Le rôle de l'entourage est déterminant : en fournissant constamment à l'intéressé des informations lui permettant de mieux se repérer dans le temps et l'espace, on le rassure et on le calme.

Que peut-on faire ?

• **Faire le point** en répondant à des questions comme : pourquoi déambule-t-il ? est-ce l'ennui ? l'anxiété ? la douleur ? L'errance s'accompagne-t-elle d'autres troubles du comportement ? Est-elle en lien avec un but particulier (manger, boire, aller aux toilettes, retrouver une personne connue, un lieu) ?

• Pour améliorer le bien-être du malade, il faut **adapter le monde à son fonctionnement** et non le contraire. Pour faire au mieux, un solide sens de l'observation peut suffire à régler beaucoup de problèmes. Une fois le « besoin élémentaire » identifié par les réponses aux questions précédentes, il faut y répondre, quitte à adapter tout notre environnement.

Dans une maison de retraite bretonne, le personnel soignant, après avoir étudié l'histoire personnelle d'une résidente, s'est aperçu que l'une de ses habitudes antérieures à son entrée était d'aller s'asseoir sous l'abribus qui se trouvait face à la maison de retraite. C'est pour cela qu'elle voulait absolument sortir. Depuis, ils la laissent sortir tous les jours. Et elle revient toujours.

Une des patientes d'un hôpital a cessé de se sauver à partir du moment où sa famille l'a emmenée régulièrement en promenade l'après-midi.

Certaines maisons de retraite sont aménagées spécialement. Le directeur d'un cantou (petit établissement spécialisé dans l'accueil de malades désorientés) raconte : « Depuis plusieurs années maintenant les “fugues” ont cessé chez nous. D'une part, nous avons pris des précautions en installant un système de code pour sortir. D'autre part, et c'est l'essentiel, nous avons essayé d'aménager la vie de manière à ce qu'elle soit supportable. Les personnes y ont des activités normales : le ménage, la vaisselle, etc. Elles se sentent chez elles. Nous essayons de comprendre leurs façons de se comporter. Par exemple, nous laissons les gens qui ont besoin de marcher sans arrêt se lever aussi souvent qu'ils le veulent au cours d'un repas. »

• **En parler à l'entourage immédiat**, amis, voisins, commerçants. Dans les petits villages, un malade d'Alzheimer qui s'égare est le plus souvent ramené par un voisin. Dans les grandes villes, on se connaît moins. Pourtant des voisins ou des commerçants, prévenus, peuvent être d'un grand secours.

Nos suggestions pour le quotidien

• **Du calme, de l'espace**... Il faut aménager autant que possible une zone peu bruyante, bien éclairée (mais pas trop), bien signalée et sécurisée. Pour cela, ranger les tapis, les fils téléphoniques, les objets qui encombrent les passages, sécuriser la cuisinière à gaz par des systèmes coupe-circuit. À la maison, on fermera la porte d'entrée et on protégera les escaliers (voir chapitre 1 « Elle tombe de plus en plus souvent »). En institution, les nouveaux projets tendent à privilégier des systèmes anti-fugues très peu contraignants (bracelets alarme silencieuse à déclenchement magnétique lors d'un passage de porte, par exemple).

• **Marcher un peu avec la personne** et en profiter pour l'aider à s'orienter. Des promenades dirigées dans la maison, le jardin ou même le quartier, proposées très régulièrement, suffisent souvent à répondre à un vrai besoin et à détendre l'atmosphère.

• **Ne pas obliger la personne à rester assise** et surtout éviter la contention : plus on entrave le besoin de se déplacer, plus on l'exacerbe.

• **Rythmer** les journées : lever, toilette, repas, activités.

• **Proposer des activités** ludiques ou artistiques, occuper la personne à des tâches ménagères (plier du linge, débarrasser la table), à lutter contre l'ennui.

• **Traiter l'anxiété et la dépression** qui sont à l'origine de bon nombre de troubles du comportement. Il n'y a pas de médicament spécifique contre la déambulation. Attention, tout ce qui « calme » augmente les risques de somnolence et donc de chutes !

• **Maintenir ou retrouver le rythme veille/sommeil** (activités toniques le matin, relaxation en fin d'après-midi).

Enfin, **chaque malade est différent et possède sa propre histoire**. La meilleure façon de l'aider est de s'en souvenir.

Conseils pratiques

– Écrire avec un stylo spécial pour marquer les vêtements sur plusieurs morceaux de tissu blanc le nom, le prénom, l'adresse et le numéro de téléphone de la personne. Coudre chaque morceau de tissu sur tous les vêtements de votre parent et ajouter les mêmes informations sur une carte dans le portefeuille, le sac à main ; ou encore coller l'adresse sur la canne.
– Signaler aux commerçants de votre quartier les troubles dont souffre votre parent, et leur demander de vous téléphoner s'ils constatent des attitudes anormales (s'il passe plusieurs fois devant la vitrine, ou traverse indéfiniment, ou reste immobile au coin d'une rue...).
– Prévenir également les policiers îlotiers qui assurent des rondes dans votre quartier. Éventuellement vous pouvez les présenter au malade afin qu'il soit bien identifié par ces fonctionnaires de police.
– Si on a des doutes sur la capacité de son parent à se repérer dans son quartier, faire un test en le suivant discrètement. Si on constate un début d'errance, prendre alors la décision de l'accompagner systématiquement, on s'évitera un drame.
– Dans le cas où l'on constate sa disparition, utiliser le téléphone et composer le 17 (police secours) ou le numéro du commissariat le plus proche. Ne pas oublier de faire un descriptif précis de la personne et, si possible, trouver une photo récente. (Source France-Alzheimer.)

32

Comment communiquer avec ma mère atteinte de la maladie d'Alzheimer ?

Francine a 90 ans. Elle est atteinte de la maladie d'Alzheimer depuis environ cinq ans et ses enfants ont dû se résoudre récemment à la faire entrer dans une maison de retraite de la banlieue parisienne. « Quand je suis venue la voir le week-end suivant », raconte sa fille aînée Anne-Claude, « j'ai eu un choc. Elle ne m'a pas reconnue. Elle a commencé par me dire "Bonjour Madame". » Puis alors qu'Anne-Claude, stupéfaite, la pressait de la reconnaître, elle a fini par l'appeler... « Maman ». Anne-Claude, en larmes, n'arrive pas à s'en remettre : « Je ne comprends pas. Nous avons toujours été très proches. Comment peut-elle m'avoir oubliée ? M'en veut-elle ? J'ai sûrement très mal réagi, mais c'est vraiment très dur à accepter. »

C'est un choc très douloureux, très traumatique que de ne pas être reconnu par son conjoint ou par un de ses parents. Les dégradations successives d'une personne qui souffre de troubles du comportement sont vécues par l'entourage comme le « deuil d'un parent pas encore mort ». Ne pas être reconnu par sa propre mère, c'est une espèce de mort anticipée. En l'espace de quelques minutes, on devient orphelin.

Il faut savoir que nos lieux de vie sont des repères

de mémoire sur lesquels s'accrochent nos souvenirs. L'éloignement du domicile peut ainsi être la source de désorientation chez la personne âgée.

Caroline raconte : « Il arrive de plus en plus à ma mère de parler de ses parents comme s'ils étaient vivants ou bien de me prendre pour sa mère. L'autre jour, elle m'a saluée d'un "Bonjour Maman". Peut-être est-ce une façon inconsciente de constater l'inversion des rôles qui s'est produite. J'ai vraiment l'impression d'être la mère de ma mère ! »

Nous sommes plus affectés par le caractère affectif des troubles de l'humeur de notre parent que par des troubles plus « mécaniques », comme par exemple des réveils nocturnes qui sont pourtant très perturbateurs. C'est surtout ce qu'on appelle le décrochage psycho-affectif qui est mal vécu par la famille. La perte de reconnaissance du visage de l'aidant est souvent une étape très douloureuse dans l'histoire familiale. Le fait de ne pas être reconnu induit aussi que le malade ne reconnaît pas notre aide, nous qui nous occupons tant de lui. Nous sommes renvoyés à une existence anonyme.

Les sentiments n'ont pas disparu

Affectivité et raison ne sont pas liées. Perdre la mémoire, être confus, voire délirant n'empêche pas de sentir et de ressentir. Il ne faut pas croire que la personne non seulement ne pense plus, mais qu'elle ne sent plus. Ce n'est pas parce qu'elle est « insensée » qu'elle est insensible. Pourtant, on voit des familles ne plus venir voir leur parent sous prétexte qu'il ne se rend pas compte de leur visite et qu'il ne les reconnaît pas ou qu'il aura oublié qu'ils étaient venus quelques minutes après leur départ. « Si elle ne nous reconnaît pas, à quoi cela peut-il bien servir ? »

Au contraire, Maryse explique : « Maman ne me reconnaît plus depuis plusieurs années. Je vais la voir une fois par semaine : elle m'embrasse toujours avec plaisir, retrouvant instinctivement ce geste ancestral. Elle semble heureuse d'avoir de la compagnie. Pourquoi l'en priverais-je ? Son état actuel ne me fait pas oublier ce qu'elle a été. »

Il ne faut jamais oublier que la personne conserve ses sentiments malgré les pertes entraînées par la maladie d'Alzheimer. C'est peut-être le seul moyen que la personne possède de comprendre ce qui se passe autour d'elle. Nous communiquons tous par les émotions, les gestes, le toucher. Tenir la main ou sourire lorsque vous parlez à quelqu'un peut transmettre beaucoup plus que vos paroles. Il faut être conscient du message qu'expriment notre corps et notre visage. Un regard sévère peut être tout aussi négatif que des paroles dures.

Il faut inclure la personne dans les conversations. C'est pénible pour une personne d'entendre parler d'elle comme si elle n'était pas là. La qualité de la vie des personnes atteintes de la maladie d'Alzheimer repose, en grande partie, sur leurs interactions et leurs relations avec les autres. Maintenir le contact peut s'avérer un processus complexe et un véritable défi.

Le lien à la mémoire perdue est inévitablement idéalisé. Il faut donc être attentif aux rapports que le malade entretient avec lui-même. La personne âgée peut se sentir jugée et se replier sur elle-même ou au contraire se disperser de façon chaotique. Selon Freud : « la mémoire n'est pas un grand meuble ou un musée, mais un foyer actif et actuel qui met le passé au goût du jour, par une industrie de transformation qui remanie les récits d'hier selon les nécessités du présent ».

Communiquer avec une personne atteinte de la maladie d'Alzheimer constitue une rude épreuve. Il faut d'abord savoir écouter, savoir parler et parfois utiliser d'autres moyens pour faire passer le message. Le malade a de plus en plus de difficultés à exprimer ses idées à l'aide de mots et à comprendre ce qui lui est dit. Mais le toucher, les gestes, les attitudes, l'expression du visage et le ton de la voix sont aussi des messages auxquels il peut réagir. Lui aussi peut se faire comprendre en utilisant des gestes et des expressions du visage, lorsqu'il n'est plus en mesure d'utiliser des mots. On apprend peu à peu à le comprendre avec ces nouveaux modes d'expression. La communication nécessite patience et imagination.

Nos remarques

La conduite à tenir est simple. Il ne faut pas dramatiser l'événement. On peut expliquer tout doucement à l'intéressé qui on est. Le mieux étant de se présenter en arrivant quand son parent est en institution. Il vaut mieux également se mettre toujours de face. On peut aussi montrer des photos des jours heureux sur lesquelles on met des noms. Il faut continuer d'essayer de communiquer avec son parent. Sans insister sur son erreur, mais sans entrer non plus dans son jeu et l'assurer, par exemple, que sa mère va arriver. En revanche, il est bon de parler du passé. C'est souvent le seul fil qui relie votre parent à son identité.

Certains jours, il peut sembler qu'aucun de nos messages n'est compris, tandis que d'autres les échanges sont nombreux. Profitez au maximum de ces bons jours. Servez-vous-en pour vous aider à traverser les moins bons. Ne renoncez pas. Rappelez-vous que vous faites de votre mieux.

Les conseils de l'association France-Alzheimer

• **Retenez l'attention de votre parent**. Abordez-le doucement en vous plaçant face à lui. Touchez-lui délicatement la main ou le bras de manière à attirer son attention. Ne commencez pas à lui parler avant qu'il ne soit prêt à vous écouter.
• **Regardez-le droit dans les yeux**. Si possible, asseyez-vous en face de lui sans jamais le quitter des yeux. Vous l'aiderez à comprendre ce que vous avez à lui dire.
• **Parlez doucement et clairement**. Utilisez des mots simples et des phrases courtes. Parlez clairement et lentement. S'il a du mal à entendre, n'élevez pas la voix : parlez doucement.
• **Donnez un seul message à la fois**. Ayez des conversations simples. Évitez de donner plusieurs informations à la fois. Si vous l'interrogez, simplifiez ses choix. Les questions qui demandent un oui ou un non sont plus faciles que les questions ouvertes. Par exemple, demandez-lui : « Veux-tu de la soupe pour dîner ? », plutôt que : « Qu'est-ce que tu veux pour dîner ? »
• **Répétez les informations importantes**. Si la personne ne comprend pas le message la première fois, répétez-le en utilisant les mêmes mots.
• **Montrez les choses en parlant**. Montrez-lui ce que vous voulez dire tout en lui parlant. Par exemple, si le moment est venu de lui laver les cheveux, montrez-lui le shampooing et la serviette pour lui expliquer.
• **Soyez attentif, soyez rassurant**. Ses réactions à ce que vous dites vous montrent ce qu'il comprend. Faites attention aux expressions de son visage. Lorsque ses réponses ne sont pas adaptées à la situation,

essayez de réagir en fonction de son humeur et tenez compte de ses sentiments. Évitez au maximum de laisser paraître votre inquiétude à son propos. Plus vous semblerez calme, plus il sera lui-même rassuré.

• **Choisissez le meilleur moment**. C'est généralement celui où le malade s'exprime spontanément. Vous pourrez alors le guider (sur le sujet qu'il a choisi). Le message passe mieux quand le malade a abordé le sujet lui-même. Le plus pénible sera toujours pour lui de répondre à des questions qui ne viennent pas de lui. Il sent que l'on attend ses réponses et il craint l'échec.

Naomi Feil et la validation

Une thérapeute américaine, Naomi Feil, bien connue des soignants, a mis au point des outils de communication en direction des personnes âgées très désorientées. Sa méthode, la « validation », est expliquée dans deux livres disponibles en français (*Validation : pour une vieillesse pleine de sagesse*, Pradel, 1993, et *La Validation, mode d'emploi*, Pradel, 1997). Elle concerne surtout le personnel soignant, même si certaines familles l'ont expérimentée avec succès, dans un cadre précis.

33

Il est handicapé, quelle va être sa vie ?

Pour Monette et Robert, 75 et 79 ans, la vie est particulièrement angoissante depuis quelques semaines. Quand il raconte, Robert a du mal à empêcher sa voix de trembler : « Tout allait bien. On avait acheté une caravane, on avait des projets. On voulait aller l'an prochain en Espagne. Et pousser même peut-être jusqu'au Portugal qu'on ne connaît pas. Et tout d'un coup, c'est le choc ! Le soir vous êtes bien, le matin, vous vous réveillez, il n'y a plus de bonhomme... » Monette confirme : « Il avait très mal à la tête. Le docteur est venu et il m'a dit : "C'est une hémiplégie." Il a fait toute une série d'examens. Nous n'avons pas très bien compris en fait. Nous nous sommes dit que ça s'arrangerait. Mais cela ne s'arrange pas. Il a le côté droit complètement paralysé. Je suis très inquiète. Comment allons-nous organiser notre vie ? »

Face à une situation de ce type, il faut avant tout analyser l'état de la personne. Le handicap est-il définitif ou provisoire ? Existe-t-il une chance qu'il s'améliore ? Un risque qu'il s'aggrave ? Bien évidemment, les conseils du médecin traitant, des spécialistes sont essentiels. La survenue de la dépendance bouleverse toujours les familles tant il est difficile, en plus de l'organisation quotidienne, de surmonter les incontournables réactions de culpabilité ou d'agressivité. Mais qu'il soit provisoire ou définitif le handicap peut être source de difficultés majeures pour le malade ou son entourage.

Apprivoiser le handicap

Le principal piège ? Faire à la place de l'autre. Il est tentant de « materner » un conjoint ou un parent dépendant physiquement. Mais agir à sa place est un mauvais service à lui rendre, car c'est le meilleur moyen de le faire régresser. Être face à une personne qui a des difficultés à manger, par exemple, nous pousse parfois à la faire manger pour l'aider et préserver sa dignité. Mais une des règles d'or de la lutte pour le maintien d'une certaine autonomie, c'est de stimuler la personne et non de l'infantiliser.

> Claudine, dont le mari, Émile, est hémiplégique, commence à s'habituer : « Les six premiers mois ont été très difficiles. Il a été hospitalisé. J'étais fatiguée physiquement et moralement. Puis, grâce au service d'hospitalisation à domicile, Émile est rentré à la maison. Et, tout de suite, nous avons bénéficié des aides de la mairie. Seulement, on ne profite plus de la vie comme avant. J'aimerais sortir davantage mais dès que je m'absente, il s'inquiète. Alors, je reste. Il y a cinquante-six ans qu'on vit ensemble, je ne vais pas l'abandonner avec sa maladie ! Avec son hémiplégie, il est vraiment paralysé, il faut lui couper son pain, sa viande, l'accompagner aux toilettes. Deux fois par semaine, je l'aide à descendre au rez-de-chaussée, chez le kiné qu'on a connu jeune homme. »

Sur le plan pratique, Claudine et Émile ont organisé leur vie. Vers 8 h 30, l'aide-soignante arrive pour lever Émile et lui faire sa toilette. Puis, vient l'infirmière pour la piqûre d'insuline. Une autre aide-soignante passe le soir et ce sept jours sur sept toute l'année. Toutes les aides-soignantes sont devenues des amies. Une télé-assistance a été installée. Les voisins sont chaleureux. Et comme Émile a une bonne retraite, une femme de ménage passe régulièrement. « Le mercredi et le samedi, j'installe Émile avec le téléphone devant la fenêtre et je vais au supermarché. Le reste du temps, on regarde la télé. »

À Hyères, l'immeuble confortable de Christiane, 81 ans, croule sous les plumbagos bleus. Il y a un peu plus de trois ans, Christiane a perdu connaissance dans sa salle de bains et est tombée sur le radiateur. Elle s'est crevé l'œil droit, le seul œil qui fonctionnait après la thrombose de son œil gauche. Depuis, c'est le noir total. « Je ne sais pas ce que je serais devenue si je n'avais pas pu bénéficier de l'aide de Karine. Elle m'a appris à marcher, à me diriger. Elle me faisait sortir dans la rue en me tenant par le bras. C'est mon bâton de vieillesse. » Karine est l'orthoptiste qui l'aide à retrouver ses repères (voir chapitre 6 « Il n'y voit pratiquement plus »).

Toutes les deux se remémorent le chemin parcouru. La reconnaissance, objet par objet, de tout ce qui se trouve dans les pièces de l'appartement. L'ancienne enseignante précise, encore étonnée : « Mes souvenirs visuels ne me servent à rien. La mémoire tactile est contrariée par la mémoire visuelle. Le plus difficile, c'est l'orientation. Je me crois très forte, mais il m'arrive de ne plus savoir où je suis. » Pour contrer la panique, elle se souvient des conseils de Karine : toujours toucher quelque chose, la main droite et la main gauche un peu en avant, en position de préhension. « Il faut marcher avec les mains », conseille Karine. Et avec une canne. Cette fameuse canne blanche que certains préféreraient d'une autre couleur, la trouvant trop stigmatisante. Christiane montre la sienne, une canne canadienne avec une boule pivotante au bout. « Quand on apprend le braille et qu'on se sert d'une canne, c'est qu'on accepte le handicap, dit Karine. Malheureusement, à partir de 68, 69 ans, on n'est plus capable d'apprendre le braille. »

Christiane a appris à développer ses autres sens, à ressentir les odeurs, les bruits, les mouvements de l'air. « Les gens, vous les reconnaissez à l'odeur, au bruit que font les pieds, les talons des chaussures. » Ainsi, petit à petit, elle a repris sa vie, rythmée par les deux visites quotidiennes de l'infirmière, celles de l'aide-ménagère, les soins du kiné et la visite hebdomadaire de Marie. Elle se fait livrer ses courses par l'épicier. Elle a réappris à faire un peu de cuisine en utilisant beaucoup le four à micro-ondes. « Je trouve le temps long, bien que j'aie l'esprit très occupé. J'écoute beaucoup de musique, beaucoup de radio. Je fais marcher ma machine à lire. J'apprends l'espagnol avec des cassettes »*.

Et puis il y a aussi ceux qui sont handicapés avant d'être vieux et qui vieillissent avec leur handicap. C'est le cas de Solange.

> Touchée par la polio à 24 ans, Solange n'a jamais remarché. Voilà cinquante-deux ans qu'elle est assise dans un fauteuil roulant. Au début, seule sa jambe droite était paralysée, ensuite ce fut la gauche, puis les deux bras. Après différents séjours à l'hôpital, elle a récupéré ses bras mais n'a jamais remarché sans aide. L'aménagement de sa maison a été pensé pour qu'elle puisse y naviguer sans trop de problèmes : de plain-pied avec de larges portes et un couloir spacieux, des meubles bas qui lui permettent de tout attraper facilement. Depuis vingt ans, Nelly vient l'aider et l'accompagne partout, au marché comme chez le médecin.

* L'initiative de ce service de rééducation à domicile a été récompensée par la Fondation de France dans le cadre de son programme « Respect du droit au choix, droit au risque ».

Les exemples des autres sont très utiles, la façon dont ils se comportent est un véritable appui. C'est pourquoi les spécialistes conseillent de faire partie d'une association dont les membres sont atteints de la même maladie invalidante.

Pour en savoir plus

Handicap moteur

Association des paralysés de France (APF), 17, boulevard Auguste-Blanqui, 75013 Paris. Tél. : 01 40 78 69 00 – Fax : 01 45 89 08 54.

Créée en 1933, elle a pour vocation de mettre en œuvre tout ce qui favorise l'intégration des personnes atteintes de handicaps moteurs. Elle propose en ligne une version abrégée de son magazine mensuel *Faire Face*, un forum et quelques annonces. L'APF a récemment mis en ligne un nouveau site consacré aux aspects médicaux et fonctionnels du handicap moteur : www.apf-moteurline.org.

Association « Vivre et S'adapter », 89 bis, rue Saint-Denis, 37 400 Amboise. Tél. : 02 47 57 79 93 – Fax : 02 47 57 35 08 – E-mail : viva4@wanadoo.fr.

Formation dans le domaine médico-social et développement des services de proximité pour les personnes handicapées et les personnes âgées à domicile.

Handicap auditif

Association française pour l'information et la défense des sourds s'exprimant oralement (AFIDEO), 79, rue du Commerce, 75015 Paris. Fax : 01 40 43 17 43. Site Internet : www.afideo.org.

L'association se propose notamment d'informer les sourds oralistes de leurs droits, des organismes et des aménagements existants, de favoriser l'intégration des sourds oralistes dans la société, et de représenter les sourds s'exprimant oralement auprès des pouvoirs publics.

Audiofr : l'espace de communication des audioprothésistes en France. Un espace documentation et information sur la surdité et l'audition. Un annuaire de 1 530 audioprothésistes français. Le site vitrine de la Journée nationale de l'audition : www.audiofr.com.
Fédération nationale des sourds de France (FNSF), 41, rue Joseph-Python, 75020 Paris. Tél. : 01 40 30 18 21 – Fax : 01 40 30 18 36. Site Internet : www.fnsf.org. L'instance représentative des associations de sourds de France, affiliée à la Fédération mondiale des sourds, propose un historique, des infos et adresses utiles.

Handicap visuel
Voir chapitre 6 « Il n'y voit pratiquement plus ».

34

J'ai peur qu'elle reste seule par terre après une chute

Yvonne, 81 ans, habite seule une maison au bord de la mer en Bretagne. Elle a des voisins l'été, mais, l'hiver, la plupart des maisons de sa rue sont inoccupées, sauf deux ou trois. Sa fille unique, Tiphaine, s'inquiète de la savoir isolée, surtout la nuit. « Maman refuse toute aide à domicile. C'est vrai qu'elle est très alerte mais quand même, s'il lui arrive quelque chose la nuit, comment fera-t-elle ? Son téléphone est au rez-de-chaussée et elle dort dans une chambre au premier, fermée à clé ! » Yvonne préfère ne pas évoquer le problème. Elle a peur d'être obligée d'aller en maison de retraite. Mais elle a aussi très peur chez elle, la nuit.

Vivre chez soi jusqu'au bout de sa vie, même tout seul, c'est un souhait qui peut être exaucé dans de bonnes conditions, sous réserve de se garantir contre les mauvaises surprises et de s'équiper efficacement pour sa sécurité.

Première possibilité : utiliser la télé-assistance

Une des garanties de sécurité est offerte par les techniques de communication actuelles qui peuvent rendre des services insoupçonnés : la télé-assistance, notamment, ou télé-alarme. Ce système offre la possibilité d'entrer en contact avec l'extérieur, à tout moment du jour ou de la nuit, grâce à un petit boîtier en plastique que l'on porte en permanence sur soi. Gros comme une boîte d'allumettes, ce matériel est équipé d'une télécommande reliée au téléphone qui permet d'appeler à l'aide en cas de problème de chute ou de malaise, même si on se trouve loin de son téléphone

Comment ça marche ?

Il faut d'abord souscrire à un abonnement auprès d'un service de télé-assistance. Ce service dispose d'une « centrale d'écoute » où des salariés assurent une permanence 24 heures sur 24. Quand un appel arrive, ils se chargent de prévenir soit directement les secours d'urgence, soit des proches préalablement désignés.

> Exemple : Yvonne est victime d'une chute et ne peut pas se relever. Elle déclenche la télécommande en tirant sur le pendentif (la télécommande se présente le plus souvent sous la forme d'un pendentif que l'abonné a toujours sur lui). Son appel est transmis à la centrale d'écoute. Quand l'écoutant décroche, Yvonne décrit ce qui lui est arrivé. En même temps l'écoutant voit s'afficher sur un écran les informations essentielles sur Yvonne, ses problèmes de santé et son réseau de proximité. Si Yvonne n'avait pas été en état de parler, l'écoutant aurait appelé aussitôt les secours et les voisins ou les proches qui ont accepté de faire partie du réseau de proximité.

Près de 9 fois sur 10, les appels reçus par les centrales d'écoute ne nécessitent pas d'intervention extérieure. La personne est tout simplement inquiète, voire angoissée. Mais écouter et rassurer est aussi une des missions essentielles de ce genre de service.

Combien ça coûte ?
Le prix de l'abonnement comprend, la plupart du temps, l'accès au service et la location du matériel. Les tarifs de base annoncés (grosso modo entre 30 et 45 euros par mois) ne recouvrent pas forcément le même service d'un prestataire à l'autre, et même d'un département à l'autre.

Les services de télé-assistance peuvent être proposés par de grandes sociétés privées ou nationales (y compris France Telecom), des associations ou des collectivités locales. Se renseigner auprès des services sociaux de la commune. Et ne pas hésiter à faire des comparaisons.

L'intérêt de la télé-assistance
La télé-assistance est un service important pour les personnes âgées, au même titre que le portage des repas à domicile. Un téléphone portable ne peut pas la remplacer. Qui garantit que quelqu'un sera toujours là pour répondre ? Elle ne doit pas être vécue comme un signe de grande dépendance mais au contraire comme un **outil pour l'autonomie**. Elle redonne le goût de se déplacer dans la maison ou le jardin. Il faut la porter sur soi et ne pas la laisser sur la table de nuit. On ne tombe pas que la nuit ! Même si c'est plus angoissant.

Deuxième possibilité : faire appel à une garde de nuit itinérante

La garde de nuit itinérante est une réponse adaptée à l'aide et à la sécurisation à domicile. Pourtant, parmi l'éventail des services d'aide à domicile, cette formule connaît un faible développement en France puisque l'on recense seulement une vingtaine de mises en place. Elle constitue une réponse souple et parfaitement adaptée en matière d'aide et de sécurisation des personnes à domicile et, surtout, à un coût peu élevé. Son développement se heurte surtout à un manque d'information ou à des résistances psychologiques, notamment de la part des familles.

La garde itinérante de nuit consiste à prendre en charge un certain nombre d'actes de la vie quotidienne que les personnes ne peuvent pas accomplir elles-mêmes, à l'exclusion de tous les services médicaux ou infirmiers. C'est essentiellement une aide au déshabillage et au coucher, voire à la toilette ou au change si nécessaire, à la vérification de la prise de médicaments. Mais c'est aussi une prise en charge du contrôle de l'environnement domestique afin de garantir une parfaite sécurité pendant les heures de sommeil. La mission du garde de nuit est également d'assurer une présence, de rassurer, de soutenir psychologiquement et de permettre une intervention rapide en cas d'incident.

Le garde de nuit intervient en général chez une dizaine de personnes au cours d'une tournée qui comprend des visites programmées chez chacune d'entre elles. Ses services sont assurés en général entre 20 heures et 6 heures du matin. Une première visite est constituée par l'aide au coucher et la vérification du domicile. Une éventuelle seconde intervention au cours de la nuit permet d'opérer une vérification de l'état de la personne et de répondre à ses besoins si elle est réveillée. En dehors de ces visites programmées, le garde peut intervenir à la demande du bénéficiaire, en général par l'intermédiaire d'un service de télé-assistance.

Aujourd'hui, ce mode d'aide aux personnes âgées n'est proposé que par un très petit nombre de structures : parmi les premières, le CCAS de Châtellerault dans la Vienne, où le système a été inauguré en 1999. Et c'est en 1996 que l'association haut-rhinoise d'aide aux personnes âgées a commencé à intervenir sur Colmar, Mulhouse et Saint-Louis.

Alberte, 79 ans, qui habite un quartier tranquille, en bénéficie, après un séjour passé à l'hôpital. Avant d'être abonnée à ce service, il lui est arrivé de passer toute une nuit par terre après une chute dans sa salle de bains. Grâce à son « ange gardien », Alberte se sent en sécurité. Son abonnement lui permet de bénéficier de visites à heures fixes, programmées à l'avance. Elle sait que toute la nuit elle peut appeler et que quelqu'un sera là dans le quart d'heure, au pire dans la demi-heure. Il lui en coûte environ 300 euros par mois, pour un passage chaque nuit.

La formule est souple : en fonction de ses besoins l'utilisateur peut souscrire un abonnement pour une semaine, pour un mois ou plus, ou bien seulement pour les week-ends.

Pourquoi cette formule ne se développe-t-elle pas ?

Les obstacles sont essentiellement liés à la méconnaissance de l'existence de la prestation : faute de budget, c'est souvent le seul bouche à oreille qui fait office de campagne de publicité. Deuxième raison : les résistances psychologiques des familles. Bien souvent, les proches se disent davantage rassurés par une présence tout au long de la nuit plutôt que par des visites ponctuelles. Autre frein à son développement : ce service induit des contraintes fortes en termes d'organisation et de planning. L'organisation d'une tournée suppose une maîtrise des délais des trajets, une réponse rapide aux besoins des abonnés et le respect des horaires de visites fixés par les bénéficiaires. Dernier frein et non des moindres : la difficulté à trouver du personnel qualifié acceptant de travailler la nuit et de circuler seul dans des quartiers parfois difficiles.

Comment faire son choix

Avant de se décider pour tel ou tel service, il est bon de se poser quelques questions.

Sur le service lui-même
– Un réseau de proximité est-il prévu ?
– Qui aura les clefs ?
– Quelle est la formation des écoutants ?
– Y a-t-il un interlocuteur désigné ?
– Le bon fonctionnement du service est-il régulièrement testé ?

Sur l'équipement
– Peut-on faire un choix entre plusieurs matériels ?
– L'émetteur est-il totalement étanche ?
– Quelle est sa portée ?
– Le transmetteur est-il équipé d'une batterie de secours en cas de coupure de secteur ?
– Qu'est-il prévu pour l'entretien du matériel ?
– Quelle maintenance ?

Sur le coût
– Les frais d'installation sont-ils inclus ?
– L'assurance du matériel est-elle comprise dans le coût ?
– Le prestataire peut-il aider la personne à trouver des aides financières ?
– En cas d'hospitalisation ou d'absence, doit-elle continuer à payer ?
– Un surcoût est-il appliqué si deux personnes d'un même foyer bénéficient du service ?

Une nouveauté intéressante

Une société vient de mettre en place un mini-téléphone mobile. Équipé de la fonction mains libres, il se porte en médaillon autour du cou. Une seule pression suffit pour entrer en contact et dialoguer 24 heures sur 24 avec une équipe médico-sociale capable d'envoyer du secours. Et surtout, toujours d'un seul clic, l'appareil permet de répondre directement à un appel téléphonique banal (c'est une cause fréquente d'accidents) sans aller jusqu'au récepteur de la maison, et d'engager la conversation grâce à un puissant microphone haut-parleur. À suivre.

35

Elle laisse le gaz ouvert

Midi. Un effluve de sauté de veau embaume l'appartement d'Amélie qui ne laisse jamais son aide à domicile, Martine, s'occuper de sa cuisine. Alors qu'Amélie s'installe à table, Martine jette un œil à la cuisinière avant de partir. Le gaz est resté allumé.

Martine sait qu'Amélie n'y voit plus très bien et lui a déjà conseillé d'acheter une cuisinière électrique. Mais Amélie soutient que sa cuisinière lui a toujours rendu de bons et loyaux services et qu'elle ne s'en séparera pas. Les choses ne s'arrangent pas le lendemain. Amélie fait chauffer son lait pour le petit déjeuner. Le lait frémit, bout, déborde, éteint la flamme sans même qu'elle s'en aperçoive. Au bout d'un certain temps, les voisins sentent une odeur de gaz, frappent à la porte et vont éteindre la gazinière avant d'ouvrir la fenêtre. Ils ont peur qu'Amélie fasse tout sauter. Ils s'énervent et menacent de se plaindre à la police pour qu'elle soit placée en maison de retraite.

Le fils d'Amélie s'exécute : il fait entrer sa mère en maison de retraite contre son gré. Amélie ne s'habitue pas et souffre d'une dépression.

Évaluer la mémoire

Le mieux est de faire réaliser un bilan de santé par un gériatre. Trois cas peuvent se présenter :

• **L'oubli est occasionnel**. La personne a un gros souci ou a pris trop de somnifères (voir chapitre 7 « Il se plaint d'insomnies »). Cela arrive à tout le monde mais, même très préoccupé, il est rare d'oublier des gestes que l'on accomplit machinalement depuis des années.

• **La perte de mémoire n'atteint pas le jugement**. La personne oublie ses rendez-vous, ne se rappelle plus ce qu'on vient de lui dire... Si son jugement est intact, elle met au point des stratégies de compensation en notant tout dans un agenda, en listant les courses, etc. Pour le gaz, il suffit de ne jamais l'allumer sans mettre en route une minuterie.

• **La perte de mémoire s'accompagne d'un trouble du jugement**. Pas de demi-mesure, il faut supprimer le gaz immédiatement. Mieux vaut conserver café, lait, eau chaude dans des thermos. Le cas des malades d'Alzheimer est typique.

Vérifier l'installation du gaz

• Les fabricants de fours à gaz sont obligés de les munir d'un thermocouple qui coupe automatiquement le gaz en cas d'extinction de la flamme ou de non-allumage. Mais il est rare que des gazinières soient équipées de thermocouples à la fois pour le four, le grilloir et les brûleurs. Ce dispositif n'est pas obligatoire pour les tables de cuisson mais existe sur certains modèles.

• Dans tous les cas, équiper la cuisine de tuyaux de gaz à embouts vissés.

• Bannir les bouteilles de Propane ou de Butane qui demandent des manipulations de mise en route.
• Il est obligatoire qu'un chauffe-eau à gaz soit raccordé à un conduit de fumée ou remplacé par un modèle pourvu de trois dispositifs de sécurité. L'un coupe le gaz si la flamme s'éteint. Le deuxième intervient si le corps de chauffe s'encrasse. Le troisième vérifie l'absence de monoxyde de carbone. Rappel : l'installation de ce type d'appareil donne droit (jusqu'à nouvel ordre) à une réduction d'impôt au titre de l'amélioration de l'habitat que l'on soit locataire ou propriétaire.
• Gaz de France est responsable de l'ensemble des canalisations mais pas des installations domestiques qu'il faut donc entretenir et faire vérifier régulièrement. Mais on peut toujours demander à son agence GDF de vérifier la sécurité de son installation et prendre un contrat d'entretien avec la firme qui a installé l'appareil.

Réorganiser le soutien à domicile

Si une personne âgée oublie de temps en temps d'éteindre le gaz, il y a de bonnes chances pour que son aide à domicile soit la première à s'en apercevoir. La côtoyant tous les jours, celle-ci est le meilleur témoin de son état et peut susciter une rencontre de tous ceux qui l'entourent : services de soutien et de soins à domicile, famille, médecin...

Les oublis peuvent avoir une cause occasionnelle : deuil, événement familial, nouveau médicament, etc. La solitude est peut-être trop forte. Dans ce cas, une réorganisation du service à domicile avec des passages plus fréquents, un portage de repas, des visites de bénévoles, suffit la plupart du temps à rétablir la situation. Quant au remplacement du gaz par l'électricité, la personne l'accepte si on lui fait valoir que cela lui permet de rester chez elle.

C'est aussi une occasion d'évoquer une éventuelle entrée en institution et de donner à tout le monde le temps d'y réfléchir.

Adapter le contrat d'assurance

La personne doit être bien assurée par un contrat multirisques en responsabilité civile contre les dommages qu'elle peut causer à autrui et à elle-même. Si un changement survient dans sa situation, telle qu'une mise sous curatelle, il doit être signalé à l'assureur qui a le droit de résilier le contrat ou de réviser les primes à la hausse. Une déclaration fausse ou incomplète autorise l'assureur à demander en justice l'annulation du contrat.

Cela dit, il y a mille et une façons de faire face à la perte d'autonomie et l'entrée en établissement n'est pas la panacée. Mais dès qu'une personne est trop handicapée pour accomplir certains gestes de la vie courante, la question se pose : pourra-t-elle continuer à vivre chez elle ou va-t-elle être obligée d'entrer en maison de retraite ?

Les deux règles d'or

Tenir compte de l'avis du principal intéressé

Il est essentiel de l'associer à toute démarche, même si on a l'impression qu'il ne saisit pas ce qui se passe.

Une personne vieillissante a un passé de quatre-vingts, quatre-vingt-dix, cent ans qui l'a façonnée. Nous n'avons pas à la soumettre à ce que nous voudrions qu'elle fasse ou qu'elle soit. En dépit d'un corps affaibli, en dépit même d'un esprit vacillant, elle reste l'acteur principal sur la scène de sa vie. En revanche, la famille ne doit pas se sentir coupable de ne plus pouvoir s'occuper correctement d'un parent malade (voir chapitre 38 « Je me sens coupable de l'avoir placée en long séjour »).

La perte d'une bonne vision, une mauvaise audition, la peur de tomber après une première chute où l'on est resté au sol sans pouvoir se relever seul, des oublis répétés, sont de bonnes occasions pour envisager ensemble la possibilité d'une entrée en établissement (voir chapitres 1 « Elle tombe de plus en plus souvent » et 6 « Il n'y voit pratiquement plus »).

Par exemple, après le décès de leur conjoint, bon nombre de personnes souhaitent quitter la maison où elles ont partagé sa vie et se retrouver en compagnie de gens nouveaux. Elles ne supportent plus leur environnement et prennent seules la décision d'intégrer un établissement de retraite. Dans ce cas, c'est une bonne solution.

Parler en vérité

Cacher la vérité, faire croire à une personne qu'elle entre dans une maison temporairement alors qu'il s'agit d'une entrée définitive mène en général à une catastrophe. La vérité seule garantit une bonne adaptation. Des familles pensent bien faire qui cherchent une place en établissement en se taisant. Les justifications : « Il ne se rend pas compte, elle ne se souvient de rien » ne tiennent pas. Les personnes confuses ou « absentes » perçoivent les ambiances. Tout non-dit les déstabilise. Quand quelqu'un est dans une institution contre son gré, c'est mauvais pour tout le monde. Pour lui, car il n'attend qu'une seule chose : son retour à la maison. Pour le personnel qui ne sait pas répondre à ses demandes répétées concernant la date de son départ. Lorsqu'il apprend la vérité, il n'a plus confiance en personne. Pour les autres résidents : ils côtoient une personne qui râle tout le temps ou qui est abattue. Mentir à quelqu'un, c'est lui faire violence bien plus que de lui dire la vérité. En revanche, la famille peut avoir de bonnes raisons de s'y prendre par étapes pour annoncer à une mère ou à un père une entrée en établissement. Elle peut se faire aider par des professionnels, en particulier la directrice ou le directeur de la maison (voir aussi chapitre 18 « Il refuse de quitter sa maison »).

Les enfants qui se décident à dire la vérité sont, la plupart du temps, surpris par les facultés d'adaptation de leur parent. Ce n'est pas si surprenant. Au cours de sa longue vie, il a dû faire face à nombre de changements, de renoncements. Il peut encore trouver en lui les ressources nécessaires pour affronter cette nouvelle étape.

Quoi qu'il en soit, il vaut mieux ne prendre aucune décision dans l'urgence. L'accueil temporaire est aussi un bon moyen de tester comment la personne supporte la vie en collectivité. Si on a l'habitude de dire la vérité : « Tu es là de tel jour à tel jour, puis tu retournes chez toi », elle n'aura pas la crainte d'être placée contre son gré.

Les conseils d'une directrice de maison de retraite

« Je voudrais inciter les familles à dédramatiser l'entrée d'un de leurs proches en maison de retraite. Ce n'est pas un couperet qui tombe. D'énormes progrès ont été accomplis dans le domaine de l'hébergement des personnes âgées et cela va continuer dans le bon sens. Les médias ne parlent pas assez de cette évolution positive. Et les médecins ne sont pas tous persuadés que l'on peut vivre bien en maison de retraite. Certains disent à leurs patients : "Vous êtes encore trop bien pour aller en maison de retraite", ou carrément : "Non, n'allez pas dans une maison." Il y a un gros travail à faire pour informer et rassurer les familles. Cela est d'autant plus nécessaire que leurs peurs, leurs angoisses font qu'elles s'adressent à nous lorsqu'elles sont à bout de souffle et dans l'urgence. L'entrée en maison de retraite devrait se prévoir et se préparer. »

Si, aujourd'hui encore, pour une personne âgée, le choix d'un lieu permanent de vie s'effectue, dans la plupart des cas, selon l'alternative : maintien à domicile ou entrée en établissement, l'un n'est plus forcément exclusif de l'autre. Il existe des modèles complémentaires et la société offre désormais, hélas pas partout, un éventail de solutions : accueil de jour, animations et restaurants des maisons de retraite ouvertes aux aînés du voisinage, hôpital de jour, hébergement saisonnier, domiciles collectifs, accueil familial...

Pour en savoir plus

Où s'adresser ?

– au Centre local d'information et de coordination (CLIC) ou, à Paris, au Point Paris-Émeraude de l'arrondissement où habite la personne ;
– au Centre communal d'action sociale (CCAS), à la mairie du domicile de la personne concernée ;
– à l'Office des personnes âgées ;
– au médecin traitant ;
– à la caisse de retraite complémentaire dont dépend la personne.

36

J'ai envie de lui taper dessus

Serge a accepté de raconter comment, en toute banalité, la violence s'insinue dans les rapports : « Mon épouse, que j'ai chérie tout au long de notre vie commune, est atteinte de la maladie d'Alzheimer. Je refuse de m'en séparer et je suis aidé par une aide à domicile tous les jours, sauf le samedi et le dimanche. Mais elle m'épuise. Elle ne cesse de se promener sans but dans l'appartement et tente de s'échapper dès que s'ouvre la porte d'entrée. Elle est déjà tombée à deux reprises et j'ai peur qu'elle se casse le col du fémur. J'ai donc décidé de l'attacher sur son fauteuil. Le premier quart d'heure, elle rue dans les brancards, puis elle n'y pense plus et reste tranquille. Surtout, elle mange très salement, elle en met partout, sur ses vêtements, par terre, sur les fauteuils. Cela m'exaspère car, à peine ai-je nettoyé qu'elle recommence, j'ai l'impression qu'elle y prend plaisir. L'autre jour, je suis sorti de mes gonds, je l'ai non seulement disputée, mais aussi giflée. Elle a eu un hématome à la joue et j'ai réalisé mon geste. J'ai terriblement honte. Mais mon envie de lui taper dessus est telle que je ne suis pas sûr d'éviter toute récidive. »

Silence sur les violences faites aux personnes âgées ! Il s'agit d'un sujet tabou. Or les mauvais traitements sont une réalité, qu'il s'agisse de violences physiques (coups, enfermement, ligotage...), psychologiques (menaces, chantage...), financières (retrait d'argent, vol de biens...), médicamenteuses (abus ou insuffisance de traitement, soins oubliés...) ou civiques (mises sous tutelles abusives...).

Quand l'agressivité explose

La dépendance engendre aussi sûrement l'agressivité que la faim provoque la colère d'un bébé. Issue d'un mélange d'inquiétude pour le présent, d'angoisse devant l'avenir, d'impuissance devant l'aggravation de l'état de santé, elle frappe aussi bien le malade que son entourage.
• **La personne dépendante** est irritée par ses difficultés, ses oublis, excédée par les questions et les reproches, blessée par la certitude intime de perdre ses moyens et ses qualités, affolée par le risque de perdre l'amour de ses proches. Colère contre soi, agressivité contre l'entourage sont des réactions habituelles d'une personne dont la vie se détériore. Elles sont des facettes de sa rage frénétique de préserver son existence, l'affirmation de soi, un élan vital.
• **Les proches**, eux, sont irrités par les maladresses, exaspérés par l'accumulation des ratés dans des tâches qui paraissent simples, déconcertés par les changements qui surviennent, épuisés par les contraintes et la recherche de solutions toujours temporaires. Leur angoisse monte et les problèmes de communication se multiplient. Cela va parfois jusqu'à la haine quand la personne âgée semble ne plus s'intéresser qu'à elle-même et devenir insensible aux besoins des siens. Fatigue et rancune s'additionnent, entraînant reproches, disputes et parfois de vraies

violences : injures, négligence dans les soins, coups, enfermement.

• **Les professionnels** ne sont pas à l'abri de ce risque. Fatigue due à la charge de travail, saturation devant la répétition des tâches, impuissance face à l'évolution, sentiment d'échec face à la mort, manque de formation concourent à les rendre agressifs envers les malades.

Des violences sont commises dans 5 à 6 % des établissements, le plus souvent dans ceux où il manque du personnel : contention, escarres dues à un manque d'attentions, abus de somnifères, humiliations, emploi d'un vocabulaire trop familier ou carrément déplacé (voir chapitre 17 « À la maison de repos, tout le monde l'appelle "mamie", est-ce un manque de respect ? »), horaire du dîner fixé à 17 h 30 et coucher à 18 h 30, quels que soient la saison et le désir du résident, enfin, plus rarement, spoliations de biens. Les aînés sont d'autant plus agressifs qu'on ne leur porte pas assez attention.

Des chiffres édifiants

Même explicable, la violence ne doit être ni niée ni sous-estimée. Bien que sujets à caution (ce n'est pas parce qu'une vieille personne se plaint qu'elle est effectivement maltraitée), les chiffres impressionnent[1]. En 2002, en France, 800 000 personnes âgées étaient maltraitées ; 5 % des plus de 65 ans et 15 % des plus de 75 ans. Les femmes, veuves, vivant en famille,

1. Ils ont été révélés par Denis Jacquat député de la Moselle et vice-président de la Commission des Affaires culturelles, familiales et sociales de l'Assemblée nationale, lors d'un colloque de la Fédération nationale des associations des directeurs d'établissements et services pour personnes âgées (FNADEPA) en 2003.

représentent 75 % des victimes. Leur moyenne d'âge est de 79 ans. Les femmes très âgées qui possèdent des biens et ont des troubles mentaux ou intellectuels, courent les plus grands risques, surtout lorsqu'elles habitent sous le même toit que celui ou celle qui les aide.

Qui sont les maltraitants ?

Les membres de la famille dans 59,2 % des cas. Ce sont les fils qui infligent le plus gros des violences, puis les filles, les cousins, les neveux, les nièces, les conjoints et les petits-enfants, qu'ils soient adultes ou adolescents. Ensuite viennent les professionnels, dans 19,6 % des cas : infirmiers, aides-soignants, aides à domicile et personnel administratif. Sont cités également amis et voisins. Un emploi précaire, des finances en mauvais état, des troubles mentaux, l'alcoolisme, la drogue ou une diminution de la tolérance due à la fatigue entraînent l'entourage à maltraiter les aînés.

La cohabitation, des caractères difficiles, un changement de situation, tels un veuvage ou un déménagement, peuvent être à l'origine de mauvais traitements. Dans les familles où la violence est une habitude, elle devient même inconsciente.

Être aidé et se laisser soulager

Trop souvent, le proche est vu par les professionnels comme une ressource que l'on veut bien seconder en allégeant son fardeau concret. Mais on tient très peu compte de son fardeau psychologique. Cela, d'autant plus que lui-même dissimule le plus longtemps possible son état. Or l'entourage familial a besoin d'un soutien émotif et moral. Certaines familles s'épanchent dans des groupes de parole (groupes de France-Alzheimer, de France-Parkinson, groupes de familles en établissements). Là, elles apprennent qu'elles ne sont pas inépuisables, ni les seules à être « vidées », ni même anormales ou monstrueuses parce qu'elles souhaitent la mort de la personne handicapée, non par haine, juste pour que leur cauchemar finisse au plus vite. Cela favorise l'acceptation d'aides extérieures.

Plus généralement, il faudrait que tous ceux qui sont en contact avec ces familles prennent le temps de les écouter. Cela les rassure d'apprendre que leurs peurs sont partagées. Cela leur fait du bien de s'entendre dire que leur inquiétude est liée à l'amour qu'elles portent à leur parent. Les familles ont besoin d'être tranquillisées, acceptées comme elles sont, entre leur sentiment de culpabilité et leur désir d'être libérées. Elles ont besoin qu'on respecte leurs souffrances, leurs secrets, qu'on pardonne leurs mauvais côtés et qu'on mette en valeur leurs bons côtés. Il ne faut donc pas hésiter à rencontrer psychologues, responsables de services à domicile, directeurs de maisons de retraite, quiconque est susceptible d'avoir une oreille attentive. Ils savent écouter sans juger et proposent des solutions de répit. Ils diffusent aussi des connaissances sur la psychologie des plus âgés.

La maladie et l'âge ne donnent pas tous les droits. Ceux qui entourent une personne handicapée ont le droit d'être affaiblis, de se faire aider, de se reposer, de changer quand la situation est trop insatisfaisante. Ils ont droit à une vie personnelle.

L'agressivité, un signal

Il est douloureux de voir devenir fragile quelqu'un qui, tout au long de notre vie, a été notre soutien. Tout se passe comme si la personne nous décevait ; ça nous angoisse et l'on s'en veut de la voir ainsi. La désorientation est déchirante. C'est insupportable pour un époux d'être confondu avec le papa, pour un enfant de ne plus être reconnu. On ne sait plus se situer en face de la personne malade. Il arrive qu'on lui en veuille.

Si nous sommes agressifs, ce n'est pas sans raison. Et, le plus souvent, ces raisons ne tiennent ni à la mauvaise volonté de la personne que nous aidons, ni à notre méchanceté. Simplement, il y a des situations exaspérantes. Il faut donc s'y attaquer : « Il a encore fait pipi alors que je viens de changer les draps ! » Nous avions cru régler la question de l'incontinence avec des couches, mais cela ne plaît pas à la personne. Peut-être faut-il organiser un passage régulier aux toilettes ou en parler au kinésithérapeute ? Un autre a encore cassé son verre. Et si nous mettions à sa disposition une vaisselle adaptée à son handicap ? Ou si nous jugions une fois pour toutes qu'un verre cassé n'est pas un drame ?

Et pour empêcher l'agressivité de se développer, il y a la vraie tendresse compatissante : « Tu aurais aimé ne pas te salir comme ça, n'est-ce pas ? » L'agressivité, en mettant en évidence ce qu'on supporte mal, nous révèle notre besoin de sécurité et de sérénité.

Pour s'en sortir

La violence, on peut l'augmenter et la nourrir, la dissimuler, la dévier sur un bouc émissaire ou trouver un exutoire. On peut fuir, refouler ses sentiments et en tomber malade. On peut aussi la faire cesser. Mais pas seul. D'autant qu'elle est souvent dissimulée par la victime qui a peur d'être séparée du seul proche qui lui reste. Comment se plaindre de la violence d'un enfant qui se venge d'avoir été maltraité dans son enfance ? Comment empêcher une femme, toute sa vie soumise à son mari, de profiter de la maladie de celui-ci pour passer de dominée à dominatrice. Que faire ?

• **Dans les établissements**, la première démarche consiste à rencontrer le directeur ou la directrice pour parler ouvertement de ses soupçons. Le représentant des familles au conseil d'établissement peut demander la constitution d'un comité de vigilance. Il faut aussi exiger que le personnel soit formé. Le travail en équipe diminue les risques. Au moment de choisir une maison de retraite, méfiez-vous des établissements où le personnel est livré à lui-même.

• **À domicile**, une seule solution : se faire aider pour tout ce qui est matériel, passer le relais à des professionnels, se reposer, reprendre son souffle. La violence est la face noire de chacun.

Pour en savoir plus

Voici trois organismes capables de venir en aide à tous ceux qui souffrent de la violence, vieilles personnes, entourage familial ou professionnel.

– Allô Maltraitance des personnes âgées (ALMA), 33 antennes régionales. Tél. : 0 892 68 01 18. Site Internet : www.almafrance.org. Il s'agit d'un réseau d'écoute téléphonique dont les bénévoles écoutants, retraités, sont formés aux différents aspects de la maltraitance et à l'écoute téléphonique.

– Association française de protection et d'assistance aux personnes âgées (AFPAP), Tél. : 0 800 02 05 28.

– Réseau Internet francophone Vieillir en liberté (RIFVEL). Site Internet : www.fep.umontreal.ca/violence. E-mail : rifvel-france@agevillage.com.

– Un livre : Robert Hugonot, *La Vieillesse maltraitée*, Dunod, 1998.

37

Elle est devenue méchante

Voici l'histoire de Chantal : « Ma mère, 89 ans, est devenue très capricieuse et, j'ose le dire, méchante. Elle aurait pu continuer à vivre chez elle, mais elle a tyrannisé, épuisé ou mis à la porte tant d'aides-ménagères que nous avons fini par la faire entrer en maison de retraite. Elle refusait de leur ouvrir le matin, puis nous appelait pour faire son ménage. Déplacer des bibelots déclenchait des drames. Mais, en institution, son caractère ne s'améliore pas. Elle refuse de se lever quand elle n'a pas de visite. Elle nous téléphone la nuit en prétextant des malaises. Elle appelle le personnel à n'importe quelle heure pour n'importe quoi : ouvrir un pot de confiture, retrouver son porte-monnaie, ramasser un mouchoir et elle va même jusqu'à vider sa bouteille d'eau minérale dans le lavabo pour qu'on lui en apporte une autre. Pendant deux jours, elle est restée silencieuse et elle a fait sous elle d'un air narquois. On se demande ce qu'elle va encore inventer. Le personnel a beau avoir une attitude ferme pour mettre des limites à ses exigences, je sens bien qu'il prend ma mère en grippe et je crains que les nombreuses plaintes n'aboutissent à un renvoi de l'établissement. Ma mère nous donne une drôle d'image d'elle ! »

Comment comprendre qu'une maman si effacée se soit transformée en harpie ou en tyran, qu'un papa serviable devienne insupportable ? Les barrières lâchant parfois devant le grand âge, ceux qui nous ont épaulés donnent une image négative. Ce n'est pas forcément de leur faute et il est rare qu'un simple appel à la raison ou à la vertu change les choses. Il ne s'agit pas de les condamner, mais de les aider à être au mieux. D'ailleurs, « capricieux, exigeants, autoritaires, tyranniques... », à ces mots très durs qualifiant de vieux parents sont souvent joints les mots « patience » et « tendresse ».

L'agressivité, une forme de communication maladroite

Les causes éventuelles

Parfois les troubles du comportement sont dus à un médicament mal pris ou mal supporté. D'autres fois, ils sont symptomatiques d'une maladie que l'on peut soigner. Chez certains, ils révèlent une maladie d'Alzheimer. Les personnes en début de maladie peuvent, en effet, être odieuses avec ceux qui les secondent soit parce qu'elles ne voient pas la réalité et s'énervent, soit parce qu'elles s'en rendent compte et la refusent. Elles s'acharnent contre tout témoin de leurs oublis.

Les raisons profondes

Les « caprices » ne sont pas des enfantillages. Ils relèvent de l'appel. Il s'agit moins d'y répondre directement, sous peine d'en devenir esclave, que d'en chercher la cause profonde. La personne veut qu'on s'intéresse à son cas et qu'on s'occupe d'elle. Quelque chose lui paraît intolérable et, comme elle n'y peut rien, elle retourne sa rancœur contre ceux qui l'entourent. Si nous ne voyons que l'aspect vindicatif, alors nous la traitons de méchante ou d'ingrate. C'est une erreur.

La mère de Chantal réalise qu'elle glisse inexorablement vers le moment où elle n'aura plus de caprice à satisfaire. Alors, elle met le paquet, pour se faire remarquer, montrer qu'elle existe encore.

De plus, pour les personnes très âgées, l'instant présent revêt une extrême importance. Exiger des satisfactions dans l'instant est une façon de se sentir vivre et procure une sensation immédiate de bien-être. (Voir chapitre 43 « Il est devenu agressif ».)

Chercher à comprendre et savoir réagir

Il est délicat de refuser de céder tout en montrant qu'on est attentif. Les professionnels sont formés pour faire face. Ils le savent, comme le tonnerre n'a rien contre le paratonnerre, l'agressivité n'est pas tournée contre tel ou tel d'entre eux. La personne se défoule sur le premier qui se présente, voire sur celui qui a le plus d'importance à ses yeux. L'agressivité, n'ayant pas trouvé son but, parvient, comme par ricochet, à celui qui passe, proche ou professionnel, même s'il manifeste dévouement et gentillesse. L'aîné profite de la moindre faiblesse de quelqu'un, d'une attitude critiquable, aussi peu que ce soit, pour déverser sa mauvaise humeur. Il est donc très important que la personne ainsi agressée prenne suffisamment de recul pour ne pas se sentir directement prise à partie et, surtout, ne réponde pas par de l'agressivité. La vieille personne doit sentir que nous ne sommes pas en opposition frontale avec elle. Jusqu'à quel point vouloir forcer à manger à l'aide de beaux discours au lieu de lui proposer des plats qui lui font envie ? Imposer une douche quotidienne à quelqu'un qui n'en a jamais eu l'habitude peut être une violence qui déclenche des réactions odieuses. Une personne qui refuse de se laver à 7 heures du matin et injurie l'aide-soignante, l'acceptera peut-être à 10 heures, après un bon petit déjeuner. **Modifier certains détails de la vie courante** suffit parfois à rétablir des relations sereines.

Quand quelqu'un, en maison de retraite, refuse de se lever, de parler, de manger ou même d'avaler ses médicaments, quand il se montre odieux avec le personnel, c'est souvent qu'**il refuse d'y résider**. Est-il entré là de son plein gré ou consentant « du bout des lèvres » ? Il est certain qu'il souffre. Ne sachant pas ou ne voulant pas le dire, il montre qu'il est mal en refusant tout. On peut essayer de l'amadouer en lui proposant des sorties pour lui prouver qu'il n'est pas en prison. Mais les établissements sont trop souvent présentés comme une solution négative, quand « on ne peut plus » rester chez soi. Du coup, on y voit une rupture avec la vie « normale », un enfermement dans un cadre étranger et une vie collective avec des personnes non choisies. Les maisons de retraite n'ont de valeur, pour les personnes qui y résident, que par la qualité de vie qu'elles offrent. Les soins, bien sûr, mais aussi la chaleur humaine, le sourire du personnel, l'aide amicale et fraternelle en font partie. Certains deviennent passifs et se résignent en attendant la fin dans un désœuvrement pas seulement dû à leur affaiblissement. D'autres vont devenir agressifs ou très exigeants.

Il existe aussi une « méchanceté » qui manifeste le **refus de vieillir en mauvaise santé**. Là encore, tâchons de faire la nuance entre la personne, dont on sait qu'elle est bien différente, et son comportement. Il lui faut du temps pour comprendre que, devenue paralysée, elle va tout de même pouvoir se déplacer à sa guise en apprenant à manier un fauteuil roulant. Il faut de la patience et de la confiance pour inventer d'autres façons de vivre. Si l'entourage comprend la « méchanceté » comme une protestation contre les malheurs du vieillissement et l'envie de s'en libérer, alors, ce ne sera qu'un difficile passage vers un avenir encore prometteur.

Pour plus d'harmonie

• Parler vrai, déclarer clairement ce que l'on ressent et ce que l'on souhaite, allège la conscience.
• Si l'on ne se sent pas capable d'indulgence ou de bienveillance, ce qui est compréhensible étant donné la charge que représente l'accompagnement d'une personne âgée malade, il est bon de trouver, entre soi et l'aîné, des intermédiaires. Des gendres jouent très bien ce rôle.
• Il est utile aussi de prendre rendez-vous avec la directrice ou le directeur de la maison de retraite et d'établir avec eux un rapport privilégié en les informant précisément de ce qu'on a dit ou caché à son parent et de ses craintes.
• Rencontrer le psychologue qui intervient dans l'établissement et le représentant des familles au conseil d'établissement. Y évoquer des situations personnelles peut améliorer la vie de plusieurs résidents.
• Le médecin peut aussi jouer le rôle d'un tiers. Il lui arrivera de prescrire des séances de kinésithérapie, pour « donner de l'air » et apprendre à son patient à se relaxer.
• En revanche, rendre visite aux gens « difficiles » au jour et à l'heure fixée, même après avoir été jeté dehors, fait apparaître comme solide et fiable. Cela les rassure.
• Si l'on arrive à la conclusion que l'établissement ne convient pas à la personne, vouloir l'y maintenir à tout prix ne fera qu'envenimer les choses. Il existe

La résiliation du contrat de séjour

Dans les conditions d'admission, la plupart des établissements proposent une période d'adaptation d'une durée maximale de six mois. Lorsque l'adaptation est, de toute évidence, irréalisable, la direction ne propose pas de prolonger l'expérience.

Quand on connaît les difficultés que rencontrent les familles pour trouver une résidence, on comprend leur crainte à l'idée que leur parent en soit renvoyé. Cette menace est un moyen de pression important, malheureusement utilisé par certaines directions, surtout à l'encontre des mauvais payeurs. En réalité, les causes de résiliation d'un contrat de séjour par la direction d'un établissement sont, décès mis à part, le non-paiement et l'inadaptation de l'état de santé aux possibilités d'accueil. Mais il existe effectivement une résiliation pour incompatibilité avec la vie en collectivité ou inadaptation du comportement du résident à son environnement. Sa mise en œuvre est toujours délicate puisqu'elle peut reposer sur des témoignages partiaux. Les faits doivent être établis et portés à la connaissance du résident. Un entretien avec la personne intéressée, accompagnée d'un membre de sa famille, peut permettre de dénouer de nombreuses situations. En cas d'échec, le résident est informé par lettre recommandée de la mise en œuvre de la procédure et sa famille également. Cette procédure doit impérativement être contradictoire, chacune des parties pouvant exposer ses griefs et récuser ceux qui lui sont reprochés. Le dossier sera porté à la connaissance du conseil d'établissement qui aura à se prononcer sur le maintien ou l'exclusion. Sa consultation est un préalable à la décision définitive de la direction de la maison de retraite. Le résident et les membres de sa famille recevront une lettre recommandée avec accusé de réception. En cas de renvoi, il disposera d'un mois pour libérer la chambre et trouver un autre hébergement.

des solutions alternatives : familles d'accueil (voir chapitre 11 « Elle se sent isolée »), appartements d'accueil ou résidences collectives d'une vingtaine de personnes maximum, sont bien mieux acceptés par des aînés au caractère difficile (voir chapitre 20 « Il a choisi une petite maison de retraite non médicalisée »). Il paraît impossible pour la famille de reconsidérer un choix que l'on espérait définitif. C'est un dur moment mais si l'enjeu, un mieux-être pour tout le monde, est atteint, il en vaut la peine.

À noter : Si le résident quitte l'établissement, il doit en avertir la direction par lettre recommandée avec accusé de réception, au minimum trente jours avant la date prévue pour le départ (ce délai est différent selon les établissements). Voir encadré.

Pour en savoir plus

En cas de litige, vous pouvez consulter :
- l'association de familles de l'établissement, s'il y en a une ;
- le service social de la mairie de votre commune ;
- la Direction départementale des affaires sanitaires et sociales (DDASS) ;
- la Direction départementale de la concurrence, de la consommation et de la répression des fraudes (DDCCRF).

Vous pouvez aussi saisir, par courrier, le conciliateur dont l'adresse vous sera fournie à la mairie.

Enfin, s'il n'y a aucune autre solution, saisissez le Tribunal de grande instance.

38

Je me sens coupable de l'avoir placé en long séjour

« Depuis la mort de ma mère, mon père, âgé de 81 ans, vivait seul, chez lui, à Nancy, raconte Roger. Atteint de la maladie d'Alzheimer, il lui fallait une présence constante. Nous avions donc organisé toute une série de gardes. Et puis son état s'est dégradé : il est devenu complètement incontinent, il nous reconnaît à peine. Nous avons été obligés de le placer dans le service long séjour de l'hôpital. Nous travaillons à Paris, ma sœur, mon frère et moi. Il était de toute façon impossible de le faire venir auprès de nous. Mais nous vivons cela avec un profond sentiment de culpabilité. Nous osons à peine nous en parler. Nous venons le voir à tour de rôle chaque semaine. Mais mon frère commence à se demander si cela en vaut vraiment la peine. Moi, avant chaque visite, je suis obligé de prendre un tranquillisant. Ce n'est pas une solution. »

« Placement », le mot lui-même laisse une impression désagréable d'abandon et d'abandon dans un endroit sinistre. Pas étonnant qu'on se sente coupable ! L'entrée en institution est une décision douloureuse à prendre, tant pour la famille que pour la personne elle-même. Surtout lorsqu'elle se fait dans l'urgence.

Pourtant, il y a des limites au maintien à la maison. C'est, en effet, une bien lourde charge que de s'occuper à domicile d'un parent dépendant. Il nous faut alors agir à la fois comme les parents de nos parents et comme des soignants. À leur donner tout notre temps, on s'épuise. Bien sûr tout le monde souhaite rester chez soi et mourir dans son lit. Vieillir chez soi et bien entouré est un rêve partagé par tous. Mais il y a ceux dont la maison est mal adaptée, ceux dont la commune est pauvre en services à domicile, ceux que la solitude angoisse (voir chapitre 35 « Elle laisse le gaz ouvert »)...

À partir de quel moment, en fonction de quelles données objectives, la famille décide-t-elle de se tourner vers un placement en institution ?

Les coûts ou les complications de l'organisation comptent. Mais c'est surtout quand un parent est dans un état permanent de confusion que cela devient particulièrement difficile à vivre pour le malade et pour ses proches.

> Raymonde raconte : « Ma mère est atteinte de la maladie d'Alzheimer. Le médecin de la famille a proposé, au bout de deux ans, de la placer en institution. Mon père a refusé tout net. Il a pris une femme de ménage et fait venir des infirmières. Il s'est usé à prendre tout en charge et à voir ma mère décliner de cette façon. Il est mort maintenant et je n'ai pu garder maman avec moi : je travaille et mes enfants sont encore à la maison. Elle est donc entrée dans un service spécialisé. Je me suis sentie coupable de l'abandonner, mais je me suis aussi rendu compte que maman était mieux, qu'elle avait des soins plus adaptés. »

Certaines situations peuvent devenir dramatiques, comme le révèle ce témoignage de Claude.

« J'ai vécu seule avec ma mère toute ma vie. Maintenant, elle a 93 ans. Je m'étais juré de ne jamais me séparer d'elle. Au fil des années elle est devenue de plus en plus dépendante. Je suis seule à assumer. Je n'ai jamais voulu avoir de l'aide, estimant que c'était à moi de m'occuper d'elle. Depuis deux ans, je n'osais plus sortir de la maison, sauf pendant qu'elle faisait la sieste. Je ne voyais plus personne, n'allais plus au cinéma... Le médecin vient de me pousser à l'inscrire dans une maison de retraite. Je suis bourrelée de remords, j'ai honte de moi-même. Mais j'ai 60 ans. Il me semble qu'il est temps que je me remette un peu à vivre normalement. »

En revanche, considérons l'exemple de Geneviève.

« Après la mort de papa, maman a commencé à déprimer, à mal se nourrir. Elle est tombée plusieurs fois, elle devenait parfois confuse. L'idée de son entrée en maison de retraite a commencé à faire son chemin. Aujourd'hui, elle vit dans un petit établissement, non loin de chez moi. Elle fait des repas équilibrés, elle est entourée d'un personnel sympathique. Bien sûr, je vais la voir régulièrement. En fait, elle se sent rassurée. »

Ceux qui entourent des personnes âgées parlent très souvent de culpabilité. Il faut en finir avec la culpabilité. Les enfants veulent qu'on les aide à se sortir du cercle vicieux dans lequel ils sont installés : je supporte un fardeau très lourd ; il devient trop lourd, je suis frustré, impatient, agressif ; je me sens coupable d'être agressif envers quelqu'un qui souffre ; pour effacer ma culpabilité, j'en rajoute, j'augmente ma tâche et mon fardeau... et ainsi de suite.

Il faut d'abord dire : « Je me culpabilise », plutôt que « Je me sens coupable ». Ce simple changement de mot fait prendre conscience que l'on peut agir sur cet état (voir chapitre 36 « J'ai envie de lui taper dessus »).

Ne jamais baisser les bras devant ses engagements et se sentir coupable de ne pas y arriver, c'est manquer totalement d'égards envers soi-même. Mieux vaut s'avouer ses limites plutôt que d'aller jusqu'à l'épuisement physique et moral. La culpabilité est une sorte de punition que l'individu s'inflige à lui-même.

Lorsque leur parent est « placé », les familles ont aussi besoin de voir leur rôle reconnu par les professionnels. Elles se plaignent parfois d'être déresponsabilisées, dépossédées des choix concernant le malade et mises à l'écart. Déjà culpabilisées, elles peuvent en plus se sentir exclues. Il est important que les soignants favorisent le maintien des liens familiaux et facilitent la participation des familles.

Maintenir les liens en participant

• **Préservez votre santé**, cela vous permettra de poursuivre au mieux votre rôle d'aidant. Nous ne sommes pas les seuls capables de répondre aux besoins de la personne que nous aimons et que nous soutenons. Nous devons réfléchir à ce qui est le mieux pour tout le monde, y compris pour notre parent : « Suis-je la meilleure personne pour répondre à ses besoins ? Y aurait-il une autre façon de faire ? » La première personne dont nous sommes responsables, c'est nous-même. Si nous en prenons conscience, il nous apparaîtra plus évident de n'avoir pas à vivre la vie de l'autre. C'est très difficile parfois de l'accepter, surtout si nous vivons auprès de quelqu'un qui est très malade et dépendant. Nous sommes surtout responsables de nous, parfois des autres, mais pour certaines choses et pour un certain temps.
• **N'hésitez pas à poser des questions** au personnel, à aller déjeuner avec votre parent, à vous associer à sa vie.
• **Ne tenez pas compte du regard des autres**. Même lorsque la personne âgée a choisi elle-même d'entrer

en institution, on a quelquefois l'impression, autour de soi, d'entendre dire qu'on s'en est « débarrassé », voire qu'on l'a rayée de sa vie. Les personnes qui se sont culpabilisées longtemps sont très sensibles au jugement d'autrui.

Les jugements et le regard d'autrui peuvent alors faire mal : « Ils l'ont mis à l'hospice... », « Après tout ce qu'il a fait pour eux », et autres critiques ou remarques acerbes. Il faut être imperméable à ce type de réactions. L'une des conséquences de la culpabilité est, en effet, de distordre le jugement. Un regard, un mot deviennent autant de moyens de pression. Il ne faut pas laisser sa vie être dirigée par les seuls besoins des autres, sans évaluer leur bien-fondé, sinon on se retrouve pris dans une sorte de piège.

39

Ma mère ne se remet pas de la mort de mon père

Patricia est veuve depuis plus d'un an maintenant : « Une part de ma vie s'est arrêtée le 7 février, à la mort de Lucien, mon époux, décédé d'un cancer. Entre les papiers à remplir, les signatures à apposer, la succession à régler et les démarches, je n'ai pas réalisé tout de suite. Mon fils est revenu de l'étranger, ma fille m'a secondée, la famille entière m'a entourée. Puis ils sont tous retournés au travail. Et vient le jour où l'on se retrouve seule dans sa maison. Je suis comme un arbre que la foudre aurait frappé. L'une de ses moitiés abattue, l'autre a du mal à repartir. Mon cœur est déchiré, je me sens incomprise et seule. Au retour de ma première sortie, quand j'ai tourné la clef dans la serrure, aucune voix ne m'a demandé : "C'est toi ?" Je me suis effondrée. Je me suis dit : "C'est un cauchemar, tu vas te réveiller." Mais j'étais réveillée. J'ai voulu quitter ma maison, mes enfants m'en ont empêchée sous prétexte que leur père et moi l'avions aménagée ensemble. C'est justement ça qui me fait mal. J'ai quand même changé le papier peint de notre chambre en pleurant. Je voudrais mourir, le rejoindre. Ce sont mes petits-enfants qui me retiennent, je veux les voir devenir adultes. La majorité de mes vrais amis sont aussi partis sur l'autre rive. Les couples que nous fréquentions m'invitent parfois, encore que certains me craignent. Voient-ils en moi leur avenir ? Une ancienne camarade d'école qui a subi la même épreuve que moi, il y a plusieurs années, m'oblige à sortir. Elle m'a entraînée dans un cours de yoga qui me détend. De temps en temps, nous allons au restaurant. Mais les fêtes de famille, les anniversaires m'ébranlent. Mon époux est avec moi à chaque instant, chaque jour. Et je regrette de ne lui avoir pas plus montré combien je l'aimais, de ne pas avoir toujours eu des mots et des gestes plus tendres. Après ce tremblement de terre que fut son départ, je tente de réapprendre à vivre, différemment. Je me console en me disant que j'ai vécu cinquante-quatre ans de bonheur, la plupart en ont beaucoup moins. »

Les personnes âgées accumulent les deuils. À la mort de frères et sœurs, d'amis du même âge, parfois d'enfants, s'ajoute souvent celle de leur conjoint. Les décès se succèdent, elles en sont comme abasourdies. Pour se remettre de toutes ces pertes, il faudrait du temps. Or, bien souvent, les plus vieux n'ont précisément pas le temps de « faire leur deuil » c'est-à-dire de traverser l'épreuve et de s'en remettre assez pour continuer à aimer vivre.

La perte du conjoint est un épisode quasi inéluctable et particulièrement cruel. Il frappe surtout les femmes âgées, mais ce sont les veufs de plus de 75 ans qui sont les plus fragilisés. Or épauler un aîné en deuil s'apprend.

Qui dit deuil dit fragilité

Les vieilles personnes qui perdent un conjoint ou un proche sont à une période de leur vie où le passé revêt une grande importance. Des pertes, même anciennes, continuent de hanter leur esprit. Des cicatrices qu'on croyait guéries agacent à nouveau. Certains vieillards en arrivent à ne plus vouloir continuer de vivre. D'autres traduisent leur souffrance par des attitudes hostiles envers leur entourage. Parler de leur chagrin, de ceux qui leur manquent, allège leur état dépressif et éloigne les comportements agressifs. Une croyance religieuse aide : d'une part, elle réconforte, d'autre part, elle intègre l'individu dans une communauté susceptible de lui apporter un soutien.

Les jeunes retraités vivent leur veuvage de façon plus dramatique mais se rétablissent plus rapidement. Le décès à un âge plus avancé est davantage prévisible, mais laisse le survivant du couple dans une solitude irréparable. Quand la mort suit une maladie, le deuil semble plus facile, mais celui ou celle qui a accompagné le malade est très souvent dans une situation d'épuisement physique et psychologique tragique. Et, de toute façon, la disparition du conjoint a toujours des conséquences sur la santé physique du survivant : augmentation de la consommation de médicaments, aggravation de maladies préexistantes, bouffées de chaleur, palpitations cardiaques, troubles digestifs, migraines, hypertension.

Les hommes sont plus fragiles que les femmes parce qu'ils ne savent pas manifester leurs émotions et ont tendance à se renfermer. Certains abusent alors de l'alcool. Pâtissant souvent d'une vie sociale moins riche, ils se retrouvent plus isolés. Ils ont plus de mal aussi à faire face aux contraintes de la vie de tous les jours, comme la cuisine ou la lessive, s'ils n'en avaient pas l'habitude. Un four à micro-ondes et une batterie de plats surgelés variés peuvent leur rendre de grands services sans grignoter leurs responsabilités. Les veufs de plus de 75 ans, en particulier, ont un risque de mortalité très élevé l'année qui suit le décès de leur épouse. Ceux qui ont une santé précaire et qui se maintenaient en vie grâce aux soins attentifs de leur femme sont particulièrement vulnérables.

Une difficulté supplémentaire pèse sur **les veuves** qui ont de très faibles revenus, les femmes d'artisans, de commerçants ou d'exploitants agricoles[1] et toutes celles qui sont encore au « minimum vieillesse ».

Les derniers instants passés en compagnie du mourant ont une valeur infinie. Avoir un dernier échange vrai entre vivants, prendre le temps de se dire au revoir permet au survivant d'engranger pour le reste de ses jours. Inversement, ceux qui n'ont pas pu accompagner leur conjoint à la fin de sa vie le vivent comme un désastre.

Comment se passe le deuil

Deuil est un mot qui vient du bas latin *dolus*, la douleur. Au départ, le mot était synonyme d'affliction. Puis on l'a appliqué au chagrin causé par la mort d'une personne et au temps pendant lequel certains signes apparaissent. Le deuil désorganise la vie qui traverse une turbulence épuisante. On appelle « travail de deuil[2] » la suite des comportements qui permettent de desserrer petit à petit les liens avec la personne décédée et de renoncer à sa présence. Pour éviter la souffrance, il est tentant de vouloir prendre des raccourcis. Il n'en existe pas. Ce « travail » se déroule en cinq étapes :

- **La sidération**. C'est le choc qui suit l'annonce du décès. La vie du survivant est désorganisée. Il est prostré. Il perd le sommeil et l'appétit.
- **La révolte**. Pour se protéger, il refuse la situation, évoque sans cesse le disparu et s'accroche aux objets

1. La loi d'orientation agricole de juillet 1999, créant le statut de conjoint collaborateur de l'exploitant, n'a guère touché les plus anciens.

2. Utilisé par Freud dans *Deuils et Mélancolie*, 1915.

de celui-ci. Cette réaction est normale et il faut un certain temps pour la dépasser.

• **La dépression**. « Un seul être vous manque et tout est dépeuplé. » L'endeuillé se désintéresse de tout et même se sent coupable de n'avoir pas évité la mort de l'autre. Obligé de se confronter à la réalité, il souffre. Son humeur est dépressive. Il faut bien repérer cet épisode pour prévenir un suicide, toujours possible (voir chapitre 40 « Il parle de suicide »).

• **Le détachement**. Il évoque les souvenirs communs en prenant de la distance et s'habitue à en parler au passé. Il relâche les attaches avec le défunt. Mais celui-ci fait irruption dans ses rêves ; il croit reconnaître sa silhouette dans la rue. Il est triste, les larmes lui montent souvent aux yeux.

• **L'acceptation**. L'endeuillé retrouve une image moins idéalisée du défunt, avec ses côtés positifs et négatifs. Il accepte de vivre en son absence, se lance dans de nouveaux projets et s'ouvre à de nouveaux attachements.

Mais un tel bouleversement émotionnel laisse des cicatrices douloureuses, en particulier aux dates anniversaires. Après un deuil, une personne n'est jamais plus la même.

Patience et longueur de temps

Aider une personne en deuil, c'est d'abord **être à son côté**. Ce geste, instinctif dans les premiers jours, l'est moins au bout de quelques mois. Or entre le deuxième et le sixième mois, l'endeuillé se sent isolé et n'a pas la force de prendre l'initiative des contacts. Les proches jouent un rôle plus important au début du deuil et les amis, s'il en existe, semblent prendre le relais par la suite.

L'absence apparente de chagrin est le problème

le plus préoccupant. Celui qui ne montre rien de sa souffrance, n'en parle pas et semble continuer de vivre comme si de rien n'était, mérite une attention très particulière. Mieux vaut alors consulter un psychologue, en passant par l'intermédiaire du médecin habituel.

L'essentiel est de donner à la personne endeuillée **la permission d'exprimer son chagrin** et le mal que lui inflige le mort en la laissant. Sans jamais rien forcer, il est bon de saisir toutes les occasions où la personne manifeste le désir de parler de son deuil, d'en dire davantage, comme elle l'entend, sans essayer de la distraire ou de la consoler outre mesure, mais en prenant tout le temps de l'écouter. Parfois, on aura l'impression qu'elle se répète. Si on l'écoute bien, on remarquera que son récit se modifie et devient de plus en plus cohérent, comme si sa mémoire se dégelait peu à peu. À la vue d'une personne âgée qui pleure, certains, proches ou soignants, sont, à tort, enclins à l'empêcher d'exprimer sa tristesse par un flot de paroles rassurantes. Or, les pleurs contribuent à libérer le trop-plein d'émotions. Reconnaître le chagrin d'une personne lui est un baume. Ne pas pouvoir exprimer ses émotions risque de la rendre malade.

Faire un deuil exige beaucoup d'énergie et une personne âgée n'en a pas tellement. Aussi est-il préférable de ne pas prolonger le temps d'écoute pour lui éviter trop de fatigue. Plutôt que de vouloir épuiser le sujet d'un seul coup, il vaut mieux y revenir à plusieurs reprises. D'autant que le processus du deuil s'avère plus lent que chez les jeunes. Une raison supplémentaire de **se montrer patient**.

Être avec une personne en deuil, c'est aussi **la ramener à la réalité**, à la nécessité d'accomplir certaines tâches de la vie courante et l'aider à s'occuper d'elle-même. Un peu d'exercice physique, une promenade dans la campagne apaisent.

Si des décisions importantes doivent être prises, tel un déménagement ou la vente de la maison, mieux vaut faire tout son possible pour les remettre à plus tard.

POUR EN SAVOIR PLUS

– Fédération des associations de conjoints survivants (FAVEC), 28, place Saint-Georges, 75009 Paris. Tél. : 01 42 85 18 30. Cette association informe les personnes sur leurs droits, les défend auprès des pouvoirs publics et propose une aide morale.

– Vivre son Deuil Nord-Pas-de-Calais. Tél. : 03 28 36 47 40.
Collectif Vivre son Deuil Bretagne, association Le Geste et Le Regard. Tél. : 02 99 53 48 82.
Vivre son Deuil Picardie. Tél. : 03 22 66 82 85 ou 03 22 70 07 15.
Vivre son Deuil Franche-Comté. Tél. : 03 81 91 63 82.
Vivre son Deuil Île-de-France. Tél. : 01 42 38 07 08.
Vivre son Deuil Brabant-Wallon. Tél. : 00 32 10 45 17 78.
Vivre son Deuil Suisse. Tél. : 00 41 21 79 412 39 63.

– La Porte ouverte, siège social : 21, rue Duperray, 75009 Paris. Tél. : 01 48 74 69 00. Lieux d'accueil en régions.

– SOS Amitié, site Internet : www.sos-amitie.com. La rubrique « Nous appeler au téléphone » fournit les numéros d'écoute dans toute la France.

À lire : Dr Christophe Fauré, *Vivre son deuil au jour le jour*, Albin Michel, 2004.

40

Il parle de suicide

« Mon père, veuf depuis deux ans, a du mal à supporter sa grande maison vide et parle sans cesse de "rejoindre maman". Jusqu'à ces derniers mois, il errait entre ses murs toute la journée sans voir personne d'autre que moi, sa fille unique, en fin de semaine. Et voilà qu'une attaque qui lui laisse des séquelles lui a fait mesurer combien il est devenu fragile. C'est nouveau pour lui, qui a toujours été en bonne forme. Il dit ne pas vouloir vivre avec cette fragilité nouvelle qui hypothèque trop son avenir et entame l'image qu'il avait de lui. Je suis très inquiète. Connaissant son caractère volontaire, j'ai peur qu'il se suicide. »

Le passage vers un autre stade de la vie ne s'accepte pas facilement. Il est normal de regretter celle que l'on avait auparavant, surtout si on s'y sentait bien et reconnu. C'est petit à petit qu'on apprivoise la réalité et que l'on trouve d'autres points d'intérêt. Même si on peut être fatigué et triste par moments, il n'est pas plus normal d'être déprimé quand on vieillit que lorsqu'on est plus jeune. Le suicide est un réel danger.

Le suicide, un vrai risque

Les personnes âgées se suicident discrètement. Sur les 12 000 individus qui se suicident chaque année en France, 5 400 ont plus de 55 ans et près de 2 200 plus de 75 ans. Autrement dit, chaque jour, en France, 6 personnes de plus de 75 ans se donnent la mort. Or tous les suicides ne sont pas déclarés et ce chiffre n'a cessé d'augmenter depuis dix ans d'environ 10 %. Les hommes sont trois fois plus nombreux que les femmes à se donner la mort, surtout des veufs (voir chapitre 39 « Mon père ne se remet pas de la mort de ma mère »). Isolés chez eux, ils ont du mal à communiquer leur détresse. Leur désir de vivre s'étiole. Et, après 70 ans, les hommes qui veulent mettre fin à leur vie ne ratent pas leur geste.

C'est un drame. Les familles se sentent terriblement coupables. Coupables d'abandon, de n'avoir su que faire, de n'avoir rien vu venir... On peut dire : « Mon père est mort », mais il est difficile de déclarer : « Mon père s'est suicidé ». Le tabou est ancien. L'Église catholique a une part de responsabilité dans la marginalisation des personnes touchées par ce drame. Ce n'est qu'en 1983 qu'elle a autorisé les obsèques religieuses de personnes suicidées. Mais, revers de la médaille, cet « adoucissement » de l'Église a atténué son rôle dissuasif devant le suicide. Cela, conjugué à une image renouvelée d'un Dieu amour plutôt que juge, a conduit certains croyants à se dire : « Puisque Dieu m'aime, il me comprend et va m'accueillir. »

Une société complice

Notre société exclut la mort de la vie. Tant que nous pensons « Plus on en fait, plus on en a, plus on profite de la vie, plus on est vivant », le vieillissement est un handicap et la mort un non-sens. Tant que notre civilisation aura pour but de maîtriser le monde, le suicide risque d'apparaître comme une bonne façon de dominer la mort. Tant que les individus seront jugés à l'aune de leur productivité et de leur utilité, les malades, les handicapés, les vieux seront marginalisés. D'un côté, nous espérons vivre le plus longtemps possible, d'un autre, nous souhaitons que les vieux meurent avant d'être totalement impotents et « dégradés ». La société, dans son ensemble, exprime donc un désir de mort sur ses aînés malades, dont les personnes de grand âge sont conscientes. Certaines adoptent ce désir social. Des personnes âgées parlent de la mort comme si elles la désiraient : « Je ne suis plus là que pour vous encombrer ! » L'erreur est de refuser d'en parler avec elles, de simplement dire : « Tu n'as pas le moral aujourd'hui, mais ça va passer. » Mieux vaut s'y arrêter, le temps qu'elles précisent ce qu'elles veulent dire. Souvent aussi, la volonté de se battre pour la vie faiblit. Les gens âgés sont familiers de la mort, celle de leurs proches, la leur aussi, dont ils ressentent les signes avant-coureurs, physiques et psychologiques. C'est une réalité qui fait déjà partie de leur vie et ne leur fait pas peur. Ce dont ils ont peur, c'est de la souffrance, de la dégradation. Ils voient alors dans le suicide une façon de négocier ce moment important de leur vie.

Alerte à la dépression

Lorsqu'on vieillit, les événements douloureux risquent d'être plus fréquents, à commencer par les disparitions du conjoint, d'amis du même âge, voire d'enfants. Or, la mort d'un proche est toujours suivie d'une phase dépressive. Et la dépression est une grande cause de suicide. La première année qui suit le décès du conjoint est très difficile, particulièrement pour les hommes. On était deux, on a vécu si longtemps ensemble qu'on est devenu un et, quand l'autre s'en va, on reste la moitié d'un. Mais un emménagement à peine consenti en maison de retraite, un déménagement dans un appartement plus petit, la fin d'une activité associative, la mort d'un animal de compagnie peuvent aussi être à l'origine de dépressions.

Chez les vieilles personnes, la dépression se cache souvent derrière des symptômes physiques : maux de tête, de dos, de ventre... Et, si elle s'installe après une maladie grave, comme un accident vasculaire cérébral ou l'annonce d'une maladie d'Alzheimer, le malade et son entourage supposent qu'il est normal d'être déprimé. En réalité, la dépression s'ajoute à la première maladie et nécessite d'être traitée. Car c'est une véritable maladie. La personne est triste, se sent fatiguée à l'avance de vivre une nouvelle journée qui ne lui apportera aucun plaisir, elle dort mal, plus rien ne l'intéresse. En un mot, elle n'a plus d'appétit à vivre. Son humeur et son comportement changent et c'est ce qui doit alerter.

Certaines dépressions sont légères, d'autres plus importantes, mais, si on ne s'en occupe pas, toutes peuvent devenir difficiles à soigner et mener au suicide. Pourtant, grâce aux antidépresseurs et à une psychothérapie de soutien, on en guérit. Trouver des gens qui écoutent avec chaleur et comprennent, voilà ce qui manque le plus aux déprimés. Et ce n'est pas forcément la famille la mieux placée. Aux proches d'inciter le malade à consulter un psychothérapeute et de veiller à ce qu'il n'abandonne pas son traitement.

Des médicaments à ne pas confondre

Les antidépresseurs luttent contre l'humeur dépressive. Ils se divisent en trois catégories.

• Les tricycliques imipraminiques sont les plus anciens. Les IMAO sont peu prescrits en France. Les antidépresseurs les plus récents comme le Prozac sont les mieux tolérés.

• Les anxiolytiques apaisent angoisse et anxiété. Ce sont eux qu'on appelle les « tranquillisants ».

• Les hypnotiques ou somnifères diminuent la vigilance et provoquent le sommeil.

Des signes avant-coureurs

Reconnaître le danger de suicide n'est pas facile. La prévention passe par le dialogue. À 20 ans, 40 ans, il n'est pas rare que les personnes qui veulent se suicider en parlent à leur proche ou appellent une association de prévention du suicide. Dans certains cas, cela empêche le geste fatal. À partir de 70 ans et encore plus après 80 ans, les personnes n'appellent plus et ne disent rien de leur intention. Elles ont du mal à communiquer leur détresse psychologique. Certains aînés, handicapés, n'ont plus la maîtrise de leur vie : dès le lever, ce sont d'autres qui leur enfilent leurs pantoufles ; dès le petit-déjeuner, le sucre et le lait sont déjà versés dans leur tasse. Elles ont l'impression que tout leur échappe. Alors, leur désir de vivre s'étiole. Et certains, quand ils le peuvent encore, décident d'en finir avec une existence qu'ils ressentent comme une atteinte à leur dignité. Les uns se laissent glisser vers la mort, d'autres passent à l'acte. Dans les deux cas, il s'agit d'un choix résolu, une conduite ressentie comme la dernière liberté, le dernier geste personnel, tragique. Aussi, lorsqu'on entend des phrases comme : « Je ferais mieux de mourir, j'ennuie tout le monde » ou : « À ton âge, tu peux bien te passer de parents », mieux vaut les prendre au sérieux.

Dans tous les cas, il est bon de veiller à ce que la personne ne coupe pas les ponts avec son entourage, ses amis, ses voisins, ses commerçants... Et il faut se méfier autant du masque souriant que de la mélancolie car la tristesse n'est pas toujours manifeste. D'où la stupeur des proches lorsqu'un suicide survient : ils n'ont remarqué aucun abattement, entendu aucune plainte.

Face au désespoir d'un être, la difficulté est toujours de trouver le geste fraternel, les mots justes et sensibles qui rendent confiance. « Aujourd'hui, le désespoir semble l'emporter. Mais laisse agir la vie. Tu ignores aujourd'hui ce que la vie est capable de t'apporter demain. »

Pour renouer avec la vie après le drame

Il est extrêmement difficile d'admettre que la personne que l'on soigne avec dévouement et affection depuis des années choisisse de se donner la mort. Un parent qui se suicide, c'est intolérable pour son enfant quel que soit l'âge de l'un et de l'autre. À l'effroi succède l'incompréhension, parfois même la colère : « Pourquoi m'a-t-il fait ça ? » S'y mêle aussi la peur du jugement des autres. Un sentiment de honte, de culpabilité envahit. Voici les conseils du docteur Pierre Guillet, médecin généraliste : « L'enfant doit alors se souvenir que la vie de son père, de sa mère, est indépendante de la sienne. Avant lui, ils avaient vécu. Plus tard, ils ont vécu, pour une part, sans lui. Il faut à la fois reconnaître la force des liens que parents et enfants tissent entre eux tout au long d'une existence et l'indépendance de ces vies. Si le suicide est un événement brutal, il est aussi le fruit d'un long processus qui s'est peut-être mis en route dans l'enfance, à la suite d'une blessure. Ce père, cette mère qui se donne la mort a sans doute vécu des choses terribles. Il, elle a « fait avec ». Il, elle s'est débrouillé(e) avec ses difficultés. Il ne nous appartient pas de juger mais de respecter. On peut se dire qu'il, elle a été responsable jusqu'au bout. Nous avons, dans tous les cas, un devoir de pardon. »

Pour en savoir plus

Des associations de prévention du suicide

– La Porte ouverte, siège social : 21, rue Duperré, 75009 Paris. Tél. : 01 48 74 69 11 (secrétariat). Lieux d'accueils sans rendez-vous à Paris et en régions

– La Fédération SOS Suicide Phénix a pour but la prévention du suicide : son ambition est de « réunir, engager le dialogue, fournir l'appui et l'assistance qu'ils pourraient souhaiter à tous ceux qui, pour quelque raison que ce soit, ont tenté de se suicider ou sont tentés de le faire... » (extrait de l'article 2 des statuts de la fédération). SOS Suicide Phénix organise, met en œuvre et coordonne en France des centres dont la vocation est de permettre que le désir de mourir se donne un temps de parole.

SOS Suicide Phénix Bordeaux, 10, avenue Bel-Air, 33200 Bordeaux. Tél. : 05 56 02 24 01.

SOS Suicide Phénix Clermont-Ferrand, 5, rue Soulacroup (Mail d'Allagnat), 63 000 Clermont-Ferrand. Tél. : 04 73 29 15 15.

SOS Suicide Phénix Le Havre, 3, place Danton, 76 600 Le Havre. Tél. : 02 35 43 24 25.

SOS Suicide Phénix Lyon, 3, cours Lafayette, 69006 Lyon. Tél. : 04 78 52 55 26.

SOS Suicide Phénix Nice, 62, rue Smolett, 06 300 Nice. Tél. : 04 93 26 14 80.
SOS Suicide Phénix Paris, 36, rue de Gergovie, 75014 Paris. Tél. : 01 45 42 45 88.
SOS Suicide Phénix Reims, 44, rue Boulard, 51100 Reims. Tél. : 03 26 07 35 35.
– La Fédération SOS Amitié France, 11, rue des Immeubles, industriels, 75011 Paris. Tél. : 01 45 40 39 94 (secrétariat). Les numéros locaux sont sur le site Internet : www.sos-amitie.com. SOS Amitié reçoit 600 000 appels par an. Pour chaque heure qui passe, il y a un appel d'une personne douloureusement tentée par le suicide. Les entretiens sont absolument confidentiels. Celui qui appelle peut demeurer dans l'incognito le plus complet, mais ce qu'il ressent est au centre de l'échange. L'écoutant de SOS Amitié est disponible pour accueillir et laisser libre place à la parole de celui qui appelle. Il est prêt à tout entendre sans porter de jugement.

41

Elle radote

Souvenirs ressassés, évocations serinées, rabâchage et radotage agacent l'entourage. Ainsi, lorsque Jeanne raconte ses souvenirs d'enfance, juste après la Grande Guerre « dont mon père n'est jamais revenu. On a inscrit son nom dans la longue liste gravée sur le monument aux morts du village. Pour aller à l'école, nous devions faire 3 km le matin et autant le soir pour revenir. Le jeudi, le samedi et le dimanche, je devais aider maman, car j'étais l'aînée. J'allais chercher du petit bois dans la forêt... » Ses petits-enfants peuvent terminer le récit, ils le connaissent par cœur. Au bout d'un certain temps, l'un place ses écouteurs sur ses oreilles pour s'évader dans sa musique et l'autre joue avec sa Game-boy.

Or pour les aînés répéter a un sens et les écouter, c'est les apaiser.

Les souvenirs, une question de vie

Grands bonheurs, âpres chagrins, beaux succès, échecs cuisants balisent la vie. Quand ils se produisent, chacun sent bien comme il est essentiel de les partager. Raconter ce qui nous arrive par téléphone, dans une lettre, par courrier électronique ou lors d'une conversation, permet d'apprivoiser la réalité, de la rendre vivable. C'est utile tout au long de la vie jusqu'en la vieillesse la plus avancée.

Avec leur entourage, les aînés évoquent volontiers leurs souvenirs, en particulier les « hauts faits » de leur passé. D'autant que leur présent est parfois bien pauvre en événements. « Souvenirs d'anciens combattants », ironisent les jeunes. Or les épisodes cent fois répétés ne sont pas choisis au hasard. Ce sont des événements primordiaux pour la personne. Avoir ressenti avec intensité amour, douleur, peur, plaisir, courage, dégoût, fierté, joie, c'est avoir été vivant. **Transmettre à d'autres cette image de soi pleine de vitalité est une façon de se sentir encore vigoureux.** Les récits que reprend une personne de ses succès, de la joie des naissances, de la douleur des deuils, de plaisirs paisibles, des émois, des erreurs, prouvent son courage de vivre permanent. Ils témoignent de sa dignité et de sa valeur. L'évocation de moments clefs anciens reprise, répétée, rabâchée à nos oreilles, vivifie le présent. Ce que la personne a été l'autorise à l'être encore. C'est la même qui est devant nous.

Mais ce « réveil » se fait aussi au prix d'une douleur. Répéter ces récits, c'est se séparer encore et toujours de ce qui est passé, donc perdu. Et cela est d'autant plus pénible que certains actes sont irréparables. « Je n'ai pensé qu'à mon entreprise et j'ai négligé ma famille, confesse cet ancien artisan octogénaire. Si c'était à refaire, je m'y prendrais autrement. » Mais justement, ce n'est plus à refaire. Ce qui est fait est fait. La seule issue est de se changer soi-même, de modifier ses valeurs. « J'aurais voulu faire » ou « être mieux » signifie : « J'ai vu mes erreurs, je me suis amélioré. Je vaux mieux que ce que j'ai fait. Malgré toutes mes faiblesses, le désir du bien est ancré en moi. » C'est une façon d'assumer son passé.

En institution, les groupes de conversation, les récits de vie, les séances de photos anciennes commentées, remplissent ce rôle.

En famille, fouiller de temps à autre dans la boîte à photos, solliciter quelques vieux souvenirs d'un ancêtre ou telle anecdote d'une époque révolue est une démarche banale, mais précieuse pour toutes les générations. Ces moments d'échanges n'ont pas besoin d'être longs et fréquents. Mais leur régularité en décuple le plaisir. L'aîné s'y prépare, enrichit ses souvenirs, savoure à l'avance la rencontre et son rôle dans la transmission.

Ressasser, c'est avoir une tâche à terminer

Selon l'âge ou la culture, **les mots ont un poids différent**. Ce qui se rapporte à la guerre ne nous touche pas de la même façon selon que nous l'avons vécue ou non. Le vocabulaire change aussi. Qui parle encore de la malle de sa voiture ? On dit le coffre. Qui choisit un corsage céladon plutôt qu'un chemisier vert pâle ? L'apprenti a remplacé l'arpète, le Burkina, la Haute-Volta, le TER, la Micheline. Lassés de ne pas être compris, des vieux prennent l'habitude de marmonner, car ils n'ont pas les mots pour s'exprimer devant des plus jeunes.

Il arrive qu'à travers une expression toute faite, ils expriment une grande vérité pour eux. Ainsi, ils rebattent nos oreilles de proverbes : « Il ne faut pas se fier aux apparences », « Qui paye ses dettes s'enrichit », « On ne fait pas d'omelette sans casser des œufs. » Ces sentences paraissent banales et leur récitation donne l'impression d'un prêche fastidieux. En vérité, elles ont été vérifiées et recèlent l'expérience de toute une vie. De telles convictions méritent attention.

Souvent, ces « radotages » portent sur les douceurs

et les épreuves de leur existence. C'est une façon de **se réconcilier avec leur passé**. Les vieilles personnes éprouvent le besoin de revivre leurs joies comme pour en profiter à nouveau, les savourer encore. Elles tentent d'assumer les malheurs qu'elles n'ont pas réussi à dépasser. Ce besoin est tout à fait respectable car essentiel.

À chaque étape de l'existence correspond une tâche plus particulière. Le bébé apprend à faire confiance, l'enfant à se contrôler. L'adolescent doit trouver son identité et l'adulte admettre la responsabilité. Avec la maturité vient le temps de dépasser bien des choses. Ces tâches sont si difficiles qu'il est rare qu'on en ait fini une avant que n'advienne la suivante. **La vieillesse est un temps qui nous est donné pour terminer ces tâches et remettre de l'ordre afin que tout s'apaise**. Les retours en arrière commentés et recommentés revêtent une gravité toute particulière car on sent que le temps presse pour accomplir ce travail sur soi-même.

Radoter, c'est communiquer

Marcelle, atteinte de la maladie d'Alzheimer, répète machinalement, comme en ronronnant : « Seigneur Jésus, mon mari n'est pas là ! », alors que celui-ci lui beurre une tartine, l'habille ou est assis à ses côtés. C'est insupportable, de quoi sortir de ses gonds !

Certaines personnes sont si abîmées par la vieillesse, si éprouvées dans leur santé que, chez elles, ne subsistent plus que des îlots de communication. Le radotage de fragments de récits, la constante répétition de phrases identiques, d'exclamations parfois hors de propos, de questions ou de simples mots sont les seuls vestiges de ce besoin vital de communiquer.

L'entourage s'en irrite et c'est compréhensible. Répondre constamment aux mêmes questions est énervant. Et il y a de quoi avoir des doutes sur sa capacité à réconforter son proche.

Apprendre à répondre à ce mode de communication

Personne n'a le pouvoir de réparer les dommages infligés à la pensée par la maladie. Nous ne pouvons que répondre à ces personnes, leur sourire, caresser une joue, prendre une main, accompagner quelques pas, bras dessus bras dessous, ou nous asseoir auprès d'elles. La chaleur humaine est le soin le plus pertinent pour dire à ces gens désemparés qui veulent, comme les autres, être reconnus : oui, vous êtes des vivants. Dans certains cas, leurs paroles ne s'adressent pas à quelqu'un en particulier. Ils se parlent à eux-mêmes, éprouvent de la satisfaction à entendre leur voix comme un bébé qui gazouille. Même s'il est parfois difficile d'en saisir le sens, on peut en saisir la tonalité affective et le ressenti. Il ne s'agit alors pas de répondre par raisonnement mais d'exprimer ce même sentiment.

Ce n'est pas parce qu'on ne comprend pas quelqu'un que ce qu'il dit n'a pas de sens. Un observateur vigilant est capable de décoder le sens du trajet des abeilles. De même, il faut être très attentif pour comprendre le trajet de quelqu'un qui a un peu perdu la tête. Des professionnels sont formés à ce travail. Il est bon, alors, de leur passer le relais et de se reposer sur eux. Les vieux ont tous le droit de trouver autour d'eux des personnes capables de communiquer à ce niveau et décidées à y consacrer le temps nécessaire.

QUATRIÈME PARTIE

PRENDRE SOIN DE SOI

On connaît tous des enfants qui s'épuisent à s'occuper de leur(s) parent(s) âgé(s). Surtout les filles et les belles-filles. Les statistiques montrent que c'est, en général, sur la fille aînée que retombe le fardeau quand celui-ci devient vraiment lourd.

Pour tous, il s'agit de consentir à prendre, en même temps, soin de soi. Parce que c'est en étant « à son mieux » que l'on devient efficace et aimant. Parce que rester soi-même, c'est aussi demeurer l'enfant que nos vieux parents connaissent et aiment. Ce n'est pas parce que l'on se sacrifie que l'on est davantage aimé.

Vivre pleinement sa vie et son affection familiale, c'est aussi savoir déléguer. On ne peut pas tout faire. On ne sait pas tout faire.

42

Elle me fait du chantage à l'affection

Béatrice repart toujours désemparée et chagrinée de la maison de retraite où vit sa mère, Mathilde, 83 ans. À chaque visite, elle se voit reprocher son « manque d'affection » : « Tu aurais pu venir plus tôt. Pourquoi me laisses-tu toute seule dans cette maison. Vraiment, si tu m'aimais, tu viendrais plus souvent. » Or Béatrice vient deux fois par semaine, déjeune ou dîne avec les autres résidents, apporte des fleurs... Et puis, elle a son travail, la maison, les enfants. Elle tente de raisonner sa mère, multiplie les preuves d'affection, mais rien n'y fait.

Pourtant, la directrice de la résidence essaie de la consoler : « Vous savez, madame, votre maman ne vous reproche pas d'être méchante. À nous aussi, elle dit souvent que sa fille ne vient jamais la voir. En fait, depuis qu'elle est ici, elle est parfois très perdue. Ce matin encore, au petit déjeuner, elle m'a demandé trois fois quel jour nous étions. Mais quand je lui ai montré le bouquet de fleurs sur la table, c'est elle qui m'a dit : "C'est ma fille qui me les a apportées hier." »

Parce qu'elles sont souvent très malades, ou désorientées, les personnes que nous entourons nous demandent beaucoup. Elles consomment nos forces, sans le faire exprès bien sûr : la souffrance physique et morale qu'elles supportent est très dévoreuse d'énergie. Comme toujours, quand communiquer devient un problème, l'intervention d'un tiers permet parfois de débloquer la situation. Dans le cas de Béatrice et de sa mère, l'intervention discrète de la directrice a rendu leurs rencontres plus paisibles. Mathilde s'est rendu compte qu'elle oubliait les visites de sa fille. La directrice a proposé d'acheter un cahier où elle mettrait la date du jour et raconterait sa journée. Béatrice, ravie, lui a dit : « Tu verras, ce cahier sera pour toi ce que les cailloux étaient pour le Petit Poucet : page après page, tu vas retrouver ta mémoire. » Mais tous les problèmes de ce type ne peuvent pas se régler aussi simplement.

Autre type de chantage, le chantage à la maladie. Catherine, elle, se plaint sans arrêt de sa santé : « J'ai mal à la hanche, et au dos, et aux genoux. Et je suis essoufflée et constipée aussi. » Quand il l'examine son médecin ne trouve rien de bien alarmant. En fait, les personnes âgées qui se plaignent souvent de leur santé désirent qu'on s'intéresse à elles et qu'on les entoure. Il faut essayer de comprendre ce que dissimule cette plainte incessante. Il peut s'agir d'un état dépressif. Dans ce cas, c'est la dépression qu'il faut traiter. Mais même si ce n'est pas lié à une dépression, il faut écouter et prendre en considération toute plainte, qu'on lui trouve ou non une justification médicale.

Comprendre pour mieux se protéger

Une personne âgée qui se plaint a une raison même si ce n'est pas celle qu'elle donne. C'est parfois son ultime moyen pour entrer en relation avec autrui. Les psychologues y voient un sens, qu'il faut découvrir. Ce peut-être, selon eux :

– une plainte, type « fusée de détresse », annonçant un prochain naufrage ;
– une plainte, type « écran », qui révèle davantage qu'elle ne cache une angoisse de la mort, indicible autrement ;
– une plainte, type « sablier », qui, à la façon du tonneau des Danaïdes, s'efforce de remplir et de retenir ce qui s'écoule irrémédiablement, le temps ;
– une plainte, type « bébé », comme l'écho lointain de celle qui faisait accourir la mère auprès de son bébé, sans que ce dernier puisse expliquer sa souffrance.

Derrière l'énumération de ses maux, la personne âgée dit son désir d'être soulagée et d'être comprise totalement. À défaut d'être comprise, la plainte peut rassurer sur son existence celui qui la profère : « Si je peux me plaindre à quelqu'un, c'est que je suis encore vivant. »

Ces différents types de chantages affectifs sont souvent inhérents aux relations familiales. Être très proche des personnes que l'on aime est une source de joie. En vieillissant on a tendance à vouloir accentuer ces relations. La vie nous apprend à compter avec ceux qui nous sont proches.

La famille est certes une source de bonheur, mais elle peut aussi devenir, hélas, le lieu de bien des conflits, parfois larvés, toujours douloureux. Au moment où survient la dépendance, s'installent bien souvent le non-dit et le ressentiment qui risquent d'empoisonner les dernières années des uns et les années de maturité des autres : « Si ma fille m'aimait vraiment, je n'aurais pas besoin de lui demander. » « Avec tous les sacrifices que j'ai faits pour l'élever. »

Le travail de l'aîné

Votre parent doit faire tout un travail sur lui-même pour sortir de ce schéma de « chantage ». « Que puis-je encore donner de ma vie à mes proches ? Comment leur monter qu'ils m'intéressent sans les harceler et les culpabiliser ? » En fait, vieillir en famille demande que la personne âgée observe quelques comportements simples, que l'on peut lui glisser à l'oreille très gentiment :

– savoir demander, sans solliciter toujours les mêmes ;
– savoir dire : « Merci, vous m'avez fait plaisir » ;
– trouver la juste mesure entre l'intrusion permanente dans la vie de ses enfants et un excès de discrétion.

De part et d'autre, il faut comprendre que l'heure des règlements de comptes est passée.

Trouver la bonne distance

Il s'agit de prendre de la distance sans pour autant être indifférent. Les enfants et petits-enfants aiment leurs aînés, même de loin. Ces derniers continuent à compter pour eux. D'ailleurs, si certains aînés se sentent abandonnés, sentiment insupportable, beaucoup découvrent que la solitude n'est pas forcément l'isolement et le vide, même si ce peut être rude.

> « Un coup de téléphone de temps en temps, c'est peu, mais j'ai appris à m'en réjouir », dit Françoise, 75 ans. Marie-Laure, 81 ans, renchérit : « On ne peut pas tout attendre de sa famille. Mais je sais que si j'ai un ennui sérieux, mes enfants vont accourir aussitôt. »

43

Il est devenu agressif

Judith ne comprend pas. Lors de sa dernière visite à son père, Lucien, 88 ans, ce dernier l'a littéralement agressée parce qu'elle lui conseillait de s'acheter une paire de chaussures. « Ne te mêle pas de mes affaires, si j'ai besoin de nouvelles chaussures, je ne t'en parlerai pas. » Judith s'inquiète parce qu'elle voit bien que son père refuse par ailleurs toute assistance : il vient de mettre son aide à domicile à la porte. Sous prétexte qu'elle ne lui servait à rien. Judith est très peinée par les réactions de son père à son égard : « Il semble me considérer comme une ennemie. Tout ce que je lui dis lui paraît stupide. Et je n'arrive pas à ne pas lui répondre sur le même ton. » Elle ne sait plus comment réagir.

Pas facile de dialoguer avec quelqu'un d'agressif. Le plus souvent les dialogues ressemblent à des pugilats.

Un symptôme de dépression larvée

Il y a la plupart du temps une ambivalence chez les personnes âgées : elles veulent de l'aide... tout en ne la souhaitant pas ! Les médecins se voient ainsi fréquemment apostropher, avec une certaine agressivité :

« J'espère que vous ferez mieux que la demi-douzaine d'incapables qui m'ont soigné avant vous ! » Derrière cette déclaration tonitruante se cache en général une dépression. L'agressivité n'est pas dirigée contre l'interlocuteur, mais la personne âgée se défoule sur lui. « Le tonnerre n'a rien contre le paratonnerre : la foudre tombe sur lui parce qu'il est là », explique un gériatre (voir chapitre 37 « Elle est devenue méchante »).

Les tout débuts d'un veuvage provoquent souvent ce genre de situation. Malheureuse, déprimée, la personne qui a perdu son conjoint en veut au monde entier (voir chapitre 39 « Ma mère ne se remet pas de la mort de mon père »).

> Madeleine a perdu son mari, Baptiste, après soixante ans de vie conjugale paisible. Seule, perdue, elle bombarde sa fille unique, Françoise, de remarques désagréables et de reproches divers et variés. « Tu t'en fiches pas mal de ce que je vais devenir. Tu es vraiment trop égoïste ! » Françoise a laissé passer l'orage en courbant le dos : « Je me suis dit que cela ne durerait pas. Maman a toujours été une personne calme et douce, mais anxieuse. J'ai pris mon mal en patience, autrement je me serais moi-même déprimée. J'en étais arrivée à appréhender de la voir. »

Le fait d'être malade entraîne aussi souvent chez les personnes âgées des réactions d'agressivité. Certaines l'expriment par des reproches répétés, des appels téléphoniques incessants. D'autres par une irritabilité extrême et un refus de tout. Cela peut même se traduire par des mots violents voire par des gestes : coups de canne, morsures...

Des réactions appropriées

Parmi les personnes âgées difficiles à aider, on trouve deux groupes :

• **Les « dépendants-rejetants »** sont des personnes qui souhaitent être aidées mais qui ont tellement peur d'être rejetées que, souvent, elles prennent les devants en repoussant leur entourage ou en le mettant à l'épreuve. Quand ce dernier se décourage, elles se confortent dans l'idée que personne ne les aime et cela renforce leur angoisse.

Si l'entourage réussit à leur redonner confiance, il va alors affronter un problème inverse : il va être « envahi ». Les « dépendants-rejetants » sont, en effet, égocentriques et possessifs. Une fois qu'ils ont accepté quelqu'un, ils ont tendance à le mettre à leur service. Les psychologues conseillent alors de poser des limites.

• **Les personnes à tendance paranoïaque** aiment la solitude, sont méfiantes et soupçonnent facilement leur entourage d'intentions ou d'actes hostiles. Certaines en arrivent à vivre dans un désordre et une saleté extrêmes.

On peut réussir à les aider à condition qu'une seule personne intervienne et qu'elle fasse preuve de beaucoup de patience et de diplomatie. La clé est de trouver la bonne distance, de ne pas pénétrer de force chez elles... et de persévérer. En apparaissant ainsi comme solide et fiable, on calme leur angoisse.

Comment réagir ?

• Les proches ont beaucoup de mal à faire face à l'agressivité : ils sont trop impliqués, donc vulnérables. Il vaut mieux essayer de **trouver des intermédiaires.** Des gendres ou des belles-filles jouent très bien prendre ce rôle.

• Il faut bien se mettre dans la tête que tout **essai de modifier le caractère d'une personne très âgée est voué à l'échec**. Mais on peut changer sa propre vision de cette relation. Essayer de comprendre pourquoi son père ou sa mère réagissent ainsi. Un exemple : les enfants commettent une maladresse fréquente. Ils passent à l'improviste, sans prévenir. Les personnes âgées le supportent mal. Elles ont l'impression d'être à la disposition des autres. Sans oublier qu'elles n'apprécient pas qu'on les dérange au moment de « Questions pour un champion ».

• Il faut **reconnaître toute la souffrance** qu'il peut y avoir derrière ces comportements agressifs. Mais il est nécessaire de prendre du recul, y compris en ayant recours à un psychologue qui aidera à déculpabiliser. Tout refus est un langage à décoder. La personne, sa famille et leur histoire passée ont besoin d'être analysées avec l'aide d'un tiers.

En résumé, il faut avoir de la patience, du doigté, sans pour autant se laisser tyranniser, éviter toute injonction autoritaire et... garder son humour.

Ils sont désagréables avec l'auxiliaire de vie !

Quand une personne âgée se voit imposer une aide à domicile contre son gré, elle risque d'être désagréable. Souvent, il faut « essayer » plusieurs personnes. Une responsable d'une association d'aide à domicile constate qu'« il y a parfois des personnes vraiment insupportables, voire odieuses : elles frappent leur auxiliaire de vie, lui jettent des objets à la tête. Nous conseillons à nos auxiliaires de prendre du recul en venant en parler à l'association. Certaines n'osent pas en parler de peur de perdre des heures de travail. Nous contactons la famille, le médecin. Mais cela ne suffit pas toujours... »

44

Je suis écartelée entre ma mère et mon mari

Marianne et Gilbert sont mariés depuis 30 ans. Gilbert a approuvé sans réserve lorsque sa femme a proposé, il y a cinq ans, qu'ils installent sa mère, veuve, dans une partie de leur appartement aménagée en studio. Mais Gilbert commence vraiment à le regretter. Sa belle-mère, légèrement handicapée, est devenue insupportable : pas un jour sans qu'elle critique sa fille, lui reprochant même ses activités bénévoles. « Elle ferait mieux de s'occuper de moi, plutôt que d'aider des inconnus ! » Elle épie leurs moindres faits et gestes et se plaint amèrement, tout en se mêlant de tout : des menus, des achats, des sorties. Marianne n'en peut plus. Gilbert voit avec anxiété arriver sa retraite. Quant à Simon, leur fils, il a décidé d'aller vivre ailleurs...

Une personne âgée, lorsqu'elle ne peut plus vivre toute seule, espère souvent aller habiter chez un de ses enfants, comme autrefois. Mais si partager le même toit peut être une solution chaleureuse, elle exige concertation, souplesse et quelquefois même un séjour à l'essai.

Mûrir sa décision

Accueillir un parent chez soi est un acte généreux. Cependant, il est absolument nécessaire de prendre cette décision en famille, en concertation. Si, pour des raisons financières, au nom de valeurs traditionnelles ou encore par élan spontané du cœur, l'idée de vivre sous un même toit est lancée, il faut savoir discerner les avantages et les inconvénients et bien réfléchir à ces derniers.

Quand on vit en couple, la plupart des spécialistes recommandent de ne choisir cette solution que de façon transitoire, car elle est inévitablement source de conflits. L'arrivée d'une personne âgée parfois malade et dépendante limite la liberté du couple et empêche une intimité nécessaire. « Si la cohabitation a du bon pour les anciens en leur permettant d'avoir le réconfort et la présence de leurs enfants et parfois de leurs petits-enfants, elle doit absolument respecter l'indépendance, la liberté et l'intimité des jeunes », préconise Élisabeth qui héberge son père. « Nous, nous avons un accès séparé, deux portes différentes, deux boîtes aux lettres, des lignes de téléphone personnelles et un chauffage indépendant. »

> Chez beaucoup, le sentiment de liberté s'altère et les questions émergent : « J'ai sacrifié ma vie de couple aux derniers jours de ma mère, ai-je eu tort ? » s'interroge Alberte. « N'ai-je pas trop négligé mon mari ? confie Anne. Lassé, il s'est aménagé une vie à lui, en dehors de la maison. Il joue au billard avec des amis. Nous ne faisons plus rien ensemble. » À l'inverse, Francine avoue : « Lorsque ma mère séjourne chez mon frère, je respire, mais je culpabilise aussi. »

La survenue de la dépendance altère encore plus la liberté du couple : comment partir en vacances ? Comment être le plus disponible, sinon en sacrifiant son propre temps libre ? Comment s'organiser autrement qu'au détriment de sa propre indépendance ?

Une réunion des enfants, de la personne âgée et de spécialistes connaissant la question (médecin, psychologue, assistante sociale...) est bien utile. Cette phase d'écoute est essentielle pour mettre au jour les réticences et les désirs de chacun. Il est également important de faire un tour d'horizon de la situation de la personne âgée (ses ressources financières, sa vie sociale, sa santé...) afin de prévoir toutes les adaptations nécessaires à une bonne cohabitation. Pour faire le choix de vivre ensemble, il vaut mieux n'agir qu'après avoir écouté, parlé, observé.

Rien n'est prévu par la loi

L'hébergement d'une personne âgée chez ses enfants n'entraîne aucune modification du patrimoine de celle-ci : rien n'est prévu par la loi quant aux dédommagements éventuels que pourraient verser les frères et sœurs de la personne qui accueille le parent âgé. On considère, en effet, que cet hébergement n'est qu'une exécution de l'obligation du Code civil de subvenir aux besoins des parents. Seuls des arrangements à l'amiable peuvent donc être envisagés.

La personne accueillie fait en principe sa propre déclaration de revenus. Toutefois, si elle est titulaire de la carte d'invalidité, elle est considérée comme une personne de plus à charge, à condition d'ajouter ses revenus à la déclaration de ceux qui l'accueillent. Elle ouvre alors droit à une demi-part supplémentaire.

Se préparer à l'hébergement

Avant d'héberger chez soi un parent âgé, il faut savoir qu'au jour le jour toute une organisation sera nécessaire pour intégrer dans la vie familiale quelqu'un qui a des habitudes de vie différentes. Il est essentiel de lui offrir un espace privé qu'il s'appropriera. Mais pour autant il n'est pas indispensable de déloger un adolescent de sa chambre pour y loger sa grand-mère !

Il faut aussi savoir que, même si c'est pour emménager chez ses propres enfants, quitter son environnement familier reste pour une personne âgée une perspective angoissante. Certaines adaptations du nouveau lieu d'habitation sont à organiser : recréer un environnement connu avec photos et meubles familiers ; mais aussi installer des améliorations fonctionnelles, type barres d'appui, siège de douche, etc. Une prise en charge des coûts des travaux et des déductions fiscales sont possibles. Se renseigner auprès du Centre communal d'action sociale de la mairie (voir chapitre 1 « Elle tombe de plus en plus souvent »).

Et si on craque ?

Sur la scène de la famille, les rôles sont souvent distribués d'avance. « Comment en êtes-vous arrivé à jouer le rôle principal auprès de votre parent âgé ? », questionne une psychologue. Car lorsque maladie et dépendance frappent une personne âgée, toute sa famille est concernée même si, concrètement, un seul de ses proches l'aidera plus que les autres. Si la dépendance du parent âgé devient trop lourde et l'aide épuisante, il faut absolument revoir sa position car, dit la même psychologue, « être figé dans un rôle ne dit rien qui vaille pour la santé physique et mentale ». Il est évident qu'une nouvelle répartition des rôles ne va pas sans difficulté au sein de la famille, mais il faut absolument faire comprendre que, sans le soutien des autres membres de la famille, vous ne pourrez continuer. Apprenez à déléguer à votre famille et, si vous n'avez pas de frères et sœurs, à des aides extérieures. Il faut aussi savoir compter sur les professionnels et les amis.

Comment se protéger ?

- Dans la vie quotidienne, afin que votre parent n'éprouve pas un sentiment d'inutilité, source de dépression ou d'agressivité, **veillez à lui confier quelques responsabilités :** acheter le pain, éplucher des légumes...
- **Fixez en concertation des règles de vie commune** et parlez en régulièrement ensemble, sans que cela se transforme en règlement d'établissement scolaire, quand même !
- Le couple hébergeant doit prendre régulièrement le temps d'**évaluer la façon dont se passe la vie en famille** élargie. Bien évaluer ses limites permet, au moment critique, de demander l'aide de spécialistes et, éventuellement, de passer le relais à des aides ou à une institution.

« Lorsque nous voulons sortir, une amie vient à la maison, raconte Catherine. Je suis secondée par une aide-ménagère, ce qui me permet d'être plus libre pour m'occuper de maman. »

L'hébergement d'un parent âgé ne doit pas empêcher ses enfants de partir en week-end ou en vacances. En dehors des accords à l'amiable entre frères et sœurs, il est possible de demander à une association spécialisée la venue d'une garde-malade. L'accueil temporaire est également une solution envisageable.

Reste que la cohabitation avec un parent âgé, si on est capable d'en parler à ses voisins ou à ses amis, on a du mal à la traduire clairement en mots pour soi-même. On éprouve la bonne conscience du devoir accompli, mais aussi fatigue, rancœur et désir de paix. **Vivre ensemble peut être dur**. Et l'affection n'est pas le remède universel.

45

Je ne supporte plus les reproches et les disputes

Carole peste régulièrement en son for intérieur contre la préférence que son père, Robert, affiche envers Guy son frère. « Je prépare les repas de mon père tous les jours. Je lui fais sa lessive et il n'est jamais content. Il me parle sans arrêt des mérites de mon frère Guy qui ne fait que passer une fois par semaine et encore, en coup de vent ! Et qui ne s'occupe absolument pas de lui. Pourtant, à l'entendre, c'est le meilleur de ses enfants... Pendant ce temps-là, moi, je surveille son régime, je veille à ce que son appartement soit toujours propre. Et il est toujours en train de bougonner après moi quand il ne me dit pas du mal de ma sœur ! » L'autre jour, la coupe a débordé. Carole a entendu son père raconter au téléphone à un neveu que sa fille était trop perfectionniste. Les larmes aux yeux, Carole s'est sentie mal-aimée.

Quant à Nicolas, il est bouleversé par le comportement de ses parents. « L'autre semaine, je passais chez eux pour les embrasser. Mon père, Dimitri, qui ne marche plus seul, avait appelé ma mère, Joëlle, pour aller aux toilettes. Celle-ci n'arrivant pas dans l'instant, il a tenté de se lever, est tombé et a cassé la tasse de thé posée à côté de lui. Si j'ai bien compris, maman est arrivée, furieuse en hurlant : "Je n'ai pas une minute de tranquillité, tu ne fais que des bêtises !" Et comme indifférente à la détresse de son époux, elle s'est mise à ramasser la vaisselle cassée, laissant papa uriner par terre. Je suis arrivé sur ces entrefaites. Mes parents ont poursuivi leur dispute. Maman s'est plainte de la saleté de papa et celui-ci m'a pris à témoin : "Ta mère ne s'occupe plus de moi." »

Les prévenances soulignent l'âge

Pourquoi les absents sont-ils préférés ? Une partie de la réponse tient en ce que Guy dit à sa sœur quand il vient voir son père : « Si tu continues à le protéger comme cela, il va finir par te prendre en grippe. » En effet, affirment en chœur les psychologues, dépendre de ses enfants est contre nature. Même si une personne âgée se rend compte qu'elle a besoin d'aide, elle peut vivre cette situation très douloureusement. Avoir le sentiment d'une dépendance à l'égard de son enfant n'est pas un sentiment « normal ». Ce qui était normal dans leur vie, c'était l'inverse : ce sont les enfants qui dépendent des parents. Alors il arrive que certains aînés vivent cette situation comme une agression et qu'ils y répondent par un rejet de cet enfant ressenti comme « méchant ».

Claudine, qui venait tous les matins donner un verre de lait à sa mère alors qu'elle reconnaissait que ce n'était pas nécessaire, et que son mari et ses enfants le supportaient mal, a fini par comprendre les mots de la psychologue qu'elle voyait en consultation : « Venir voir trop souvent votre mère, vouloir gérer sa vie, c'est brimer sa liberté. Vous lui rendriez davantage service en la traitant en adulte. »

En maison de retraite, on entend parfois des réflexions du type : « Ma fille m'a mise là pour se débarrasser de moi. Si mes garçons habitaient plus près, ils n'auraient jamais laissé faire ça. » Les garçons en question sont probablement d'accord avec leur sœur. Mais les enfants qui habitent loin ont le beau rôle. Ils ne sont là en général que pour partager les bons moments, comme les fêtes de famille. Et comme ils voient rarement leur parent, ils évitent soigneusement tout ce qui fâche.

Limiter les querelles d'argent

Une auxiliaire de vie raconte : « J'ai travaillé chez une dame qui avait trois enfants. Elle préférait le garçon qui ne lui donnait jamais signe de vie aux filles qui s'occupaient d'elle. Celles-ci, méfiantes, m'ont demandé de surveiller leur mère, de noter ce qu'elle donnait (en argent ou en cadeau) à son fils. Bien entendu, je leur ai dit que je ne pouvais pas le faire, mais je n'étais pas à l'aise. »

Heureusement pour la paix des familles, les notaires eux sont très pragmatiques. Il peut y avoir un préféré pour l'instant, mais pour la suite, gare aux disputes ! Car, si, de son vivant, chacun peut disposer de tout ou partie de ses biens, au jour de la succession, il sera tenu compte de ces donations et leur valeur s'ajoutera aux biens existant lors du décès, afin que chaque enfant reçoive au moins la part que lui garantit la loi : ce qu'on appelle la « réserve ». Celle-ci est de la moitié des biens s'il y a un enfant, d'un tiers par enfant s'il y en a deux, d'un quart s'il y en a trois. Au-delà, elle est des trois quarts des biens pour l'ensemble des enfants. Le parent peut utiliser le reste comme il l'entend : c'est la « quotité » disponible.

Un parent peut donc avantager un enfant, mais il a

tout intérêt à préciser ses intentions par écrit, s'il veut éviter que ses enfants se disputent plus tard.

Dans un vieux couple, des querelles naissent aussi à cause de l'argent. Par exemple si l'un des époux se met à dépenser inconsidérément l'argent du ménage. Dans ce cas, un conjoint peut obtenir la séparation de biens par voie judiciaire en montrant que le comportement de l'autre met en péril la communauté. Le tribunal changera le régime matrimonial et un notaire présidera au partage des biens entre les époux. Un conjoint peut aussi saisir le tribunal pour faire interdire la vente d'un bien sans son concours. Et si l'un des époux dilapide les biens en raison de son état mental, une demande de tutelle ou de curatelle est toujours possible.

Les frères et sœurs par le sang ne sont pas forcément les plus proches

Tout cela fait penser à la parabole du fils prodigue de l'Évangile : un homme avait deux fils. Le plus jeune réclame sa part d'héritage, s'expatrie et dissipe son bien dans une vie dissolue. L'aîné travaille avec le père et n'a jamais quitté la maison. Quand son jeune frère revient, penaud, il ne supporte pas que son père se jette à son cou sans le moindre reproche et organise même pour lui un festin. Il refuse de partager la joie du père et lui jette à la figure toute son amertume. Commentaire d'un prêtre : « Bien sûr, Jésus voulait faire entendre un message sur Dieu, père qui aime autant chacun de ses enfants, qui "préfère chacun" et le bonheur de chacun. Mais la parabole parle aussi des rapports entre enfants adultes et parents. Remarquez qu'elle ne dit pas ce qu'il advient des rapports entre les frères. À eux de savoir se reconnaître comme frères, malgré leur différend, parce que fils d'un même père, ou de se désolidariser de leurs liens de filiation. »

Des enfants ne supportent pas les disputes familiales ? Peut-être cela éveille-t-il en eux des échos de bagarres qui les ont fait souffrir jadis ; peut-être se tourmentent-ils de ne pouvoir les empêcher. Mais doivent-ils vraiment essayer ? Les disputes sont aussi une forme de communication, maladroite, mais supérieure au silence et à l'indifférence.

Une intervention a peu de chance d'être efficace. Lorsque la situation est mal supportée, il faut essayer de le dire ou de l'écrire : les disputes gâchent nos visites ; elles nous donnent envie de fuir ; elles défigurent nos souvenirs.

Quelques entretiens avec une conseillère conjugale peuvent aider. Si l'on comprend pourquoi on est tant affecté, on gagne en sérénité. Et la sérénité, comme l'angoisse, est contagieuse.

S'appuyer sur le médecin

Quand des vieilles personnes vivent ensemble depuis longtemps, elles ont mis au point des routines. Dès que l'une s'en écarte – elle ne remet pas les objets à leur place, il ne fait pas les choses dans l'ordre habituel –, l'autre est déstabilisé et s'en plaint, en premier lieu à ses enfants. Il est bon alors de provoquer une rencontre avec le médecin habituel. Parfois, les troubles du comportement sont dus à un médicament mal pris ou révèlent une maladie que l'on peut soigner. Le plus souvent, l'« accusé » se conduit mal parce que l'âge ou la maladie altère sa mémoire, son sens de l'orientation ou des réalités. Seul le médecin peut expliquer qu'il ne peut changer et que c'est le mieux portant qui doit s'adapter.

Il arrive aussi que le conjoint valide soit surprotecteur, veuille trop en faire. Trop d'attentions font sentir les déficiences alors que des critiques, des vérités donnent à penser au malade qu'il est encore une personne. Cela est vrai dans le couple. Cela est vrai dans les rapports avec les enfants. Les liens trop serrés entre de vieilles personnes et leurs enfants, le huis clos permanent entre des conjoints, sont sources de difficultés. La famille, les proches amplifient souvent les heurts car ils cherchent un coupable. Le médecin joue le rôle d'un tiers neutre et acceptable. Et il peut prescrire des séances de kinésithérapie ou de soins légers qui ne sont pas absolument nécessaires mais qui « donnent de l'air ».

Faire pour le mieux en conscience

Il n'est pas rare, malheureusement, qu'une vieille personne malade et dont la vie quotidienne dépend de son entourage, semble vouloir dresser les membres de sa famille les uns contre les autres. Il arrive même qu'un vieux couple ne se supporte plus. Particulièrement lorsque l'un est si handicapé que celui qui est encore en bonne santé s'en sent totalement dépendant. Dans ce cas-là, chacun risque de prendre ses enfants à témoin des erreurs de l'autre, comme chez Dimitri et Joëlle. Une telle situation devient vite intenable. Comment comprendre qu'une maman jadis effacée se transforme en harpie ou en tyran pour son mari ? Comment supporter qu'un papa serviable devienne insupportable ? Comment accepter que deux personnes qui se sont épaulées et ont tenu si longtemps ensemble offrent désormais une image négative et donnent l'impression de vouloir déchirer leur famille en mettant de l'huile sur le feu dès qu'il y a une occasion ?

Ce n'est pas de leur faute et aucun appel à la raison

ne changera les choses. Il ne s'agit pas non plus de les condamner, mais de les aider à être au mieux. Même si cela est douloureux, il arrive qu'il faille organiser une séparation pour que chacun des deux se retrouve, tout en se méfiant des solutions définitives. Un des deux parents peut être admis en accueil temporaire ou séjourner quelques semaines chez l'un de ses enfants. On peut aussi faire appel aux familles d'accueil. Des séparations provisoires ou partielles gardent la réalité d'une union. Plutôt que d'être vingt-quatre heures sur vingt-quatre ensemble sans pouvoir se supporter, deux vieux conjoints écartés l'un de l'autre peuvent retrouver le bonheur d'une union quand ils se rencontrent.

Les enfants n'ont pas à prendre seuls la décision de séparer leurs parents, ni à s'en culpabiliser. En revanche, ils peuvent leur faire désirer des retrouvailles en les invitant ensemble.

46

Je suis épuisé(e)

Jeanne, le bâton de vieillesse de sa mère : « J'habite à quelques minutes de chez maman. Comme je travaille aussi dans son quartier, le matin, je passe lui ouvrir les volets et je vérifie que tout va bien, car j'ai la hantise qu'elle tombe pendant la nuit et ne puisse pas se relever. Je lui prépare son café et j'attends l'arrivée de l'aide-soignante qui vient lui faire sa toilette. Je pars donc tranquille au travail. À midi, je reviens avec le pain. En général, maman a lavé et épluché les légumes. Je prépare le repas, nous déjeunons et nous prenons le café. À 13 h 45, quand je repars au travail, la cuisine est rangée et propre. Le soir, à la sortie du bureau, j'achète la nourriture pour le lendemain. Nous dînons ensemble, je fais la vaisselle, je prépare le lit et ses affaires pour la nuit puis je tresse ses cheveux pour qu'ils ne s'emmêlent pas pendant son sommeil. C'est comme ça tous les jours, sauf le samedi où je viens plus tard et où, l'après-midi, je la quitte une bonne heure pour faire les grosses courses au supermarché. Cela me change les idées. Le dimanche, quand il fait beau, nous faisons un petit tour à pied dans le quartier pour couper la journée, sinon, de 11 heures à 20 heures, je ne tiendrais pas. Ce n'est pas tant le travail matériel qui m'épuise que l'usure de répéter toujours les mêmes gestes. Surtout, ce qui me mine, c'est le souci d'imaginer à l'avance les problèmes pour tenter de les éviter et d'organiser les choses autrement que dans l'urgence. »

Jocelyne, un « matelot en pleine tempête » : « On dit qu'il faut tout faire pour garder les personnes âgées à domicile, mais sait-on vraiment ce que cela représente pour leur famille ? Je suis perpétuellement à la recherche d'une solution qui ne peut être que temporaire. C'est comme un bateau qui fait eau de toutes parts, il faut écoper sans cesse. J'ai l'impression d'avoir un manteau trop lourd pour mes épaules et le sentiment de devoir tout porter seule. D'un autre côté, je me familiarise avec la vieillesse avant d'y être moi-même et c'est encore une chose que les parents nous apprennent. Grâce à ma mère, je vis les yeux ouverts et j'en suis plus équilibrée. J'en ai une image de moi satisfaisante. Vivre auprès de personnes très âgées porte à se dépasser, fait grandir et oblige à une recherche intérieure. Rien n'arrive comme on l'espère, mais il y a toujours quelque chose d'heureux à vivre, même une joie aussi fugace que d'accrocher le regard d'une mère qui ne vous reconnaissait plus. Ça fait un boum dans le cœur. »

La famille joue un rôle capital dans le maintien à domicile des aînés, dépassant en importance l'aide fournie par les professionnels. Ce sont le conjoint et la fille, la plus proche sur le plan géographique ou la célibataire de la famille, qui se trouvent en première ligne. Les proches vivent deux vies superposées : la leur et celle de leur aîné malade. La plupart se sentent écartelés entre leurs différents rôles : soutien à l'aîné, épouse, mère, grand-mère, mais aussi agricultrice, boulangère ou professeur. La fatigue physique s'accumule, le moral est à l'épreuve et l'angoisse du présent comme du futur s'y ajoute. Et les aînés en sont parfaitement conscients, qui répètent : « Je voudrais ne pas être un fardeau pour mes enfants ! »

On ne donne pas sans compter

Quels sont les véritables motifs qui entraînent un enfant adulte à s'occuper de son vieux père ou de sa vieille mère malade ?

Certains désirent être serviables, d'autres rendre à leurs parents la monnaie de leur pièce pour tout ce qu'ils ont reçu pendant leur enfance : « On peut bien faire quelques sacrifices après tout ce qu'ils ont fait pour nous ! » Quelqu'un dira : « Je donne ainsi un sens à ma vie » ou : « Cela m'évite la solitude. » Un autre en attend un avantage financier sans l'avouer. Celui-ci cherche à se voir pardonner une erreur de jeunesse. Celui-là souhaite une reconnaissance de la famille ou recherche tout simplement de l'amour. Il n'y a pas de bons ou de mauvais motifs. Simplement, en prendre conscience conduit à vérifier si nous en retirons ou non les bénéfices escomptés. Car l'absence de toute gratification fragilise. Les personnes épuisées s'en plaignent souvent : « On considère ce que je fais comme normal », « Je n'ai jamais un merci », « On me relègue aux oubliettes. » Il est normal d'attendre de la reconnaissance pour ses actions ou, au moins, un peu d'attention. Laissons de côté l'adage populaire qui affirme qu'il faudrait « donner sans compter » et « sans espoir de retour ». Si nous sommes continuellement déçus, nous aurons du mal à tenir le coup.

Dans besoin, il y a soin

Chacun a des besoins. Les satisfaire est nécessaire au maintien d'un bon moral et d'une bonne santé. Faire du lèche-vitrines, lire, écouter de la musique, bricoler, aller au cinéma, voir des amis, partir en randonnée, courir dans un parc, ce ne sont pas des caprices. Ce n'est pas parce que quelqu'un de proche souffre qu'il est indécent de profiter de loisirs indispensables pour se sentir bien. Pourquoi les renvoyer aux calendes grecques ? Est-ce la peur de déplaire, celle de se sentir égoïste ? Les personnes que nous entourons jour après jour « consomment » nos forces. Les entourer nécessite de prendre le temps de se « refaire ». Pour satisfaire nos besoins, le plus simple est d'en parler à la personne que nous entourons avec calme et bonne humeur. Vous avez mal au dos ? Vous devez vous protéger. Pourquoi ne pas dire à votre parent : « Je souhaite ne plus m'occuper du ménage. Veux-tu que nous entamions les démarches pour obtenir une aide à domicile ? » Ou encore : « Je souhaite recharger mes batteries quelques jours auprès de mes amis. » Ne laissez personne jouer la corde du sentiment lorsque vous avez décidé de vous absenter. Pour prendre longtemps et efficacement soin de l'autre, il est nécessaire de prendre soin de soi.

Passer le relais

Lorsque la maladie atteint un de nos proches, l'urgence empêche de prendre la distance nécessaire pour bien évaluer les différentes possibilités. Ceux qui vivent auprès de personnes atteintes de désorientation ou de malades dont l'état de santé se détériore rapidement n'ont parfois ni le temps de s'adapter, ni celui de reprendre leur équilibre. On a le sentiment de ne pas avoir le choix. Et c'est seulement au fil des jours que l'on découvre toutes les ramifications de la tâche à accomplir. Alors que, pour rien au monde, on ne baisserait les bras, se sentir coincé dans une situation sans alternative est difficile à vivre. Or il existe la plupart du temps une marge de manœuvre. Un époux qui s'occupe de sa femme atteinte de la maladie d'Alzheimer à la maison peut, une fois par semaine, la confier à un centre d'accueil de jour où elle aura des activités nouvelles en compagnie d'autres personnes.

Face à la dépendance, la cohésion familiale n'est pas ce qu'il y a de plus répandu. Si bon nombre de ceux qui soutiennent un parent âgé se plaignent d'être plus ou moins abandonnés par leurs frères et sœurs, à l'inverse, certains membres de la famille peuvent avoir le sentiment d'être écartés par le principal soutien qui ne leur fait pas confiance. Ils se sentent empêchés de manifester leur attachement à leur parent. Il arrive qu'ils soupçonnent une recherche d'avantage dans l'héritage. Le conjoint d'une personne dépendante souhaite souvent préserver le plus possible enfants et petits-enfants. Il faut bien connaître les habitudes de la famille, ses règles de fonctionnement, les anciennes rivalités et le rôle que chacun y joue : bouc émissaire, martyr, gestionnaire, rigolo, moralisateur, sauveur... Même insatisfaisante, cette répartition contribue à maintenir un équilibre. Mais certains peuvent avoir envie de modifier un rôle qui ne leur convient plus car, la plupart du temps, ils ont été distribués par les parents eux-mêmes : gardes-malades pour les filles, gestionnaires pour les garçons. Nul n'est obligé de se laisser exploiter au nom de la solidarité familiale.

Faire appel aux services extérieurs

Plutôt que d'en vouloir infiniment aux membres de la famille qui, décidément, ne font rien, il y a toujours moyen de recourir aux services publics, privés ou bénévoles. Beaucoup ignorent ce à quoi ils ont droit ou sont intimidés, voire épuisés d'avance, par la machine administrative et les dédales de la bureaucratie. Les centres locaux d'information et de coordination (CLIC) facilitent bien cette tâche (demander leur adresse au centre communal d'action sociale, à la mairie).

Aux aides officielles s'ajoute celle des personnes qui, si elles sont sollicitées, sont prêtes à aider sur un point précis. Pensez aux voisins, aux amis, aux collègues de travail : celui ou celle qui lit tous les journaux, celui ou celle qui connaît bien les lois, cet autre qui travaille dans votre mairie ou qui est bénévole dans une association.

Ne négligez pas les associations autour d'une maladie (France-Alzheimer, France-Parkinson, associations d'aide aux personnes incontinentes...). Elles vous soutiendront dans les actions à mener pour bénéficier d'une aide publique et savent comment aider un malade à accepter la présence d'une personne étrangère.

Et ce n'est pas parce que des professionnels (médecins, aides à domicile, infirmières, aides-soignantes, responsables de livraisons de repas...) proposeront leurs services que les proches ne jouent plus leur rôle d'enfants attentifs.

Pensons à un funambule. Si tout son poids repose longtemps sur un seul pied, il se retrouve au tapis. Pour rester sur son fil, il doit changer de posture, tester d'autres pas, expérimenter une autre longueur de balancier... **Apprendre à transférer le poids pour garder l'équilibre** est la seule méthode qui permet de durer. Sans baisser les bras, il y a moyen de changer d'allure et d'avancer d'autres atouts pour éviter de se laisser déborder.

47

Mes enfants sont furieux que je mette leur grand-père en maison de retraite

« La dépendance de mon père devient si grande qu'il ne peut plus rester chez lui. Nous allons devoir le placer en maison de retraite. Je retarde sans cesse cette décision, car j'ai l'impression de l'abandonner. Je suis pleine de remords à l'avance. Mais je suis fille unique, je travaille encore et un seul de nos trois enfants a quitté la maison. Je n'ai donc ni la place pour l'accueillir, ni le temps disponible pour m'occuper de lui. Mes enfants sont furieux de cette décision. Ils m'accusent de me débarrasser de leur grand-père, de le "déposer à la consigne". Leur jugement me fait mal. J'ai honte de moi-même. »

Nombre de ceux qui ont la responsabilité de leurs vieux parents tiennent aussi à bout de bras leurs enfants qui affrontent le chômage. Certains travaillent encore et rament pour se maintenir à leur poste en dépit du rejet des plus de cinquante-cinq ans. Devant la réforme des retraites, ils se demandent à quelle sauce leur pension sera cuisinée. Ils sont las d'être cette génération « tampon » qui doit faire front en aval et en amont et souhaitent connaître un peu de repos. Le témoignage de Françoise serait donc banal si ne s'y ajoutaient les réflexions de ses enfants qui, on le comprend, la perturbent.

Les relations grands-parents/petits-enfants

Selon leur âge, les jeunes ne voient pas les vieux de la même façon.

Pour un enfant jusqu'à 10, 12 ans, la vieillesse est l'apanage de ses grands-parents. Ces « vieux »-là sont, en fait, les 50-75 ans, la plupart du temps en bonne santé et actifs. Leur image dépend de la qualité du climat familial. Un climat « à problème » entre un enfant et ses parents, l'éloignement affectif ou l'indifférence, les disputes entre adultes, affectent le lien entre petits-enfants et grands-parents. Mais, dans la majorité des cas, les grands-parents représentent d'abord l'affection. Ils tiennent une place privilégiée. Ils sont le repère de l'histoire familiale et les premiers artisans du maintien des relations entre les générations. De plus en plus souvent, ils prennent le relais de parents débordés en rendant de nombreux services et en soutenant financièrement leurs enfants et petits-enfants (cadeaux, vacances, garde régulière, financement des études, location du premier appartement, don de leur vieille voiture...). Le grand-père, la grand-mère, plus disponibles, sont là pour écouter et dialoguer avec les enfants et les jeunes en attente d'attention. En dépit des différences d'âge et de culture, les adolescents et les jeunes adultes ont plus de facilité à établir une communication avec eux qu'avec leurs parents car le rapport de force est quasi nul. Cela explique les liens très forts qui unissent les plus vieux et leurs petits-enfants.

Anne-Laure, 13 ans, l'explique très bien : « Ma grand-mère m'apprend plein de choses mieux que les profs et, elle, elle ne me juge pas. Quand je lui parle de mon carnet de notes, on dirait qu'elle redevient écolière. Quand elle a su que, dans mon contrôle, j'avais mis le débarquement en Normandie le 14 juillet, elle m'a raconté ses souvenirs. C'est plus vivant qu'un livre et encore plus intéressant qu'une émission de télé ! Comme elle n'y voit rien, elle écoute beaucoup la radio. Elle me parle de l'actualité. Après, quand j'en discute avec mes parents, ils sont tout étonnés que je sache tant de choses. C'est une confidente. Elle sait écouter, elle sait conseiller. Avec les parents, on finit toujours par s'engueuler. Avec elle, je peux parler de mes histoires d'amour. Elle ne dit pas : "Tu es trop jeune !" Je lui raconte mes problèmes, elle les relativise. J'ai confiance en elle. La vieillesse, c'est ça : on a l'expérience de la vie, on sait entendre. Il faut être proche des personnes âgées pour le savoir. Et fréquenter des vieux, ça ne rend pas vieux ! »

Lorsque les grands-parents souffrent de handicaps, il n'est pas rare que l'écart se creuse. La dépendance est pleine d'interrogations pour un jeune enfant dont la famille valorise l'autonomie. Son attitude est alors souvent prudente : il observe, discret dans ses remarques et souvent délicat dans les échanges avec son aïeul. Il voit bien qu'en dépit de la maladie, l'aîné est son semblable. Le côtoyer lui révèle l'incertitude de ce que réserve la vie et les limites qu'elle peut imposer à tout un chacun.

En revanche, l'apprentissage de la différence est compliqué lorsqu'un jeune enfant est en contact avec une personne âgée désorientée. Elle suscite en lui un sentiment d'inquiétante étrangeté. L'exemple des adultes lui est nécessaire pour faire l'expérience de l'humanité et de la tendresse présentes chez une personne confuse.

Florence, 16 ans, a une grand-mère atteinte par la maladie d'Alzheimer : « Je ne suis pas spécialement ouverte à ses dialogues incohérents et c'est parfois très difficile de la supporter.

Pourtant, je lui réponds toujours quand elle me parle, même si ses paroles n'ont aucun sens. J'imagine ce que peuvent ressentir mon grand-père et ma mère, car, au contraire de moi, ils ont énormément de souvenirs d'"avant". Mais ma grand-mère a tout oublié, même leurs prénoms. C'est décourageant de savoir qu'on ne peut rien faire pour l'aider, sauf l'entourer et l'aimer, car elle est un être humain comme nous et, quoi qu'elle fasse, elle reste ma grand-mère à part entière. »

Accueillir un parent chez soi, une solution délicate

De nombreuses personnes âgées espèrent encore loger chez un de leurs enfants. Habiter sous le même toit est une solution cordiale.

Béatrice, 18 ans, en est ravie : « Nous avions 13, 11 et 7 ans lorsque Mamie est venue s'installer à la maison. Nous lui avons aménagé le garage en studio. Le fait de la garder auprès de nous lui permet de ne pas se laisser aller. Il y a de la vie autour d'elle ! Mamie reste pourtant longtemps dans sa chambre. Elle lit sans savoir de quoi parle son livre. Elle regarde la télévision sans trop savoir ce qui s'y passe. Elle chante tout le temps. Elle emplit la maison tout entière de sa présence, de ses chansons et de ses rires. Nous faisons beaucoup de choses en fonction d'elle parce qu'elle est totalement dépendante. Ce n'est pas facile tous les jours et les moments où nous en avons assez existent car, depuis deux ans, nous ne pouvons plus la laisser seule. Mais, lorsque Mamie a dû aller à l'hôpital, la maison était comme vide. Un lien très fort de complicité et d'amour nous unit à elle et ce lien, rien ne pourra jamais le briser. »

Cohabiter exige concertation, souplesse et de l'espace (voir chapitre 44 « Je suis écartelée entre ma mère et mon mari »). Même si cette solution est moins onéreuse que la maison de retraite, il faut des sous car des travaux sont souvent nécessaires : aménagement d'un point d'eau et de toilettes, chauffage, téléphone... Et qui paiera les suppléments des factures d'eau, d'électricité, de gaz ? Sur la bonne conscience du devoir accompli se greffent souvent fatigue, rancœur et désir de paix. Vivre ensemble est dur comme l'amour. La lourdeur de la tâche, même avec l'aide de professionnels, risque de créer des tensions. Et l'aîné ne se sent pas forcément bien, surtout si ses enfants n'habitent pas la même commune, car il perd de vue amis et voisins. Il a parfois peur de gêner et ne se détend pas. Il peut avoir l'impression que son intimité n'est pas respectée. Il lui est difficile de se faire à une vie mouvementée, à des rythmes différents. Prudence donc.

« Placer » en maison de retraite

(Voir chapitres 38 « Je me sens coupable de l'avoir placé en long séjour » et 18 « Il refuse de quitter sa maison ».)

Une personne âgée ne vit bien en établissement que si elle est d'accord pour y emménager. Au moment de son inscription, elle doit être présente et informée de ce qui l'attend, même si elle semble ne pas le comprendre. Au besoin, il faut exiger de la direction un séjour à l'essai ou un séjour temporaire pour vérifier que le futur résident va bien s'adapter. N'oublions pas non plus qu'il existe quantité de petites structures d'accueil chaleureuses et très respectueuses de leurs résidents. Des quantités de professionnels se battent pour offrir aux aînés dépendants une vie libre, selon leurs désirs et la plus heureuse possible. Choisir un établissement de retraite, cela se prépare, cela exige du temps, mais il existe des milliers de résidents heureux.

Et ce n'est pas parce qu'un grand-père ou une

grand-mère réside en établissement que les ponts sont coupés. Personne n'empêchera jamais l'un de ses petits-enfants de lui rendre visite aussi souvent qu'il le souhaite, de l'emmener se promener, assister à une fête de famille ou à un concert ou dîner au restaurant !

Avec le recul, un jeune se rendra compte que la personne est bien, qu'elle a des soins qu'on ne pouvait pas lui prodiguer à la maison, qu'elle a des occupations intéressantes et se fait des amis.

Trouver sa façon familiale de vieillir ensemble

Impression d'un abandon, mal au cœur, remords... Si vous n'avez pas résolu tous les problèmes, c'est peut-être que vous aviez trop de responsabilités. Il y aura toujours quelqu'un pour penser que vous auriez dû faire le contraire de ce que vous avez décidé. Le jugement des autres est impitoyable. Plus il est proche, plus ça fait mal. Les réactions des membres de la famille sont différentes selon la position de chacun vis-à-vis de la personne dépendante. Ceux qui ne sont pas directement concernés par l'accompagnement d'une personne qui décline réalisent difficilement le poids de la tâche, les contraintes et le drame que vit le plus proche. La non-compréhension et la sous-estimation des problèmes et des efforts déployés sont courantes et concourent à porter un jugement négatif. L'obligation de faire des choix douloureux, en particulier le déménagement en institution, conduit l'entourage à juger hâtivement et injustement. Ne soyez donc pas trop sensibles au jugement d'autrui, fût-il très proche, car la crainte d'être mal jugé accroît le chagrin, renforce l'isolement et exagère la culpabilité. Faites ce que vous avez décidé, la conscience tranquille. En revanche, tentez d'en parler clairement. Et trouvez des amis qui vous soutiennent.

48

Je refuse de faire la toilette de ma mère

« Maman ne peut se laver seule, dit Bernard. Faire sa toilette, c'est tout un apprentissage, surtout quand on est le fils. Je dois dire que je ne suis pas le premier de ses fils (nous sommes sept frères) à laver maman ! J'ai beaucoup de mal à supporter sa nudité. C'est comme si je n'avais pas le droit de la voir dans son intimité. Je lui explique ce que je vais faire, elle ne répond rien. C'est un moment très fort de contact avec elle, mais je ne supporte pas de la voir ainsi, elle qui a élevé sept enfants. Je n'arrive pas à dépasser mon sentiment d'impudeur. Je n'ose pas lui proposer qu'une étrangère fasse ce travail car je suis sûre qu'elle en serait humiliée. Il n'empêche, j'ai peur de ne pas tenir longtemps. Si je refuse, j'ai l'impression d'être un mauvais fils. »

Si la plupart des enfants n'hésitent pas à seconder leurs vieux parents, la toilette reste souvent une épreuve. Beaucoup sont gênés devant la nudité de leurs parents, craignant de blesser leur amour-propre. Et les aînés éprouvent de la honte. D'ailleurs, le mot pudeur vient du latin *pudere* qui signifie avoir honte.

Le témoignage de Bernard reflète ce mélange de sentiments.

Avouer son malaise

La dépendance, dit-on, inverse les rôles : les enfants deviennent les parents de leurs parents. C'est très difficile à supporter et le moment de la toilette exacerbe les risques.

- **Premier risque :** que les parents deviennent effectivement comme des enfants. Les filles voient dans les soins à leur mère ou à leur père une tâche symétrique des soins qu'elles ont portés aux jeunes enfants. Mais alors qu'elles les transformaient en un apprentissage vers l'autonomie, avec un vieux parent, il s'agit de lutter contre la dégradation physique et mentale. Il est donc impératif d'éviter à tout prix de l'infantiliser.
- **Deuxième risque :** les fils qui prennent leur mère sous leur protection, souvent après le décès du père, réalisent le rêve du petit garçon qui voulait sa mère toute à lui.
- **Troisième risque :** le corps nu révèle le côté fragile, vulnérable et limité de chaque être. Lorsque l'on fait la toilette d'un vieux parent, notre propre image est atteinte. Nous réalisons de plein fouet qu'en nous transmettant la vie, ils nous ont transmis non seulement la fragilité, mais aussi la dégénérescence.
- **Quatrième risque :** lorsqu'on est soi-même habillé et soigné, la vue d'une personne malade nue produit un sentiment de toute-puissance. Ce dernier peut se changer en agressivité ou en culpabilité.

Lorsque intervient la relation au corps de l'autre et au corps malade, les liens du sang compliquent les choses. Et l'on comprend que certains connaissent des blocages. Souvent, on n'ose pas le dire. On justifie son refus en expliquant que la vieille personne est trop lourde à manipuler. L'avouer en toute simplicité n'est pas déshonorant mais bénéfique.

Concilier toilette et délicatesse

Danièle témoigne : « Ma mère a une maladie d'Alzheimer depuis plusieurs années et je me suis trouvée dans l'obligation de lui faire sa toilette intime. J'étais très gênée, mais j'ai pensé que je devais écouter mon cœur plutôt que de me choquer. J'ai trouvé très difficiles ces gestes intimes au début. J'avais dans la mémoire une mère valide et pudique. J'ai dû écarter ma réticence en me disant qu'elle avait besoin de moi. J'y arrive avec de la patience, de la délicatesse et, surtout, des paroles adaptées. Je me suis dit que ce n'était pas une atteinte à sa dignité, mais qu'au contraire je la lui restituais en lui permettant d'être propre et de sentir bon. Je n'y étais vraiment pas préparée mais j'ai un sentiment de satisfaction d'avoir pu faire cela pour elle. »

Au temps de la vieillesse, le corps s'impose davantage. On le sent, on expérimente ses limites, ses inconvénients, ses handicaps, ses douleurs. Les soins du corps et son bien-être ont donc une importance capitale. La toilette est incontournable.

C'est une question d'hygiène, il faut que la peau dans son ensemble et les parties intimes soient très propres pour éviter les infections. Si une personne dépendante n'est pas correctement soignée dans son apparence physique (toilette et habillement), elle ne peut pas aller vers les autres et perd l'estime d'elle-même.

Mais c'est une chose de laver le visage, les cheveux, de raser, de coiffer ou de baigner les pieds, c'en est une autre de faire la toilette intime. Celle-ci montre le corps dévêtu. Si ceux qui aident ne voient dans un vieux corps que ce qu'ils ne voudraient jamais être, la personne dépendante en éprouvera de la honte. Si sa nudité est approchée sans pudeur, elle aura l'impression d'être transformée en objet.

Comment s'y prendre

À l'inverse, si notre regard est libéré de toute curiosité, alors la personne n'est pas réduite au seul aspect de ce corps nu, elle peut exister dans toute sa vérité. L'impudeur n'est rien d'autre qu'un manque de retenue. Le respect passe par la retenue des yeux et des mains, le regard, la façon de toucher et les mots.

• Présentez donc la toilette comme un moment qui fait du bien. Aidez la personne à se déshabiller sans précipitation, qu'elle ne se sente pas agressée, parlez-lui, massez-la doucement, que tous vos gestes soient empreints de délicatesse.

• Respectez le choix et les habitudes des vieilles personnes. Autrefois, dans les familles fortunées, les maîtres étaient servis par des domestiques qui les habillaient, les coiffaient et les aidaient à la toilette. Ce n'était pas humiliant, bien au contraire, parce que, en se faisant servir, les maîtres gardaient tout leur pouvoir. Ils étaient apprêtés comme ils souhaitaient l'être. Il est inacceptable qu'enfants ou professionnels imposent une façon de faire sa toilette ou de s'habiller.

• N'oubliez pas : des personnes qui n'ont jamais disposé d'une vraie salle de bains refusent un bain ou craignent la douche. Elles ont pourtant toujours été propres.

Le relais des professionnels

Dans son témoignage, Bernard évoque son envie de faire appel à une aide extérieure, mais il est freiné par le sentiment que sa maman ne l'accepterait pas. Tout le monde a le droit de passer la main. Les aides-soignants sont là pour ça, qui assurent les soins d'hygiène à domicile. Il n'est pas lâche de se faire aider. Et les aînés en sont souvent soulagés, car les professionnels savent les aborder en douceur.

Chaque matin, Séverine passe de maison en maison pour aider de vieilles personnes à faire leur toilette. À 26 ans, elle fait 1 500 km par mois pour laver de vieux corps usés ou déformés.

> « Je ne suis pas gênée de faire la toilette, que ce soit le visage ou les fesses, c'est mon métier. C'est un travail d'approche. Je ne vais pas tout faire la première fois que je rencontre la personne. J'en parle avec elle. On visite la salle d'eau (il n'y en a pas toujours), je vois ce qu'elle accomplit seule. Il peut s'écouler quelques jours avant que j'accompagne une toilette intime. Il faut d'abord s'apprivoiser. On prépare ensemble le savon, la serviette, les habits qu'elle a choisis. En principe, on commence par la toilette du haut du corps, en faisant asseoir la personne. Puis on passe à la toilette intime. Je ne découvre pas la personne complètement pour mieux la mettre en confiance. Je la découvre au fur et à mesure et, entre les gestes, je la recouvre avec la serviette. Je lui parle d'un sujet qui l'emmène ailleurs, surtout si elle est fort souillée, car c'est très dur d'accepter d'être dans cet état-là. Lorsque des gens refusent de se laver, je leur rafraîchis le visage, ça leur fait du bien et ensuite ils se laissent faire. Ou je fais une toilette minimale en repoussant la grande toilette de deux jours pour qu'ils aient le temps de se préparer à l'idée. Quand je fais la toilette au lit, c'est plus gênant pour la personne. Elle me dit souvent : "Je ne pensais pas en arriver là !" Alors je lui parle de choses qui l'intéressent, de ce qu'elle aime bien, tout en la lavant. Je remarque que, lors de la toilette, les gens parlent volontiers de ce qui les touche, de leur famille, par exemple. Il naît une sorte d'intimité. Progressivement, j'ai une place très privilégiée auprès de ces vieilles personnes. »

Et l'une de ses « clientes », Marie, 86 ans, réticente au début, a bien changé d'avis :

> « Les premiers temps, ça m'a choquée parce que c'est une petite jeune qui me lave mais, dans mon état, il faut avoir du bon sens, alors je m'habitue. Quand c'est trop délicat, on parle et j'oublie. Surtout, je me sens beaucoup mieux une fois propre et changée. Et puis les blonds, les bruns et les roux, on est tous faits pareil ! »

Aménager la salle de bains

Il est important de laisser les personnes malades exécuter les gestes qu'elles peuvent encore mener à bien seules. À une condition : qu'elles soient en sécurité (voir chapitre 1 « Elle tombe de plus en plus souvent »). Faire sa toilette sans courir de risque est possible. Voici quelques conseils :
• Installer des barres d'appui pour se relever des toilettes, de la baignoire ou dans la douche. Celles qui sont en plastique rainuré sont moins glissantes que celles en inox.
• Ne placer aucun meuble sous la vasque du lavabo de façon à pouvoir y glisser un tabouret pour se laver en position assise ou y accéder en fauteuil roulant.
• Rehausser la cuvette des W.-C. Il suffit d'acheter un rehausseur et de le fixer.
• Préférer un sol en plastique antidérapant à un carrelage.
• Un robinet de lavabo mitigeur à levier assure une température constante et évite de tourner le poignet.
• Pour entrer dans la baignoire, avoir recours à une planche de bain. On s'assoit dessus puis on amène ses jambes dans la baignoire.
• Mieux vaut une cabine de douche et le fin du fin est une cabine à siphon de sol, car elle évite de trébucher.

Un siège relevable fixé au mur est préférable à une chaise de jardin en plastique, forcément moins stable.
• Les radiateurs sèche-serviettes chauffants garantissent un linge de toilette toujours sec et bien chaud.

POUR EN SAVOIR PLUS

Les pharmaciens sont de bon conseil et savent où se procurer le matériel nécessaire.
Vous pouvez aussi contacter le Centre local d'information et de coordination (CLIC).
Mais il existe des Centres d'information et de conseil sur les aides techniques, les CICAT, où vous pouvez consulter des ergothérapeutes et essayer le matériel.
Pour connaître les réseaux des CICAT en France : http://perso.wanadoo.fr/crava-cicat/cicat.htm

49

Comment passer la main à mes frères et sœurs ?

Lauraine, seule et retraitée, aide sa mère qu'elle n'a jamais quittée mais dont la dépendance s'aggrave. Elle veut désormais pouvoir compter sur son frère, Michel, qui n'habite pas loin et même sur leur aînée, partie sur la Côte d'Azur. Mais ceux-ci ne voient pas pourquoi tout ne continuerait pas comme avant. Lauraine a bien essayé de confier à son frère qu'elle n'en pouvait plus. Michel lui conseille de prendre une garde. Quand sa sœur lui affirme que c'est trop cher pour la petite retraite de leur mère, il conseille : « Il n'y a qu'à vendre son argenterie, elle ne s'en apercevra même pas. » Lauraine refuse de faire une chose pareille. De toute façon, il n'y a pas que l'argent. Entourer leur mère est un souci de tous les instants. Michel tient sa réponse : « C'est toi qui as voulu t'occuper de maman ! » Lauraine en est d'accord, mais elle voit les années passer et voudrait enfin penser à elle. Elle se fâche et réclame de l'aide concrète à son frère. Mais il n'est pas encore à la retraite, il a ses deux garçons à entretenir et aussi ses beaux-parents à entourer. Chacun accuse l'autre de ne pas se rendre compte...

Voici la réaction de Lauraine : « Il y a dix ans, le 5 mars, ma mère, 84 ans, s'est cassé le col du fémur. Ce fut le début d'une série de catastrophes qui l'ont amenée, aujourd'hui, à 94 ans, à un état de lourde dépendance.

J'ai un frère et une sœur mais, pour tous les problèmes qui se sont présentés, j'ai été fille unique. J'ai lancé des SOS pour qu'on se répartisse les responsabilités. J'ai attendu leur participation aux frais car la pension de retraite de ma mère ne permet pas de faire face. Le plus jeune est chef d'entreprise et débordé par son travail et ses soucis professionnels. L'aînée ne participe à rien sous prétexte qu'elle est veuve et a bien mérité sa retraite dans le Midi, au soleil, après tous ses ennuis de santé. Je dépense avec parcimonie sur les économies que possède ma mère. Je compte et je recompte des sous. Je me révolte. Dix ans de ma vie m'ont été volés. J'ai 64 ans. Il serait temps que je me remette un peu à vivre, à dormir, à manger normalement, à revoir des amis, à ne plus trembler sans cesse. Je suis morte ce 5 mars-là. »

Comment un enfant en arrive-t-il à jouer ce rôle quasi irremplaçable auprès de son parent ? L'a-t-il choisi ou lui a-t-il été attribué ? Que lui manque-t-il pour continuer à l'assumer sans s'épuiser ? Voit-il quelqu'un susceptible de le seconder et, si oui, lui a-t-il demandé ? Et quelle a été l'attitude de chacun des protagonistes ? Autant de questions qu'il convient de se poser. Car lorsque maladie et dépendance frappent une vieille personne, toute sa famille est concernée, même si, concrètement, un seul de ses proches l'aidera plus que les autres. La dépendance des parents réactive souvent d'anciennes rivalités entre frères et sœurs, des injustices passées ou des conflits d'intérêt qui restaient cachés. Les enfants doivent fréquemment, alors, faire le deuil de la famille idéale.

Évaluer les besoins réels

Si une certaine solidarité se manifeste autour du parent souffrant, l'attitude la plus fréquente est de déléguer la responsabilité et l'essentiel de la charge à l'un des enfants : le plus proche géographiquement, le plus libre en temps, le plus aisé matériellement, celui qui se désigne ou celle qui est désignée (le plus souvent la fille aînée ou une fille célibataire, voire la belle-fille qui habite à proximité), tandis qu'échoit tout naturellement au garçon de tenir les comptes ou régler les impôts. Car lorsque l'état des malades s'aggrave, les soins sont réputés « maternels » : soins du corps, alimentation, caresses. Cette situation conduit certaines femmes à négliger leur couple, leurs enfants, leurs relations et à abandonner leurs loisirs, voire leur activité professionnelle. Celle qui aide est vite surchargée de travail, d'obligations et de fatigue. À sa peine de voir son parent se dégrader, s'ajoutent le découragement et le sentiment d'être exploitée par ses frères et sœurs. « Je m'occupe constamment de ma mère et mon frère, lui, ne fait rien ! » Voilà une plainte fréquente. Lorsqu'elle s'adresse à un professionnel, un médecin par exemple, elle est souvent suivie de : « Je vais vous envoyer mon frère et vous lui direz... » Cela signifie : persuadez mon frère de voir la situation comme moi. Or cela est impossible. Selon son rang dans la famille, son sexe, chaque enfant réagit différemment. Mieux vaut ne pas espérer que l'autre fasse et pense tout comme soi. Mais l'ensemble de la famille peut être un formidable soutien pour la personne malade. Chacun de ses membres étant différent des autres, l'ensemble garantit à l'aîné un éventail de stimulations et de complicités diverses.

Même si une personne âgée se rend compte qu'elle a besoin d'aide, elle peut le vivre très douloureusement. Avoir le sentiment de dépendre d'un enfant est éprouvant. Il arrive donc que certains aînés vivent cela comme une agression et y répondent par un rejet. L'enfant qui est le plus présent est ainsi parfois pris en grippe par son parent qui a l'impression de l'avoir sans cesse sur le dos. Il doit donc s'interroger : pourquoi est-ce que je me sens obligé d'en faire autant ? Est-ce réellement mon parent qui en a besoin ou plutôt moi, pour réparer des torts que je crois avoir eus jadis ou le forcer à me dire enfin : « Tu es un enfant merveilleux » ?

Comme les besoins des personnes dépendantes changent, les rôles doivent changer aussi. Plus la dépendance du parent devient lourde et l'aide épuisante, plus il est nécessaire de revoir les positions. Alors, il faut s'attendre à voir surgir quelques contestations : un tel habite trop loin, un tel a des horaires de travail accablants, un autre a déjà quelqu'un à charge, un autre encore ne sait pas s'y prendre... Si vous tenez absolument à faire prendre conscience à votre entourage que, sans soutien, vous ne pourrez pas continuer à assumer votre rôle, alors, allez de l'avant ! Celui qui habite loin peut assumer le coût de quelques heures de garde par semaine ou d'un accueil temporaire pour vous libérer. Celui qui se dit incompétent sait sûrement conduire et faire les grosses courses au supermarché. Celui qui aide déjà une autre personne est le mieux placé pour écrire des lettres administratives.

Pour négocier des changements, adressez des demandes claires, concrètes et directes à votre frère, votre sœur, votre cousine... Apprenez à déléguer. N'oubliez pas qu'en étant le soutien principal du parent âgé, vous rendez service à la famille entière. Il est donc dans l'intérêt de tous ses membres d'accepter un partage des tâches pour alléger la vôtre et vous préserver. Qu'arriverait-il si vous tombiez malade ?

Éclaircir la situation ensemble dès le début

Il n'est pas rare que le désaccord entre frères et sœurs commence dès le diagnostic du médecin, en particulier quand il s'agit de maladie d'Alzheimer. Certains l'acceptent, d'autres la dénient. Les différends portent aussi sur la conduite à tenir. Les uns veulent faire entrer le malade en maison de retraite, les autres le maintenir à domicile, conflit encore aggravé quand intervient un problème d'argent.

• Dans ce cas, il est bon, en premier lieu de **se renseigner sur les aides financières** possibles (allocation personnalisée d'autonomie, aide sociale, aides pour le logement, exonération des cotisations sociales, aides des caisses de retraite, aides fiscales...).

• On peut aussi organiser un **conseil de famille**, de préférence en présence d'un tiers qui servira de médiateur. Le grand intérêt est que tout le monde entendra la même information en même temps : trop de malentendus naissent d'une information déformée lors de sa transmission.

Pour parvenir à un accord à l'amiable, frères et sœurs peuvent s'adresser à un **médiateur familial**. Il commence par rencontrer chacun des enfants pour s'assurer qu'ils sont d'accord sur le principe de son intervention. Si oui, il les réunit sans leurs conjoints et invite chacun à s'exprimer. Les autres doivent l'écouter sans l'interrompre. Sans prendre parti, il reformule ce qui s'est dit afin que ne subsiste aucune ambiguïté. En principe, une solution surgit. Si les enfants parviennent à s'entendre, il rédige un protocole d'accord que tous signent. Mais il s'agit d'un acte sous seing privé, sans valeur juridique.

Assurer l'obligation alimentaire

Si les enfants ne parviennent pas à s'entendre sur une juste répartition des charges qu'entraîne la situation de leur parent et que celui-ci a des revenus faibles, le juge aux affaires familiales invoquera l'obligation alimentaire, l'obligation faite aux enfants ainsi qu'à leurs conjoints et aux petits-enfants de contribuer à l'entretien de leurs parents. Lorsque des parents ne peuvent plus subvenir à leurs besoins, leurs enfants sont contraints de les aider matériellement dans la mesure de leurs moyens. Le juge fixe leur contribution respective en tenant compte de leurs ressources et des besoins du parent : pension alimentaire, disposition gratuite d'un logement dont un enfant est propriétaire, participation au règlement d'une maison de retraite... Lorsqu'un enfant estime qu'il verse plus que ce qu'il croit devoir être sa part, il peut également saisir le juge en se faisant représenter par un avocat pour faire valoir ses droits face à la DASES, l'organisme de recouvrement de l'aide alimentaire obligatoire au nom de l'État.

Le montant des versements et dépenses effectués dans ce cadre est déductible des revenus, sur justificatifs au-delà d'un forfait s'il s'avère trop difficile de faire la preuve (par exemple, lorsqu'on loge son parent chez soi). Mais le parent aidé doit déclarer les sommes qu'il reçoit.

Ce qui se passe dans une famille au moment où survient une dépendance révèle ce qui a été vécu auparavant et qui ne peut pas toujours être changé. Alors, plutôt que de se laisser submerger par l'amertume et d'en vouloir infiniment aux membres de la famille qui ne font rien, prenons de bonnes décisions avec les professionnels : médecin, aide-soignante, infirmière, aide à domicile. Car nul n'est obligé de se laisser exploiter au nom de la solidarité familiale.

POUR EN SAVOIR PLUS

La Maison de la médiation, à Paris, fournit les coordonnées des médiateurs familiaux pour toute la France. Tél. : 01 40 30 98 18.

50

Peut-on faire rimer vacances et dépendance ?

Voici le témoignage de Madame C. dont le mari est atteint d'une maladie d'Alzheimer : « Quand c'est votre conjoint qui devient dépendant, finis les voyages, les vacances. Partir ? Comment ? Qui sacrifiera ses journées et ses nuits à surveiller ce compagnon qui vous accapare vingt-quatre heures sur vingt-quatre ? Impossible de décrocher. Comment me détendre en te laissant là, à m'attendre ? Comment profiter d'un paysage sans voir, en filigrane, apparaître ton visage ? Comment pourrais-je associer voyage et sérénité alors que tu es le centre de mes pensées ? »

Les vacances sont un temps de détente et de repos. On parle aussi de « vacance » pour qualifier une période pendant laquelle une charge est libre. Toute la question est là : si l'entourage se détend, qui va se charger de la personne malade ? Vacances peuvent-elles rimer avec dépendance ?

Parler de vacances à ceux qui soutiennent une personne âgée malade frise la provocation. Or, retrouver de l'énergie, « se refaire une santé », est un besoin légitime et indispensable pour rendre service durablement à ceux que l'on entoure.

Dans récréation, il y a re-créer

Nombreux sont les couples d'« entourants » qui n'ont pas pris une journée de vacances depuis 2, 4, 5 ans. Ils éprouvent souvent le sentiment de perdre leur liberté, mais considèrent tout désir d'évasion comme une faute. Pour prévenir l'épuisement, pour garder sa santé physique et son équilibre psychique, n'importe qui a besoin de pause. Il est très difficile d'oser l'organiser. Il n'est pas commode de trouver ceux qui peuvent prendre le relais sans déboussoler la personne malade ou de dénicher un lieu d'accueil temporaire. Prendre du repos n'est pas un caprice, mais une nécessité pour durer. Osons nous dégager un peu de nos responsabilités, non par défaillance, mais parce que nous sommes des hommes et des femmes. Prendre des vacances n'est pas égoïsme, mais façon d'apprécier la vie. L'un des grands services que nous pouvons rendre à ceux que nous entourons est de nous recréer du goût pour la vie.

Laisser la personne chez elle en renforçant sa sécurité

En cas d'absence de la famille, assister une personne âgée dépendante oblige à multiplier les relais.

• L'aide à domicile ne travaille en principe pas le weekend. Une garde à domicile ou une auxiliaire de vie peut la remplacer les samedis, dimanches et éventuellement la nuit. Cela a un coût, en général élevé. Des gardes itinérantes de nuit se mettent en place ici et là. Renseignez-vous car le prix est plus intéressant. Certains régimes de retraite complémentaire apportent une aide financière. Un service de soins à domicile peut prendre en charge la toilette et les soins infirmiers. Mais c'est le médecin traitant qui doit le décider.

• Autre solution : embaucher une dame de compagnie. Encore faut-il que le domicile de la personne âgée dispose d'une chambre accueillante et que la dame en question soit compétente.

• Vous pouvez aussi ajouter au dispositif habituel le portage des repas. Contactez le centre communal d'action sociale, à la mairie du domicile de la personne âgée.

• Enfin, il est toujours possible d'abonner à un système de télé-assistance. Cela offre la possibilité d'appeler 24 heures sur 24 une station d'écoute qui déclenche une intervention adaptée (voisins, médecin, SAMU...). Sollicitez un coup de pouce financier auprès des fonds d'action sociale des caisses de retraite, des assurances, des caisses d'assurance maladie et des mutuelles.

Dans tous les cas, vos vacances risquent fort d'être entrecoupées de nombreux coups de téléphone.

Partir ensemble

Attention aux deux écueils principaux : respecter le rythme des aînés et votre propre rythme.

Éliane a 84 ans. L'été dernier, sa fille Suzanne l'a emmenée avec elle pour les vacances. Elle a passé un mois dans le Sud-Est avec des arrière-petits-enfants bruyants. À la fin de la saison, on lui a fait faire une escapade souvenir : une journée de voiture pour revoir Monte-Carlo, Nice et Cannes, son voyage de noces. Ces vacances ont été épuisantes pour Éliane. Sa fille, qui voulait lui faire plaisir, ne s'est pas rendu compte que ces bouleversements dépassaient ses possibilités. Suzanne est déçue par les réactions de sa mère et peu reposée. Entre la mère et la fille, les relations sont plus tendues qu'avant.

Se faire aider pour voyager en train ou en avion

Dans tous les aéroports français est prévue une assistance aux personnes à mobilité réduite, sans supplément de tarif. Il suffit de signaler le besoin au moment de la réservation, même si la personne est accompagnée, et de se présenter une heure à l'avance au bureau qui leur est réservé.

Dans les gares, les agents du bureau d'accueil sont chargés d'aider les personnes en difficulté. Dans la plupart des trains rapides, des places de première classe sont réservées aux voyageurs en fauteuils roulants. Il faut obligatoirement les réserver.

Se faire relayer par quelqu'un de la famille

« Maman, 92 ans, habite chez nous, en région parisienne. Nous sommes quatre frères et sœurs qui nous entendons suffisamment bien pour nous donner un coup de pouce. Dès que mon mari veut prendre des vacances, un frère ou une sœur reçoit maman. Cela ne nous pose pas de problème d'organisation. En revanche, la transporter comme ça d'une maison à l'autre tout au long de l'année en fonction des vacances des uns ou des autres ne nous satisfait pas. »

Tout est dit : même dans les familles sans difficultés relationnelles, ce n'est pas toujours une solution agréable pour la personne âgée. Elle peut avoir l'impression d'être un « paquet » qu'on se repasse.

L'accueil temporaire

Ce serait la meilleure solution si le nombre de places disponibles n'était pas notoirement insuffisant et inégal selon les régions. Si vous choisissez cette alternative, il faut absolument vous y prendre longtemps à l'avance.

• D'assez nombreux établissements d'hébergement permanent disposent de quelques chambres d'accueil temporaire. Qu'ils soient publics, privés associatifs ou privés commerciaux, ils prennent en charge des personnes dépendantes pendant une semaine, un mois ou une saison. Pas de meilleure solution que de saisir votre téléphone et d'appeler un par un les établissements de la région où réside votre parent ou ceux de la région où il souhaite se rendre. Cela peut d'ailleurs être proche de votre lieu de vacances. Contactez les Centres communaux d'action sociale (CCAS) des mairies, le service du Conseil général à l'hôtel du département et les Centres locaux d'information et de coordination (CLIC).

• Les Maisons d'accueil rural pour personnes âgées (MARPA) sont des structures de petite taille, situées en zones rurales et créées à l'initiative de la Mutualité sociale agricole (voir chapitre 20 « Il a choisi une petite maison de retraite non médicalisée »). Les personnes qui habitent là quelques semaines ou une saison trouvent une ambiance familiale sous la responsabilité d'une maîtresse de maison.

• Les Petits Frères des pauvres accueillent aussi des hôtes temporairement dans certaines de leurs maisons : Nouan-le-Fuselier, Grigny-sur-Saône, Jully-les-Buxy, Maroilles... Les prix de journée varient beaucoup d'un établissement à l'autre, mais comprennent l'hébergement, la restauration, les prestations liées à la vie quotidienne et celles liées à l'état de santé de la personne. Des aides allègent le coût. Renseignez-vous auprès des caisses de retraite des régimes de base et complémentaires de la personne dépendante. Consultez aussi la caisse d'allocations familiales

• Certains villages de vacances accueillent des personnes handicapées pendant la saison d'hiver. Tout compte fait, cette solution n'est pas forcément plus onéreuse.

Le séjour en famille d'accueil

(Voir chapitre 11 « Elle se sent isolée ».)

L'accueil d'une personne âgée par des particuliers est une solution alternative qui peut être aussi temporaire. Les tarifs varient selon les départements et il peut exister de grandes disparités. La liste des familles d'accueil est disponible au Conseil général du département, en général à l'hôtel du département. Dans tous les cas, mieux vaut s'y prendre largement à l'avance !

Inviter dans sa maison de vacances son parent vivant habituellement en établissement

Un résident d'institution a le droit de s'absenter 21 jours pour des vacances. Sa chambre est réservée. Pendant son absence, il ne règle à l'établissement qu'une partie du prix de journée habituel, l'hébergement. Il y a des arrangements toujours possibles avec la direction. Vous aurez toutes les chances d'obtenir une autorisation qui corresponde à vos souhaits.

Les vacances organisées par l'association France-Alzheimer

Ces séjours se déroulent entre avril et juin, puis en septembre et octobre. Ils sont ouverts aux adhérents, ce qui signifie qu'il faut régler une cotisation annuelle pour y participer. Vous ne le regretterez pas. Attention, la personne malade doit impérativement être accompagnée par son conjoint ou le parent qui s'occupe d'elle habituellement. Le tarif est proportionnel aux revenus.

Ne vous dites pas que votre parent est trop atteint pour participer à de tels séjours, ni que vous-même ne vous reposerez pas. Vous créerez des relations amicales avec des gens qui partagent les mêmes difficultés que vous.

Quand toute la maison de retraite part en vacances

Il arrive de plus en plus fréquemment que des maisons de retraite, voire des services de soins de longue durée hospitaliers, organisent des déplacements en groupe pour leurs résidents. Ne vous inquiétez pas, laissez votre parent courir cette chance, tout est prévu. Les bénéfices sont souvent bien plus importants qu'on ne le croit, car ces séjours changent le regard des soignants sur les aînés et vice versa. C'est souvent toute l'ambiance d'une maison de retraite qui en est modifiée. Les coûts sont évidemment très différents d'une initiative à l'autre et dépendent souvent aussi d'aides extérieures comme celles de la Fondation de France. En général, ils sont calculés pour que tous les résidents puissent en profiter bien qu'il faille, dans la plupart des cas, prévoir une rallonge au prix de journée habituel.

Voyager avec les Petits Frères des pauvres

Rien ne leur fait peur et l'on peut leur faire confiance. Les Petits Frères sont attachés au droit des aînés à profiter de vacances quel que soit leur état de santé. Pourquoi ? Parce que ces moments de détente sont comme des moteurs qui entraînent le goût de vivre. Ils proposent des escapades aux personnes isolées chez elles. L'encadrement est essentiellement assuré par des bénévoles, mais les soins habituels sont prodigués. Il existe également des projets individuels, en particulier pour des personnes qui voudraient revenir sur un lieu de leur histoire. Pour en profiter, il faut être suivi régulièrement par l'association.

Pour en savoir plus

– Pour tous les services, adressez-vous à la mairie de la personne âgée, au Centre communal d'action sociale (CCAS) ou à l'office des personnes âgées dans les villes qui en disposent.
– Vous pouvez aussi consulter le Centre local d'information et de coordination (CLIC).
– Renseignez-vous auprès de la Croix-Rouge (Tél. : 01 44 43 11 00) qui vous donnera les coordonnées du comité local le plus proche.
– Les Petits Frères des pauvres, 33, avenue Parmentier, 75011 Paris. Tél. : 01 49 23 13 00. Site Internet : www.petitsfreres.asso.fr. Ils assurent gratuitement pendant votre absence des visites d'amitié à votre parent. Ils organisent aussi des séjours pour personnes handicapées.

– Si vous passez vos vacances en gîte rural, vous pouvez choisir un gîte aménagé pour les personnes handicapées. La Maison des Gîtes de France et du Tourisme Vert, 59, rue Saint-Lazare, 75 439 Paris cedex 09. Tél. : 01 49 70 75 75 – Fax : 01 42 81 28 53 – E-mail : info@gites-de-france.fr.
– Deux associations d'agriculteurs proposent des haltes : « Accueil Paysan », 9, rue de la Poste, 38000 Grenoble. Tél. : 04 76 43 44 83. Site Internet : www.accueil-paysan.com. Le confort est adapté à l'habitat local donc moins sophistiqué que dans les gîtes ruraux, mais l'accueil est très chaleureux et particulièrement apprécié par des anciens qui ont vécu à la campagne.
– Contactez aussi « Bienvenue à la ferme ». Pour toute information : Assemblée permanente des chambres d'agriculture, 9, avenue George-V, 75008 Paris. Tél. : 01 53 57 11 44 ou 01 53 57 11 59.
– Vous pouvez aussi profiter de villages de vacances dans lesquels bon nombre de caisses de retraite réservent des places pour leurs allocataires. Mais, dans ce cas, évitez les périodes de vacances scolaires. Des villages de vacances de la Mutualité sociale agricole accueillent des personnes âgées l'hiver. Renseignements : Association de vacances de la MSA. Tél. : 01 41 63 86 87.
– Les comités régionaux du tourisme indiquent les hôtels ou pensions de famille qui accueillent des personnes handicapées. Depuis 1997, il existe un label national « Tourisme et Handicap ». Association Tourisme et Handicap. Tél. : 01 43 87 78 65.
– Fédération des MARPA, Les Mercuriales, 40, rue Jean-Jaurès, 93 547 Bagnolet cedex. Tél. : 01 41 63 86 95.
– Union nationale des associations d'accueillants familiaux. Tél. : 02 98 26 50 57. Enfin, vous pouvez consulter le site www.famidac.net qui vous permet de déposer une annonce et d'entrer en relation avec des familles agréées. France-Alzheimer, 21, bd Montmartre, 75002 Paris. Tél. : 01 42 97 52 41.

Remerciements

Professionnellement impliquées dans les questions relatives aux personnes âgées depuis plus de dix ans, nous avons rencontré, au fil de ces années, de nombreux spécialistes remarquables dont les avis, les conseils, les conférences nous ont été toujours utiles. Le contenu de ce livre en est imprégné.

Mille mercis à

Michelle Arcand, psychothérapeute,
Claudie Bert, journaliste,
Lorraine Brissette, docteur en service social,
Docteur Monique Ferry, chef de service en gériatrie à l'hôpital de Valence,
Docteur Pierre Guillet, généraliste,
Marie-Jo Guisset, gérontologue, responsable des interventions à la Fondation Médéric-Alzheimer,
Emmanuel Hirsch, directeur de l'espace éthique de l'Assistance publique-Hôpitaux de Paris,
Docteur Robert Hugonot, ancien professeur de l'université scientifique et médicale de Grenoble,
Docteur Marie-France Maugourd, chef de service de gériatrie à l'Assistance publique-Hôpitaux de Paris (hôpital Georges-Clemenceau),
Père Jean Mombourquette, psychologue,
Michèle Myslinski, psychologue clinicienne, maître de conférences en psychologie du vieillissement,

Jocelyne de Rotrou, neuropsychologue,
Docteur Renée Sebag-Lanoë, chef de service de gériatrie à l'Assistance publique-Hôpitaux de Paris (hôpital P. Brousse),
Béatrix Sidobre, diététicienne spécialisée en alimentation lors de l'avancée en âge,
Père Verspieren, ancien directeur du département d'éthique biomédicale du Centre Sèvres,

ainsi qu'à l'association France-Alzheimer, à la Fondation de France et à tous les collaborateurs des magazines *Entourage* et *Bel Âge* qui nous ont accompagnées de longues années.

A. B. et J. C.

Table

Composition IGS
Impression : Imprimerie Floch, septembre 2004
Éditions Albin Michel
22, rue Huyghens, 75014 Paris
www.albin-michel.fr

ISBN : 2-226-15547-3
N° d'édition : 22716. – N° d'impression : 60866
Dépôt légal : octobre 2004
Imprimé en France